《在园杂志》校注

李祥兰　注

新华出版社

图书在版编目（CIP）数据

《在园杂志》校注／李祥兰注．—北京：新华出版社，2024.5
ISBN 978－7－5166－7367－6

Ⅰ.①在… Ⅱ.①李… Ⅲ.①笔记—中国—清代—选集Ⅳ.①Z429.49

中国国家版本馆 CIP 数据核字（2024）第 073528 号

《在园杂志》校注
作者：李祥兰
出版发行：新华出版社有限责任公司
（北京市石景山区京原路 8 号　邮编：100040）
印刷：天津和萱印刷有限公司

成品尺寸：170mm×240mm　1/16　　印张：14.25　　字数：226 千字
版次：2024 年 5 月第 1 版　　印次：2024 年 5 月第 1 次印刷
书号：ISBN 978－7－5166－7367－6　　定价：78.00 元

凡　例

一、《在园杂志》目前可见的共有三个版本，即清康熙乙未家刻本、《申报馆丛书》排印本、《辽海丛书》排印本，皆为四卷。2005 年中华书局在此三种本子的基础上，做了精审的校勘，出版了《清代史料笔记丛刊》排印本，我们称之为中华书局本。2012 年，上海古籍出版社把《在园杂志》和《筠廊偶笔 二笔》合刻。此次整理，我们依据中华书局本，参考上海古籍出版社本和各旧本做了校对，有误处一般径改，不再出注，必要处再出注说明。

二、本书在中华书局本的基础上加现代标点符号（将中华书局本所加不妥当的标点符号予以改正）。

三、对原文的文字整理，删除字加（），原文中的注释文字有加“（）”者，是注释性短语或句子，和此处在单字外加“（）”不同。补足脱文加〔〕，改正字加〈〉。

四、□表示原文缺字，○表示不同诗集或不同题目诗词间的隔离符号。

五、原文的注释性小号字，仍依原文，用小号楷体字标示。

六、较生僻的异体字一般直接改为通行字，不再出注说明。

七、中华书局本共分 256 条，每条拟有标题。本书基本依从中华书局本，不过合“一三八夹山格”“一三九夹海格”“一四〇锦屏格”“一四一滑头禅”为一条，合“二五三扇坠一”“二五四扇坠二”为一条，拆“八七志在春秋”为两条，并为新拆分出的一条命名为“《篋衍续集》”，共计 253 条。

八、原文中的繁体字，如对应的现代简化字极不常用，则保留该繁体字。

目　录

序　一 …… 1

序　二 …… 4

卷　一 …… 6

一　普天瑞应 …… 6
二　汉军乡、会试 …… 7
三　汉军、汉人一体简用 …… 7
四　文武并重 …… 8
五　布政使升巡抚衔 …… 8
六　康熙赐御书 …… 9
七　文武全才 …… 10
八　顶戴不得僭越 …… 10
九　油炸鬼 …… 11
一〇　二联 …… 11
一一　宿迁叶姓园查声山联 …… 12
一二　江南、陕西、湖广分设两巡抚 …… 12
一三　私谥 …… 13
一四　三司、六道 …… 13
一五　明初府之建置 …… 14
一六　清府制之变化 …… 15
一七　张公伯行 …… 15
一八　黄公大来 …… 16

一九　巧合 …… 16
二〇　张五美父子 …… 17
二一　不利于榜眼 …… 17
二二　治河 …… 18
二三　遂宁先生治河 …… 19
二四　礼节 …… 19
二五　清正和平 …… 21
二六　官职名实不符 …… 22
二七　牦缨 …… 22
二八　补子 …… 23
二九　五爪龙、四衩袍 …… 23
三〇　带 …… 23
三一　袍褂 …… 24
三二　缎 …… 24
三三　裘 …… 25
三四　腰带 …… 26
三五　孔雀翎 …… 27
三六　帽 …… 28
三七　骨董 …… 29
三八　赵子昂千字文 …… 30
三九　指画 …… 32
四〇　刘伴阮 …… 33
四一　一捧雪 …… 34
四二　奇石、伽楠 …… 35
四三 …… 35
四四　方竹 …… 36
四五　青田石 …… 36
四六　治痔、漏法 …… 37
四七　去翳 …… 37
四八　同学三人 …… 37

四九 内外帘官 …… 38
五〇 刘晓 …… 39
五一 马振古 …… 39
五二 测字 …… 40
五三 结盟 …… 42
五四 家人索贿 …… 43
五五 阮亭先生论诗 …… 43
五六 不幸之幸 …… 44
五七 高捷 …… 45
五八 博学鸿才 …… 47
五九 李笠翁 …… 52
六〇 记三人 …… 53
六一 顺天应称京师 …… 56
六二 自称贵乡 …… 56
六三 辽东不称三韩 …… 57

卷 二 …… 58

六四 送春诗 …… 58
六五 集唐佳句 …… 59
六六 门神诗 …… 62
六七 烟波钓徒查慎行 …… 62
六八 张官 …… 63
六九 异国奇才 …… 64
七〇 朝鲜女郎 …… 64
七一 勿作古诗 …… 65
七二 九言诗 …… 65
七三 中平见奇 …… 66
七四 佳句 …… 67
七五 漂母祠题句 …… 67
七六 此字真字 …… 68

七七　崽 …… 68
七八　璺 …… 69
七九　諙 …… 69
八〇　戬 …… 69
八一　庹 …… 69
八二　怨而不怒 …… 70
八三　缩脚诗 …… 71
八四　蔡昆阳二事 …… 71
八五　杨次也 …… 72
八六　春阳先生 …… 73
八七　志在春秋 …… 74
八八　《篋衍续集》 …… 74
八九　学诗 …… 75
九十　石门 …… 77
九一　石门山 …… 78
九二　指摘前辈 …… 80
九三　吕文兆 …… 80
九四　佟图南 …… 81
九五　用古人句 …… 82
九六　变意 …… 83
九七　王二麻 …… 83
九八　工力 …… 83
九九　富户二婿 …… 84
一〇〇　陈健夫 …… 85
一〇一　孟乔芳 …… 85
一〇二　施愚山 …… 86
一〇三　边桂岩 …… 87
一〇四　武人能诗 …… 88
一〇五　聂晋人 …… 95
一〇六　周蓉湖 …… 96

一〇七 倪永清 …… 97
一〇八 历朝小说 …… 98
一〇九 舜之母…… 100
一一〇 许由…… 101
一一一 庄周…… 101
一一二 妲己…… 101
一一三 田文…… 102
一一四 孟母…… 102
一一五 孟子生卒年…… 102
一一六 嫪毐…… 102
一一七 汉太上皇…… 103
一一八 元进贺表文应避字样…… 103

卷 三…… 104

一一九 《啸余》 …… 104
一二〇 弋阳腔…… 104
一二一 歌曲…… 105
一二二 评琵琶记…… 106
一二三 文章幻变 体裁由人…… 108
一二四 论舞…… 110
一二五 梨园诸误…… 110
一二六 弹词…… 111
一二七 悖拏儿舞…… 112
一二八 小曲…… 113
一二九 廋词…… 114
一三〇 《苏黄格》 …… 114
一三一 《问答格》 …… 115
一三二 《增减格》 …… 115
一三三 《像生格》 …… 115
一三四 《蒜辣格》 …… 115

一三五　《调声格》……………………………………………………116
一三六　《破损格》……………………………………………………116
一三七　《大意包格》…………………………………………………116
一三八　《小意包格》…………………………………………………116
一三九　《夹山格》《夹海格》《锦屏格》《滑头禅》………………120
一四〇　灯谜……………………………………………………………121
一四一　酒令……………………………………………………………121
一四二　处州虎…………………………………………………………123
一四三　徐州鼠…………………………………………………………123
一四四　小人……………………………………………………………124
一四五　大力……………………………………………………………124
一四六　王达官…………………………………………………………125
一四七　大饭量…………………………………………………………126
一四八　豪饮……………………………………………………………126
一四九　貌相似…………………………………………………………127
一五〇　雅谑……………………………………………………………128
一五一　戏谑……………………………………………………………128
一五二　贵能自决………………………………………………………131
一五三　公冶夫人………………………………………………………132
一五四　薄幸之报………………………………………………………133
一五五　诓骗之报………………………………………………………134
一五六　优容杀人………………………………………………………135
一五七　先兆……………………………………………………………135
一五八　爱亲作亲………………………………………………………136
一五九　居官不宜刻……………………………………………………136
一六〇　莲开并蒂………………………………………………………137
一六一　关夫子…………………………………………………………138
一六二　牡丹……………………………………………………………138
一六三　四方风气不同…………………………………………………139
一六四　西溪香国………………………………………………………139

一六五 绣球…………………………………………………… 140
一六六 烟草…………………………………………………… 140
一六七 辨宝石法……………………………………………… 141
一六八 姥姥坟………………………………………………… 141
一六九 同审…………………………………………………… 142
一七〇 揆道堂………………………………………………… 142
一七一 雷轰…………………………………………………… 143
一七二 山阳县………………………………………………… 143
一七三 洪泽村………………………………………………… 143
一七四 洪泽涧………………………………………………… 144
一七五 分体分类……………………………………………… 144
一七六 五言六韵……………………………………………… 145
一七七 老爷、奶奶…………………………………………… 145
一七八 前后琵琶……………………………………………… 147
一七九 续书…………………………………………………… 149
一八〇 属对…………………………………………………… 150
一八一 刘伯温………………………………………………… 151
一八二 混元峰………………………………………………… 153
一八三 官衔…………………………………………………… 153
一八四 服饰…………………………………………………… 154
一八五 易像为主……………………………………………… 156
一八六 网巾…………………………………………………… 156
一八七 易名…………………………………………………… 157
一八八 魇镇…………………………………………………… 157
一八九 灾月…………………………………………………… 158
一九〇 月忌…………………………………………………… 159
一九一 称谓…………………………………………………… 160
一九二 李总戎………………………………………………… 160
一九三 熟道…………………………………………………… 161
一九四 卑职…………………………………………………… 161

一九五　大老爷恩典……162
一九六　江宁叶某……162

卷　四……163

一九七　扶乩佳句……163
一九八　扶乩限韵……171
一九九　扶乩阴气……172
二〇〇　青燐荧火……173
二〇一　白银化鸡……174
二〇二　夜半红灯……174
二〇三　旅店旋风……174
二〇四　鹅飞……175
二〇五　义犬……175
二〇六　坛中钱……176
二〇七　宝应暴风……176
二〇八　龙见……177
二〇九　马不群母……177
二一〇　麒麟皮 空青壳……178
二一一　大猕猴美人……178
二一二　马化治狐……179
二一三　狐房客……180
二一四　走无常……181
二一五　走解……181
二一六　南北嘲……183
二一七　南北谚……185
二一八　瓷器……185
二一九　服饰器用……186
二二〇　食欲……187
二二一　诸酒……189

二二二　逡巡……………………………………………………………… 190
二二三　西不会客…………………………………………………………… 191
二二四　葫芦耳坠…………………………………………………………… 191
二二五　书字无迹…………………………………………………………… 191
二二六　树艺……………………………………………………………… 192
二二七　弓足……………………………………………………………… 192
二二八　灰汤泡……………………………………………………………… 193
二二九　西山寺……………………………………………………………… 193
二三〇　梁中人……………………………………………………………… 194
二三一　禽兽之异…………………………………………………………… 194
二三二　禽之味……………………………………………………………… 195
二三三　胎产双异…………………………………………………………… 195
二三四　治喉闭……………………………………………………………… 196
二三五　治目障翳…………………………………………………………… 196
二三六　治咽喉壅塞………………………………………………………… 196
二三七　治风狗、毒蛇咬伤………………………………………………… 196
二三八　治发背……………………………………………………………… 197
二三九　治痔……………………………………………………………… 197
二四〇　金吾……………………………………………………………… 197
二四一　养羞……………………………………………………………… 198
二四二　镜听咒……………………………………………………………… 198
二四三　狐气……………………………………………………………… 198
二四四　骰子……………………………………………………………… 198
二四五　义嘴……………………………………………………………… 199
二四六　西洋制造…………………………………………………………… 199
二四七　虎子……………………………………………………………… 199
二四八　五伦图……………………………………………………………… 200
二四九　泥人……………………………………………………………… 200
二五〇　扇……………………………………………………………… 201

二五一　扇坠……202
二五二　砚……203
二五三　阳支、阴支……203

陈履端跋……204

附　录……207

序　一

古今风尚，各擅[①]一代，如清谈著于晋，小说著于唐，虽稗野之语[②]，多有裨[③]于正史。近代谈部说家[④]，有栎园《书影》[⑤]、钝翁《说铃》[⑥]、西陂《筠廊偶笔》[⑦]、悔庵《艮斋杂说》[⑧]、渔洋之《居易录》《池北偶谈》《分甘余话》诸种[⑨]，短则微言隽永，长则骈辞赡丽[⑩]，皆窃义于晋唐之残编，固有所本也。予欲汇成《稗海》，为万年太平、头白汗青[⑪]之助，但削牍[⑫]浩繁，疲精费日，久萦于怀，亦非细事矣。今游淮南，又读《在园杂志》，或纪官制，或载人物，或训雅释疑，或考古博物，即《夷坚》[⑬]《诺皋》[⑭]幻诞诙谐之事，莫不游衍笔端。核而典[⑮]，畅而韵，有似宋人苏黄[⑯]小品，盖晋唐之后又一机轴[⑰]也。曾南丰[⑱]曰："所谓良史者有四长焉：其明足以周万事之理，其道足以适天下之用，其智足以通难知之意，其义足以发难显之情。"今观《杂志》四长已备，孰谓小品不足以胪列[⑲]金匮石室[⑳]，为操觚[㉑]班马[㉒]所取材也！虽然，古之秉史笔者，其体严，其书直，若野史杂记，又多恩怨好恶之口。今在园所著，潇洒历落，于人无嫌，于世无忌。读之者油然以适，跃然欲舞，且悉化其谿刻凌厉[㉓]之气，不知何所本而能变史笔为写心怡情之具，以感人若是耶！予挑灯三复[㉔]，乃知在园先生今之贤大夫而以诗名者，温柔敦厚出于习性，退食之余，偶亿〈忆〉旧闻，或有新见，书以示子孙，拈与宾客浮白[㉕]轩渠[㉖]。其作史之笔，仍然作诗之笔也。古以太史采风，今以乐府演史，与诗盖二而一者也。康熙乙未初春，云亭山人孔尚任撰。

【注释】

①擅：占有，独揽。

②稗野之语：稗官野史的记载。稗，一年生草本植物，稻田常见的野

草，比喻微小的，琐碎的。

③裨：增补，有帮助。

④谈部说家：闲谈之部和小说家的省称。谈部，闲谈之部、闲谈之类。小说家，古代九流十家之一，采集民间传说议论，以考察民风之人。

⑤栎园《书影》：《书影》为清代学者周亮工所著，共10卷。周亮工（1612—1672），字元亮，被称为栎园先生，明末清初文学家、篆刻家、收藏家。

⑥钝翁《说铃》：《说铃》为清代汪琬所著。汪琬（1624—1691），字苕文，号钝庵，晚年又称钝翁，初号玉遮山樵，晚年又因其居号尧峰先生，苏州府长洲（今江苏苏州）人，清初学者、散文家。

⑦西陂《筠廊偶笔》：《筠廊偶笔》为清代宋荦所著，共2卷。宋荦（1634—1713），字牧仲，号漫堂、西陂、绵津山 ，晚号西陂老人、西陂放鸭翁，归德府（今河南商丘）人，清代诗人、画家、政治家。

⑧悔庵《艮斋杂说》：《艮斋杂说》为清代尤侗所著，共10卷。尤侗（1618—1704），字展成，一字同人，早年自号三中子，又号悔庵，晚号艮斋、西堂老人、鹤栖老人、梅花道人等，苏州府长洲（江苏苏州市）人，明末清初诗人、戏曲家。

⑨渔洋之《居易录》《池北偶谈》《分甘余话》诸种：《居易录》《池北偶谈》《分甘余话》均为王士祯撰。《居易录》34卷，《池北偶谈》26卷，《分甘余话》4卷。王士祯（1634—1711），字子真，一字贻上，晚号渔洋山人，山东新城（今山东淄博市桓台县）人。

⑩赡丽：宏伟美丽。

⑪头白汗青：指书写成，人也老了。亦作汗青头白。

⑫削牍：古时加工竹简木牍后用以书写，有误则刮削后重写，谓之“削牍”，此处泛指编纂、修改。

⑬《夷坚》：即《夷坚志》，宋代志怪小说集，洪迈撰。

⑭《诺皋》：唐段成式《酉阳杂俎》有篇名《诺皋》《支诺皋》，专门记载神怪之事。

⑮核而典：确切而典雅。

⑯苏黄：指北宋文学家苏轼、黄庭坚。

⑰机轴：本指弩牙和车轴，此处喻指重要的风格、流派。

⑱曾南丰：即曾巩（1019—1083），字子固，建昌军南丰（今江西省南丰县）人，后居临川，北宋散文家、史学家、政治家。

⑲胪列：罗列、列举。胪，陈列。

⑳金匮石室：古时国家收藏重要文献的地方。金匮，用金属封缄的柜子。石室，用石头修筑的房子。

㉑操觚：执简，代指写作。觚，古代用来书写的木简。

㉒班马：史学家班固和司马迁的并称。

㉓谿刻凌厉：苛刻严厉。谿刻，苛刻。

㉔三复：三遍。

㉕浮白：饮酒时满饮或畅饮。

㉖轩渠：非常欢快的样子。

序　二

余少习举子业，键户咿唔[①]，其于五车二酉[②]未能寓目。及壮，以门荫[③]通籍[④]服官，终日满眼风尘，劳形案牍，更无暇也。乃年逾周甲[⑤]，而足迹未能半天下，故耳所闻、目所见、身所亲历之事无多。今值河工久庆安澜[⑥]，得于退食余闲，焚香静坐，或与二三宾友，煮茗清谈，偶有记忆，辄书一纸投箧中，积渐成帙。一日启与孙辈指说，客有见者，曰："曷[⑦]付梓?"余口："昔人著书立说，或穷天文地理，务为高远；或搜诸子百家，以显秘奥；其次亦有所托，以寄恩怨而存讽刺。余则无是，何梓为?"客曰："乾坤经史，昔人言之详矣。若恩怨，私情也；讽刺，微词也。古来文人才士，往往以此受谤，皆无足取。是帙[⑧]正以陈言务去，无恩怨，无讽刺，方使阅者怡情益智，何况所志者昭代[⑨]之制度，名公之经济，其他文翰诗词，新闻俗谚，即日用寻常，无不考核精详，推原所自。至于神奇怪诞，虽惊人魄，实解人颐[⑩]，不同于《夷坚》《虞初》[⑪]凿空镂幻，悉皆耳所亲闻，目所亲见，身所亲历者，绝非铺张假借之辞。梓而问世，自可法而可传耳。"遂强付剞劂[⑫]。余因纪其言以弁简端[⑬]。康熙乙未春初，辽海刘廷玑自识。

【注释】

①键户咿唔：闭门读书。键户，闭门。咿唔，读书声，此处借指读书。

②五车二酉：指丰富的藏书。五车，五车书的略词，形容很多书。二酉，指大酉、小酉 二山。相传二山洞中有书千卷，后即以"二酉"来指代丰富的藏书。

③门荫：凭借祖先的功勋循例做官。

④通籍：新官通报名籍于朝廷。

⑤周甲：满六十岁。干支纪年循环一个甲子为六十年，故称。

⑥安澜：指河流平静，没有泛滥。

⑦曷：古同“盍”，何不。

⑧是帙：这部书。

⑨昭代：政治清明的时代，此处义为当今时代。

⑩解人颐：使人发笑。颐，面颊。

⑪《虞初》：即《虞初志》，明代志怪、传奇短篇小说选集。编者为陆采，又名《陆氏虞初志》。

⑫剞劂（jué）：刻镂用的刀具，此处义为刊印。

⑬弁简端：置于书首。弁，帽子的总称，此处义为置于前端。

卷　一

一　普天瑞应

岁甲午，圣寿[①]六旬有一，是为本命元辰[②]，普天瑞应，不胜详敷。四海内寿臻百龄，奏请建坊，以表熙朝[③]人瑞者，如福建巡抚满公保具题[④]德化县老人百岁，镇守宁古塔将军孟公俄洛具题李三年百有三岁，直隶巡抚赵公弘燮具题文安县原任副将马自新妻徐氏百岁，江南巡抚张公伯行具题山阳县张氏百岁，湖广巡抚刘公殿衡具题江夏县欧阳氏百岁，陕西巡抚永公泰具题礼泉县丘氏百岁，咸于甲午同登期颐[⑤]，是寿域弘开之征也。又，山东巡抚蒋公陈锡具题李氏一产四男，若一产三男者甚多，是户口广裕之征也。再，浙闽总督范公时崇随驾热河，每赐御用食馔[⑥]，内有朱红色大米饭一种。传旨云：此本无种，其先特产上苑，只一两根，苗穗迥异他禾，乃登剖之，粒如丹砂，遂收其种，种于御园，今兹广获，其米一岁两熟，只供御膳；又有白色黏米，系树上天生一株，软滑似黍，不胶齿牙。此皆稀世珍品，外间不独未见，抑且未闻，是草木休应[⑦]之征也。咸据邸抄[⑧]，未敢臆说。

【注释】

①圣寿：皇帝的年寿。

②元辰：良辰。

③熙朝：兴盛的朝代。

④具题：题本（中国明清时期奏疏文种名称之一）上奏。

⑤期颐：年寿一百岁以上的人。

⑥食馔：饮食。

⑦休应：吉兆。休，吉庆，美善。

⑧邸抄：官府发行的报章。

二　汉军乡、会试

汉军乡、会试，屡行屡停。国初甲午准乡试，癸卯覆试[①]，解元为镶红旗姚启圣。己酉、庚戌后三科乡、会俱行，丁巳以用兵复停。自庚午、辛未复行至今。癸巳万寿六旬，特开万寿科，乡、会试汉军广额[②]，复准监生等应武乡试。从前壬辰状元麻勒吉、乙未状元图尔宸，俱满洲试满文，近则满汉一体，文武兼收矣。

【注释】

①覆试：即复试。

②广额：投放较多的考试录取名额。

三　汉军、汉人一体简用[①]

本朝汉军、汉人，一体简用，内外不分。近日惟科道[②]部属小京官，汉军不占汉人员缺。康熙五十年间，汉军补汉缺者：大学士萧永藻、吏部尚书桑格、兵部尚书孙征灏、刑部尚书郭世隆。侍郎、学士暨司道[③]内升之京堂[④]，共二十七人；在外督抚共八人，可谓极一时之盛。

【注释】

①简用：选拔任用。

②科道：明、清时，督察院所属的吏、户、礼、兵、刑、工六科给事中及十五道监察使的统称。

③司道：清朝时期隶属于巡抚的专设机构，归巡抚管辖。道为监察区性质，不算正式行政区。道主要有分守道和分巡道两种，兼兵备衔，另有一些不属布政、按察二司的道，如海关道、管河道、督粮道、盐法道等。主管上述事务的官员统称司道。

④京堂：清代对某些高级官员的称呼。

四　文武并重

本朝文武并重，有以尚书补授都统，以侍郎补授副都统者；有以都统补授大学士，以公补授尚书，以副都统补授侍郎者。至于郎中、员外、佐领世职，有时以武迁文，有时以文迁武。其文武兼管者，比比[①]而然。外官以督抚升副都统者有之，而武升文者甚少。近年惟福建将军金公世容升闽浙总督，提督梁公鼐亦升闽浙总督，提督赵公弘灿升两广总督。南巡时张禹岩圣铎以阿思哈尼哈番[②]特授淮扬佥事，故余赠诗有“丞相亦曾为太尉，监司适合简将军”之句。再，汉人未有补旗缺者，近陕西总兵官汉人何天培补镶白旗汉军副都统，温州总兵官李华、平阳总兵官王应虎皆汉人，俱升补福建驻防汉军副都统。提镇以文改者，张大理卿云翼改江南提督，姚郎中仪改湖广总兵官。圣朝简用总以得人为要，固无分文武内外及旗汉也。张紫凝杓，乃阿思哈尼哈番改授淮扬道佥事，张禹岩圣铎之长公也，已成丙戌文进士，因父故应袭世职，遂授为阿达哈哈番[③]兼一拖沙喇哈番[④]。父以武改文，子以文改武，事亦奇矣。紫凝原效力河工，承袭后仍赴河工。引见时上念其父河上劳臣[⑤]，惋惜者久之，又命赋诗、背诵古文，颇惬圣意，颁赐《渊鉴类函》《佩文韵府》《朱子全书》共四十三套。以武臣而上蒙赐书，且如许之多，亦从来未有之异数也。

【注释】

①比比：处处，到处。

②阿思哈尼哈番：满族爵位的汉语音译，相当于汉族爵位中的男爵。

③阿达哈哈番：满族爵位的汉语音译，相当于汉族爵位中的轻车都尉。

④拖沙喇哈番：满族爵位的汉语音译，相当于汉族爵位中的云骑尉。

⑤劳臣：功臣。

五　布政使升巡抚衔

布政使升巡抚衔，止都察院右副都御史，未有兼部衔者。先祖任布政使九年，屡推巡抚，蒙世祖皇帝特谕：“江南财赋重地且叫他多管几年。”及推福建巡抚，奉旨："刘汉祚[①]久应[②]巡抚，今已迟矣，着给兵部侍郎兼都御史职衔，二品服俸。"

【注释】

①刘汉祚：刘廷玑的祖父，汉军正红旗人，后官至福建巡抚，因屡次被劾，告老致仕，卒于家。

②应：适合。

六　康熙赐御书

康熙四十六年圣驾南巡，予随皖抚六家叔[①]扈从[②]。蒙圣恩垂问先大父[③]闽抚右司马[④]旧事，六家叔自从龙[⑤]历任奏对详明。又问子孙居官几人。予跪于后，六家叔指名奏上。天颜有喜，御赐书"拊循江表"、"旧德贻谋"二额。谢恩毕，恭捧而出。陈相国廷敬、查学士昇见之，因谓曰："拊循[⑥]江表"赐中丞[⑦]公也，"旧德贻谋"此赐观察[⑧]耳。予方悟赐二额之意。因将"旧德贻谋"悬于京师西华厂之赐第，恭纪七律二章。悬额之日，都统李公林盛在座，指示曰：圣意不独奖励观，今观〔察〕七孙渐次成立，天恩期许者至矣，真异数也。诗载《葛庄分体》。

【注释】

①家叔：对人称自己的叔父为家叔。

②扈从：随从皇帝出巡。

③先大父：对已故祖父的称呼。

④右司马：即右侍郎。

⑤从龙：古时以龙称呼帝王，故以"从龙"喻指随从帝王创业。

⑥拊循：抚慰安抚。

⑦中丞：汉代御史大夫下设两丞，一称御史丞，一称中丞。明清时用以对巡抚的别称。

⑧观察：明清时对道员的雅称。道员，尊称为道台大人，一般属正四品，地位在布政使以下。

七　文武全才

文武全才原不易得，如曹氏父子之春夏读书，秋冬射猎；傅弈[①]之上马击贼，下马草露布[②]；郤縠[③]之说礼乐，敦诗书；祭遵[④]之雅歌投壶[⑤]；王阳明之较射[⑥]三发三中，此皆以文能武，以武能文，古今不可多见者。若习武者目不识丁，习文者力无缚鸡，未免偏废矣。本朝汉军，文试先较弓马，武试俱考策论，监生准武乡试，武举准文会试。〔立〕法最善，自然奇才并出，而国家收得人之庆矣。

【注释】

①傅弈：隋朝相州邺人，唐武德年间曾任太史令。

②露布：古代指没有封口的书信、公文。

③郤縠（前682—前632）：春秋时晋国人，姬姓，郤氏，名縠，晋国第一任中军将，爱好礼乐，熟读诗书。

④祭（zhài）遵（？—33）：东汉中兴名将，字弟孙，颍川颍阳（今河南襄城县颍阳镇）人，爱读书，喜儒术。

⑤投壶：古代宴会时的娱乐，宾主依次投矢于壶中，以投中次数决定胜负，输者罚酒。

⑥较射：比赛射技。

八　顶戴不得僭越

皇上祀祈谷坛[①]，见卿贰[②]及御史顶上嵌东珠[③]，因其僭越[④]，下部议。嗣后[⑤]各官七品、八品、九品加级者，顶戴不准过五品；〔五品〕、六品不准过四品；三品、四品不准过二品；二品不准过一品。盖一品顶嵌东珠，二品大学士、尚书亦嵌东珠；三品红顶，四品蓝顶，各有等威[⑥]，不准过也。今予降补佥事，实系五品，莅任[⑦]后，奉旨补给前江西按察使，诰命授通议大夫，故用三品顶戴、坐褥，非敢僭也。

【注释】

①祈谷坛：建筑名，孟春举行祈谷大典的场所。

②卿贰：次于卿相的朝中大员。

③东珠：清朝将产自于东北地区的珍珠称为东珠（或北珠），用于区别产自南方的南珠。

④僭越：超越了本分。

⑤嗣后：从此以后。

⑥等威：与身份、等第相应的威仪。

⑦莅任：上任。

九　油炸鬼[1]

东坡云：谪居黄州五年，今日北行，岸上闻骡驮铎[2]声，意亦欣然。铎声何足欣？盖久不闻而今得闻也。昌黎诗“照壁喜见蝎”，蝎无可喜，盖久不见而今得见也。予由浙东观察副使[3]奉命引见，渡黄河至王家营，见草棚下挂油炸鬼数枚。制以盐水合面，扭作两肢如粗绳，长五六寸，于热油中炸成黄色，味颇佳，俗名油炸鬼。予即于马上取一枚啖之。路人及同行者无不匿笑，意以如此鞍马仪从，而乃自取自啖此物耶。殊不知予离京城赴浙省，今十七年矣。一见河北风味，不觉狂喜，不能自持，似与韩、苏二公之意暗合也。

【注释】

①油炸鬼：此处指类似麻花的一种油炸面食。

②铎：一种大铃。

③观察副使：观察使的副职。观察使指派往各地进行考察、调查的官员，任务是观察、了解当地的政治、经济、社会状况，并向上级报告。

一〇　二联

衙斋署一联曰：“所到处随弯就弯，君其恕我；者些时[1]倚老卖老，臣不如人。”细按之不脱人我相[2]，且有火气，不若督河右司马赵公世显座右书："只如此已为过分，待怎么才是称心。"如此二字有许多现在之富贵安乐在内，怎么二字有许多无益之侈心妄想在内，二语殊觉谦退知足，无穷受享。

【注释】

①者些时：有些时候。

②人我相：人相、我相的合称。人相即指执着"有轮回六道之生命主体"的妄想。我相指自我观念，有"实体的自我"的妄想。

一一 宿迁叶姓园查声山联

春日按部[①]淮北，过宿迁民家，茅舍土阶，花木参差，径颇幽僻。主人叶姓，由博士弟子员而入太学者，人亦不俗。小园梨花最胜，纷纭如雪，其下西府海棠一株，红艳绝伦，因忆老人纳妾一绝："二八佳人七九郎，萧萧白发伴红妆。扶鸠[②]笑入鸳帏[③]里，一树梨花压海棠。"不禁为之失笑。草堂中悬林良[④]画，傍列一联"倚槛云来往，开帘花送迎"，系查声山[⑤]学士昇所书，一见姓名如逢故友。声山于武林订交二十余年，今已下世，又不禁为之伤感矣。

【注释】

①按部：巡察部属。

②扶鸠：扶着鸠杖（老人用的一种拐杖。因拐杖上端有一木雕的斑鸠，故名"鸠杖"）。

③鸳帏：绣着鸳鸯的帷幕。

④林良（1428—1494）：字以善，广东广州府南海县（今广东佛山市南海区）人，明代著名画家。

⑤查声山（1650—1707）：即查昇，字仲韦，号声山，浙江海宁袁花人，清代书法家。

一二 江南、陕西、湖广分设两巡抚

江南、陕西、湖广省份太大，有上江、下江、湖南、湖北之称，故设两巡抚，分隶其事。所属司道亦分为二。惟先祖为江南布政使[①]司，则十四府四州，俱属一司，先祖历任九年，任满后始分。

【注释】

①布政使：清代为巡抚属官，专管一省的财赋和人事。

一三　私谥

本朝易名之典，最为慎重，非奉特旨，还与他谥，不得与焉。阮亭[①]先生详考开国以来谥法，附载张山来潮《昭代丛书》[②]，意盖有在也，后先生以大司寇致仕，未叨[③]大典。友人及门私谥曰“文介先生”，以成先生之志。先祖以署国子司成，从龙入关，改河间太守，历八闽开府，予告[④]家居，卒后亦未与大典。同乡老友周侍郎亮工，受业门人马中丞祐、柯吏部鼎、达比部岱私谥“文肃先生”。

【注释】

①阮亭：即王士祯（1634—1711），字子真、贻上，号阮亭，又号渔洋山人，山东新城（今桓台县）人，清初杰出诗人。

②张山来潮《昭代丛书》：《昭代丛书》的作者张潮，字山来，号心斋、仲子，安徽歙县人，清代文学家、小说家、刻书家，官至翰林院孔目。张潮著作等身，著名的作品包括《幽梦影》《虞初新志》《花影词》《心斋聊复集》《奚囊寸锦》《心斋诗集》《饮中八仙令》《鹿葱花馆诗钞》等。张潮也是清代刻书家，曾刻印《昭代丛书》等。

③叨：承受。

④予告：大臣因病、老准予休假或退休。

一四　三司、六道

前朝有三司、六道之说。三司者，都使司，布政〔使〕司，按察使司；六道者，布司佐贰[①]为左参政、右参政、左参议、右参议，按司佐贰为副使、佥事。都司管各卫操军屯田，存寓兵于农之意，多以侯伯领之，故为三司之首。布、按驻札[②]省会，参议、参政分守外郡，在省则管粮储、钱法等事，〔副使、佥事分巡外郡，在省则管驿站、学政等事。〕本朝兵制居重驭轻，分八旗屯住京师，分防各省，其都司止令佥丁运粮、催征卫课[③]而已，迁转[④]不过一游击衔。各道嫌其冗杂，去左右之名。外郡有守者裁巡，有巡者裁守，事权归一，操纵甚便。是三司止两司，而六道止四道也。

【注释】

①佐贰：清朝知府、知州、知县的辅佐官统称佐贰。

②驻札：同“驻扎”。

③卫课：保卫、征税。

④迁转：指官员升级。

一五　明初府之建置

明初每府设知府一员，同知一员，通判一员或二员，推官一员，幕僚则经历[①]、照磨[②]、知事、检校。知府统理一府各属州县诸务，同知则同知一府之事。通判专用朱墨笔佥判文牒，间有分管粮储水利者，所以有二。推官专理一府刑名，清晨同坐大堂，率领各吏办理诸务。印封耳房库内，出入不由私衙[③]，堂左为经历司，有印，官名经历。事事必由经历，惟恐不足，又以知事一员佐之。堂右为照磨所，有印，官名照磨。事事必由照磨，亦恐不足，仍以检校一员佐之。后渐不由旧制，率多分管，如清车〈军〉、驿传、河防、江防、海防、捕盗、马政、巡盐、运粮、水利之类，丞判各司其事，各有处分[④]。推官专司刑名，兼管查盘。印则知府封掌，佐贰[⑤]不敢过问。

【注释】

①经历：府之属官名，掌出纳文书。

②照磨：府之属官名，掌宗卷、钱谷。

③私衙：私第。

④处分：处理、处置。

⑤佐贰：见“一四三司、六道”条注。

一六 清府制之变化

国初少[1]沿明制，近则推官奉裁[2]，刑名总归知府，同知不知府事，通判不判文牒，惟署印、押粮、解饷以及杂差而已。至于司所幕员，但存经、照[3]，间有知、检者，印归堂上，官亦虚设，亦不过听差而已。然在明朝，立法未尝不善，未免事少官多，十羊九牧[4]，不若今之权归于一，不许掣肘[5]之尽善也。

【注释】

①少：同“稍”。

②奉裁：遵命减除。

③经、照：经历和照磨的省简合称。

④十羊九牧：十头羊倒用九个人放牧，比喻官多民少。

⑤掣肘：拉扯肘部，形容从旁牵制。

一七 张公伯行[1]

抚军[2]张公伯行，乙丑进士，需次[3]中翰[4]。初任题授[5]山东济宁佥事，升江南按察使，特旨以佥都御史巡抚福建。释褐[6]后三迁而至开府[7]，亦奇遇也。

【注释】

①张公伯行：张伯行，字孝先，河南仪封（今兰考）人，清朝大臣、著名理学家。张伯行历任福建巡抚、江苏巡抚、礼部尚书等职。著有《正谊堂集》《道南源委》《道统录》《伊洛渊源续录》《居济一得》《小学集解》《续近思录》《学规类编》《性理正宗》《广近思录》《濂洛关闽书》《困学录集粹》《濂洛风雅》（均见四库总目）等。

②抚军：清代对巡抚的别称。

③需次：古时指官吏授职后，按照资历依次补缺。

④中翰：清代对内阁中书的别称。

⑤题授：奏明朝廷，经允许任命官员。

⑥释褐：脱去平民的粗布衣服，比喻开始出任官职。

⑦开府：古代指高级官员可成立府署，选置僚属。这里为高官代称。

一八　黄公大来[①]

宫保[②]黄公大来，在督师李大司马之芳[③]军前历著战功，加左都督职衔。初任即授宁波总兵官，卒赠太子太保。

【注释】

①黄公大来：黄大来（？—1690），字君甫，陕西省人。行伍出身。

②宫保：清代指太子少保，对太子老师的称呼。

③李大司马之芳：李之芳，字邺园，山东武定（今山东滨州惠民县）人。历任刑部主事、刑部郎中、广西道御史、湖广道御史、吏部右侍郎、兵部左侍郎兼都察院左副都御史、兵部尚书等职。大司马，清代对兵部尚书的别称。

一九　巧合

浙闽总制大司马瑞图刘公兆麒[①]，先任湖北抚军。其时中丞殿衡[②]尚为公子读书楚署，及后历任湖北抚军。父子前后开府，同在一地，已属可传佳话。后闻制府讣，暂归读礼；服阕[③]再补，仍抚湖北，是趋庭[④]、游宦[⑤]三驻楚焉。又中丞先由陕西大参升江苏藩司，其时署理藩篆[⑥]者则苏松[⑦]粮道乃兄殿邦也。二公为同胞兄弟，中丞嗣于伯，隶旗，故旗籍；而少参[⑧]则宝坻[⑨]民籍也。以嫡亲手足，接受交代，一月有余，彼此俱用文移往来，亦一仅见者。中丞之公子嵩龄，与其师夏慎枢[⑩]同中顺天乡试。刘于癸巳，夏于壬辰，俱成进士，又馆选同为翰林，岂非可传之盛事哉。

【注释】

①浙闽总制大司马瑞图刘公兆麒：刘兆麒（1628—1708），字瑞图，清宁河县（今属天津市宝坻区）人，隶汉军镶白旗。历任书院编修、启心郎、

历都察院左副都御史、湖广巡抚、四川总督、浙闽总督、兵部尚书等职。浙闽总制，即浙闽总督。大司马，对兵部尚书的别称。

②殿衡：即刘兆麒之子刘殿衡，刘殿衡亲父是刘兆麟，即刘兆麒亲兄，因刘兆麒过壮年而无子嗣，便将自己的第三子过继给刘兆麒为嗣。

③服阕：守丧期满除服。阕，终了。

④趋庭：此为用典，出《论语·季氏》："尝独立，鲤趋而过庭。曰：'学诗乎？'对曰：'未也。''不学诗，无以言。'鲤退而学诗。他日，又独立，鲤趋而过庭。曰：'学礼乎？'对曰：'未也。''不学礼，无以立。'鲤退而学礼。"这是孔子教训儿子孔鲤要学诗、学礼。后以"趋庭"表示接受父亲的教诲。

⑤游宦：在外做官。

⑥藩篆：藩司的官印，此处指藩司。

⑦苏松：地名，苏是指苏州，松是指松江。

⑧少参：对布政使下设置的参议称呼为少参。

⑨宝坻：县名，在今天津市内。

⑩夏慎枢：字用修，丹徒人，清代诗人。康熙五十一年（1712）进士，改庶吉士，后授翰林院编修。

二〇 张五美父子

李梯云检讨天祥云：永年[①]张五美生于嘉靖甲寅，中于万历乙酉乡试。其子鸿基生于万历甲寅，中于顺治乙酉乡试。

【注释】

①永年：地名，今邯郸市永年区。

二一 不利于榜眼

翰林学差[①]典试，赴湖广者多不利于榜眼。辛未榜眼吴永年昺、甲戌榜眼顾书宣图河、丁丑榜眼严宝成虞惇，俱卒于楚。京师烂缦胡同亦不利于榜眼，居停[2]而卒于其地者：戊辰榜眼查荆川嗣韩，丙戌榜眼吕无党葆中。

【注释】

①学差：学政，提督学政的简称。

②居停：停留住下。

二二 治河

于勤襄公成龙[1]，以大司马大中丞总督河道。公文武全才，经济[2]勋业[3]，赫然一时。大驾西征时，公总统督运，军储充裕，圣心宠眷，功勒旂常[4]，朝野倚重。然而治河非其所长，所谓人各有能有不能也。公赴河工，题带人多不谙河务，乃以顺天府丞徐公廷玺副之，两不相下，议论参差，权难画一。公以勤劳致疾，不终事而卒于官，时论惜之。上念东南民生运道，特简[5]遂宁先生[6]加宫保大司马治河，而副总河[7]报罢[8]。先生辛勤况瘁[9]，事事仰遵指授[10]，历九年河工告成，昔之泽国，今〔变〕桑麻矣。

【注释】

①于勤襄公成龙：汉军镶黄旗人，名成龙，字振甲，号如山，谥号襄勤，故人称襄勤公。生于辽东盖州（今属辽宁省营口市）。曾两任直隶巡抚、河道总督，受封太子少保。康熙三十九年（1700）卒于淮安河道总督署，享年六十三岁。著有《抚直奏稿》。

②经济：治理国家。

③勋业：功业。

④功勒旂常：功绩为国家铭记。勒，刻。旂、常，王侯的旗帜，代指王侯，此处指国家。

⑤简：选拔。

⑥遂宁先生：即清代名臣、治河专家张鹏翮（1649—1725），字运青，号宽宇、信阳子，四川潼川州遂宁县黑柏沟（今属四川省遂宁市蓬溪县）人。

⑦副总河：总河的副职。清代总理河道的官名。总河，清初称河道总督，雍正时改称总河。

⑧报罢：古代臣子上书之事未得到批准。

⑨况瘁：劳累。

⑩指授：指示。

二三 遂宁先生治河

排淮泗而注之江。上古淮泗并未入江。明永乐间罢海运，命陈平江伯瑄开通运道[①]，由江南、山东、直隶直达京师，淮泗之水以三分济运入江，七分敌黄[②]入海。此老生常谈，所云以河治河，不独去其害，而且资其利者是也。即潘季驯[③]先生《河防》一书，其中亦有词不能达意处。在治河诸公，无不知“蓄清刷黄”为要，然此四字有无穷经济，无穷学问，非细心体认，因时应变者不能也。天府金钱糜费固不可，太省亦不宜，必身历其事，久而且熟，方知其中关键。余随遂宁先生数年，见其不避风雨，相度形势，可谓精详之甚，犹虚心访问，择善而从。同事者淮扬李佥事梅、湖南刘少参光业（先为桃源同知者）、接任之桃源孙同知调鼐，皆蒙遂宁先生驱遣，颇为历练老成，可惜俱下世矣。今我辈随右司马中丞赵公，恪守成规，保固无虞[④]，虽遵圣主指授，感河伯効灵[⑤]，而遂宁先生垂创之功莫大焉。

【注释】

①运道：此处指运河水道。

②敌黄：清代治理运河、黄河的策略“蓄清敌黄”的简称，即凭借淮河的清水来冲刷黄河河床，使之深通。

③潘季驯（1521—1595）：字时良，号印川，浙江乌程（今吴兴县）人，一生专注于治理黄河，发明了“束水冲沙法”。其主要作品有《河防一览》（即文中提到的《河防》）《两河管见》《宸断大工录》《留余堂集》等。

④无虞：无虑。

⑤效灵：显灵。

二四 礼节

浙江卞布政使永誉[①]，升任福建抚军，初莅八闽，制府兴公永朝[②]，同将军都统诸公，皆郊迎，相见欢洽。既别，卞公减驺从[③]，乘四舆，仍用藩司仪注[④]，持升任布政使手摺，坐官厅候见。制府谢不敢当。盖浙闽二省，皆制府所统辖，其先为属吏也。公谦退自下，时论以为得体，故益称和衷[⑤]焉。先时有藩司某，内升通政司，闻报即用大银台仪注，鸣锣开道，往拜抚军，乘舆直入仪门，抚军笑而优礼之。随亲盘司库，题参[⑥]亏空甚多，不独落职，几毙狱中。又河南一副将，当新定文武相见仪注时，往谒抚军，公然鸣锣直入辕门，至仪门下马。抚军不加拒绝，即待以新仪注之礼。及散饷届期，乃令监放官备加搜剔[⑦]，凡私占影射[⑧]，俱开虚冒兵饷，题参正法。斯二事虽抚军器小，而亦可为无礼肆纵者戒也。予昔待罪西江，稔[⑨]抚州太守张伯琮之才，守遂荐举卓异。张君感余知己，愿执弟子礼，今已升任河南臬司[⑩]，而余已左迁监司[⑪]。然时通书问，犹用手摺称门人，则过于谦抑矣。

【注释】

①卞布政使永誉：卞永誉（1645—1712），字令之，号仙客，隶汉军镶红旗，祖籍辽宁盖平县，云贵总督卞三元子。由荫生任通政使，历任福建兴化府知府，浙江按察使、布政使，福建巡抚，刑部侍郎。著有《式古堂集》。

②兴公永朝：兴永朝，清朝将领。汉军镶黄旗人。初由笔帖式授吏部主事，后任员外郎、关南道、广西苍梧盐法道、四川按察使、漕运总督、闽浙总督等。

③驺从：古代贵族官僚出门时骑马的侍从。

④仪注：礼节。

⑤和衷：和睦同心。

⑥题参：以题本上奏（弹劾）。

⑦搜剔：挑剔，检查。

⑧影射：此处义为假冒。

⑨稔：熟悉，熟知。

⑩臬司：清各省提刑按察使司的简称，设按察使，正三品，掌一省刑名按劾之事，主要负责一省的刑狱诉讼事务，同时对地方官有监察之责。

⑪监司：对守、巡各道的称呼。

二五 清正和平

居官固宜清正，亦须和平，倘一偏执，则处事不能周详[①]，人情难以通达，未免美中不足。古田余祭酒正健[②]家居，奉特旨督学江南。先君以遗爱未泯，士民感颂不忘，请祀名宦，已由府申司[③]，例必学院批允，方可遵行。道路相传余公严厉，不独不可干[④]之以私，即往来书函，亦难轻投。予自念今皇上忠孝作人，而余公读书君子，未有不以忠孝宅心[⑤]者。予修禀揭[⑥]，直投上请，即使撄怒[⑦]，达诸九重[⑧]，为亲受过，自甘不辞。乃余公竟答一函，不但如我所请，而且词语谦逊，始知真清正者，未有不和平者也。昔先祖闽抚中丞公前任江南通省布政使，士庶迄今家尸户祝[⑨]，吁前督学请祀名宦，乃托词历年久远，无从稽考。揆其意非出固执，即存私念，且不喜扬人之善。此等品行，较诸清正和平者何啻霄壤[⑩]。适翠华[⑪]南巡，叨赐[⑫]御书“旧德贻谋”。旧德者，先祖之勋业也。督学闻之，索前案即促举行。然祖父前后同宦江南，先祖崇祀江宁，先君崇祀宁国，均隆典礼，亦何幸也。

【注释】

①周详：周到细致。

②古田余祭酒正健：余正健，字乾行，号惕斋，赐号孝白，福建省古田人。祭酒，余正健曾任国子监祭酒。

③申司：申于司，向主管部门陈述说明。

④干：求。

⑤宅心：放在心上。

⑥禀揭：古代上奏皇上的文书的一种。

⑦撄（yīng）怒：触怒。

⑧九重：九层，此处指帝王。

⑨家尸户祝：家家户户都祭拜。尸祝，祭祀，祭拜。尸，古代祭祀时，代表死者受祭的人。

⑩何啻霄壤：和天地的差别有什么不同呢。何啻，何止。霄壤，天地，

形容差距极大。

⑪翠华：天子仪仗中以翠羽为饰的旗帜或车盖，此处代指天子。

⑫叨赐：感谢人赏赐的敬辞。叨，承受。

二六　官职名实不符

官制有名似小而位甚尊，职掌之事权最重者；有名极清雅而品秩[①]最卑，所管之事亦极琐细烦冗者。有名虽武职而专司地方事务，名若文职而所司全非文翰[②]者。如侍郎名似郎官，乍闻似非显职，然古制已有门下侍郎、凤阁侍郎，爵位尊崇。今六部侍郎，亚[③]尚书六卿一阶，在外则为总督，何其隆也。典史，一县尉耳，何以得此佳名？即列之内阁翰林院詹事府[④]，谁曰不宜？乃品则未入流，所管皆民间细事，多吏员除授。京都分五城，差御史巡察，所属有兵马司指挥、副指挥，所管皆命盗词讼诸事，全与兵马指挥之名不合。銮仪卫治仪正，王府典仪，其名亦似文职，而司卤簿[⑤]弓马之事，升转俱属武阶，相沿既久，皆习焉不察矣。

【注释】

①品秩：官的品级与俸秩。

②文翰：文章，文辞。翰，本指长而坚硬的羽毛，借指毛笔和文字。

③亚：低于。

④詹事府：清设詹事及少詹事，为三、四品官，掌翰林官的升迁，无实职。

⑤卤簿：古代皇帝出行时的仪从和警卫。

二七　牦缨

定制官民凉帽俱戴纬缨，惟雨天戴牦缨。今戴牦缨者众，取其便易[①]省事，且惜费耳。

【注释】

①便易：方便简易。

二八　补子

朝衣公服俱用补子，绣仙鹤锦鸡之类，分品级大小，即以鸟纪官之义。常见福清叶相国向高[①]集内有“钦赐大红纻丝斗牛背胸一袭”。“背胸”或即补子也，如妇人之首饰曰头面，半臂窄衣曰背心，不然则“补子”二字，何所取义？

【注释】

①叶相国向高：叶向高（1559—1627），字进卿，号台山，福建福清人。明朝政治家、文学家，万历、天启年间任内阁首辅（相国）。著有《说类》《苍霞草》等。

二九　五爪龙、四衩袍

衣服上所织四爪者谓之蟒，民间通用。五爪者谓之龙，非奉钦赐暨[①]诸王赏赉[②]，不得擅用，此定例也。又红绒结顶[③]之帽，四面开衩之袍，俱不得自制。近见五爪龙、四衩袍穿者愿〈颇〉多，人少为注目，即曰某王所赐，无从稽考，听之而已。

【注释】

①暨：和，与。

②赏赉：赏赐。

③红绒结顶：指将红绒逐步紧缩，最后至顶端攒聚在一起。

三〇　带

古冠緌缨即项下绊带也。有明纱帽、头巾各制，贵贱悬殊，见诸画像，传之梨园，乃俱不用带。今则草凉帽如箬笠[①]，皮煖帽[②]如毡笠，上加红缨，而于帽檐下俱缀以带绊，犹追古制。古人结韈[③]用带。太白乐府“燕南壮士吴门豪”一首名《结韈子》，张释之为王生结韈。今则冬以布装棉，夏以葛装麻，甚且侈以绫锦纱缎，多不用带结矣。古今制之不同如此。

【注释】

①箬笠：用箬竹叶及篾编成的宽边帽。

②煖帽：即暖帽，其形制多为圆形，周围有一道檐边，材料多为皮制，也有用呢制、缎制及布制的。煖，同暖。

③韈：同“袜”。

三一　袍褂

陕西以羊绒织成者谓之姑绒，制绵衣取其煖也，今则制为单袍。纱取其轻，暑服也，今则制为绵袍、绵褂。比比皆然，习以为常。谚云：“有里[①]者无里，无里者有里，”意指此乎。绒俗字，本毧[②]字，音冗。

【注释】

①里：里子。

②毧（rǒng）：鸟兽细软而茂密的毛。

三二　缎

缎与毈同，多贯切，音段，履之后帖[①]也。今厚缯通名曰缎，有五丝、八丝、内造、汉府、官素、平花、帽缎、闪缎、倭缎各种花纹颜色，随时变幻，亦穷工极巧矣。前代惟绫绵〈锦〉、绸罗、绛丝、衲纱之类，至于缎，不独未见，亦未闻也。近由东洋入中国者，更有羽缎、羽纱、哔叽缎、哆啰呢，据云可为雨具，试之终逊油衣[②]。其价甚昂，亦前代所未闻者。

【注释】

①后帖：鞋后跟处的帮衬，使之坚厚。帖，帛书的签名，引申为今“帮贴”之“贴”义。

②油衣：布上涂桐油制成的雨衣。

三三 裘

古裘有五：大裘、黼裘、良裘、功裘、亵裘。大裘用黑羔皮为之，王者祀天之服。缁衣羔裘，朝觐[①]用之。《郑风》云“羔裘豹饰”，大夫燕居[②]之服。近日不独不以豹饰，而大夫多不羔裘矣。间或服之，惟领与袖或饰貂、或饰狐、或饰银鼠之类。而晏子一狐裘三十年，疑用全狐。今服全狐者少，千羊之皮，不如一狐之腋，近之狐腋尽人而裘矣。当年孟尝君之狐白裘，即集狐之白腋也，俗名天马皮。又，集项下细毛，深温黑白成文者，俗名乌云豹，甚煖。其腿里一块黄黑杂色者，集以成裘，俗名麻叶子，亦煖。至于全白狐皮，则粗冗不堪。又有玄狐一种，定例止准官一二品以上者制为帽，上赐居多。若口外[③]严寒，出差者亦准为帽，虽名玄狐，其实苍白色者居多也。如高昌国贡唐太宗玄狐裘，今亦难得。苏季子黑貂裘敝[④]。古人贵重貂裘，近日稍丰裕者即衣之，定例四品以上始用，何其僭越[⑤]也。若上元夫人[⑥]之青毛锦裘，汉武帝之吉光裘，程据[⑦]之雉头裘，张昌宗[⑧]之集翠裘，南昌国进浮光裘，司马相如之鹔鹴裘，度安[⑨]之紫绨裘，止存其名，不知为何物矣。更有猞猁狲一种，轻煖华美，貂裘之外，无出其右。所谓胭脂雪者，想即此耶。侍卫制为朝衣，诸王制为坐褥，而定例亦四品以上始服，近亦僭越矣。又灰鼠一种，最宜于秋末冬初及南方不甚苦寒之地，迩来颇多。至于毛之白者名银鼠，康熙初年尚少，其价甚昂，近不独多而且贱矣。又以獭皮为深衣[⑩]。可御雪，可当衾裯[⑪]，粗而重，贱者之服，亦亵裘类也。缁衣羔裘，黄衣狐裘，取其表里如一。“羔裘玄冠不以吊”[⑫]，言衣冠俱黑色，古之吉服也。是古之羔皆用黑者，而今则纯白矣。何古之黑者多，而今之黑者少也？或曰，当日之黑羔，安知非如今日之染狐皮、染银鼠耶？为之一笑。羊皮贵羔而贱老，人皆知之，独口外则不然。有皮软而毛长者，俗名麦穗子，言其毛长如麦穗也。口外风高，非此不足以御之，虽公卿贵官至彼，貂裘之上，亦必覆此一件，取其毛大压风也。内地亦有此种，不如口外者佳。

【注释】

①朝觐：臣下拜见国君。

②燕居：闲居。燕，同“宴”，安闲、闲适。

③口外：长城以北地区。因长城关隘多称口，故称口外。

④苏季子黑貂裘敝：苏季子即苏秦（前？—前284），名秦，字季子，洛阳（今河南洛阳市）人。战国时期著名的纵横家、外交家和谋略家。黑貂裘敝，指战国时苏秦入秦求仕，资用耗尽而归之事，见《战国策·秦策一》：“（苏秦）说秦王书十上而说不行。黑貂之裘敝，黄金百斤尽，资用乏绝，去秦而归。羸縢履蹻，负书担橐，形容枯槁，面目黧黑，状有归色。”

⑤僭越：见“八顶戴不得僭越”条注。

⑥上元夫人：中国古代神话中的仙女，名阿环。传说她是西王母的小女、三天真皇之母，任上元之官。

⑦程据：魏晋时医家。司马炎即位时曾任内廷医官，以医术高明出入内宫。

⑧张昌宗（？—705）：唐定州义丰（今河北安国）人。于武则天晚年入侍，为则天所宠，累官至春官侍郎，封邺国公。奉则天命编撰了《三教珠英》。

⑨度安：《西京杂记》作“庆安世”：“侍郎庆安世，年十五，善鼓琴，能为《双凤离鸾》之曲。后悦之，白上，得出入御内，绝见爱幸。尝着轻丝履、紫绨裘、招风扇，与后同居处。欲有子，而终无胤嗣。”

⑩深衣：上衣、下裳相连缀的一种古代服装，长及脚踝，类似现在的大衣。

⑪衾裯（dāo）：被褥床帐等卧具。

⑫羔裘玄冠不以吊：出之《论语·乡党》，羔裘玄冠其色属玄，玄属吉，所以不能穿吉服去吊丧。

三四　腰带

腰带古以革为之，名曰鞶带，又谓之鞶革，自天子以至庶人皆用之。后世用丝带，以玉犀镶嵌，束于丝带之上，即玉带犀带也。本朝按品级有嵌宝石之玉，以及金银、玳瑁、明羊角、乌角之类。另制成镮[①]，以软丝带贯之，天潢束黄丝带，觉罗束红丝带。有特赐黄带者。公卿以下多束蓝丝、青丝带。间有石青、油绿、织金者，无甚关系。守制[②]者则束白布带。皆所以分尊卑、别等威也。带镮先用左右二块，系以汗巾、刀觿、荷包等类，即古人无所不佩之意。荷包疑即夹袋也，专为收藏字帖之用。后增前后二块，不过饰观而已。又单用腹前一块，带不用长穗垂下，以铜铁镀锼[③]金银或牙骨角石之类，制或〈成〉二块，扣而为一，此惟于春夏之亵服甚便，非常服也。

【注释】

①镮：古同“环”。

②守制：古时居丧守孝的制度。旧例，居父母或承重祖父母之丧，须谢绝应酬，不得任官、应考、嫁娶等，须二十七月期满。

③锼：中华书局本作“鋄”字，上海古籍出版社本作“锼”。从后者。

三五　孔雀翎

戴孔雀翎所以壮军威、分近侍也。《分甘余话》[①]所载：“本朝侍卫，皆于冠上戴孔雀翎，以目晕[②]之多寡为品之等级。武臣提督及总兵官，亦有赐者。后文臣督抚亦或蒙赐，得之者以为幸。”是已，然总未分晰详明。《大清会典》[③]所定，贝子戴三眼孔雀翎，根缀蓝翎。镇国公、辅国公戴二眼孔雀翎，根缀蓝翎。内大臣、一等二等三等侍卫、入内大臣、额驸、前锋统领、护军统领、前锋参领、护军参领、诸王府长史、一等护卫，戴一眼孔雀翎，根缀蓝翎。贝勒府司仪长、王府贝勒府二等三等护卫、贝子公府护卫及护军校，俱戴染蓝翎。内外额驸俱不许戴。诸王府散骑郎，有阿达哈哈番以上世职，许戴一眼孔雀翎，根缀蓝翎。其余虽加级不准戴。再查各省驻防之将军、副都统并督抚提镇，蒙赐孔雀翎者，止戴一眼。

【注释】

①《分甘余话》：清王士祯撰，是一部记见闻和谈学问兼而有之的笔记。其在自序中说：“顷东游还，修植桑果，今盛敷荣，率诸子，抱弱孙，游观其间，有一味之甘，割而分之，以娱目前。”书名即取此意。王士禛（1634—1711），字子真，一字贻上，号阮亭，晚号渔洋山人，山东新城（今山东淄博市桓台县）人。

②目晕：又称“眼”，即指雄孔雀尾端羽毛上之彩色圆圈，一圈为单眼，尚有双眼，三眼之别，眼多者为贵。

③《大清会典》：清伊桑阿等纂，共一百六十二卷，亦称《康熙会典》，是清入关后正式颁行的第一部会典。全书以职官为纲，分别记其职司、设置、品级、规章、掌故等，是了解清代行政组织、政治法规、典章制度的重要资料。

三六　帽

本朝帽制：凉帽以德勒苏草[①]细织成面者为上等，次等用白草。内以片金或大红缎紬、各色纱缎为里，名曰“帽胎”。上覆以大红绒线纬缨，王公卿大夫士庶皆戴之。雨用藤织成胎，上覆以茜红[②]西牛尾拣毛为缨，而皆名曰“纬笠”。有用藤竹、麦楷织成有檐出外周围者，名曰“台笠”，此贱者所戴帽以遮日色者。考帽自汉以来已有之，邓通[③]之黄帽，管宁[④]之皂帽，李晟[⑤]之绣帽，沈庆之[⑥]狐皮帽，即今之煖帽也。今之煖帽以貂为贵，次有染银鼠、染黄鼠以为帽檐者，贵贱皆戴。至于玄狐则有阶级矣，若长孙无忌[⑦]之浑脱[⑧]以乌羊毛为之。羌服之席帽，晋人之白接䍦，皆以羊毛为之，即今之“毡笠、毡帽”也。式虽不一，而帽之名则同。

【注释】

①德勒苏草：玉草的满语称呼，产于东北，进关以后，清视此草为发祥之物。

②茜（qiàn）红：绛红色。

③邓通：西汉蜀郡南安（今四川乐山）人。因得汉文帝宠幸，官至上大夫，被赐钱无数，又被赐蜀郡严道铜山，许其自铸钱，由此大富。

④管宁：三国时隐士、学者。字幼安，北海朱虚（今山东临朐县）人，少笃志好学，曾与华歆同窗，因华歆好利，而与之分席。后避黄巾起义迁辽东，并召众讲习《诗》、《书》。魏文帝时，召为太中大夫，辞不受。明帝时又征为光禄勋，也固辞不就。

⑤李晟：唐将领。字良器，洮州临潭（今属甘肃）人。善骑射。十八

岁从军，屡立战功，先后任右神策军都将、神策先锋都知兵马使、凤翔陇右节度使等。贞元三年被解除兵权。

⑥沈庆之（386—465）：字弘先，吴兴武康（今浙江省德清县）人，南朝宋名将。

⑦长孙无忌（594—659）：字辅机，河南洛阳人，唐初宰相、外戚。

⑧浑脱：用整张皮革做成的囊形帽子。

三七　骨董

商丘太宰云："骨董[①]虽小事，却有分别。看字画，经纪[②]不如士夫；看铜玉器，士夫不如经纪。"此语诚然。今以二事验之。昔经纪持字画数轴求售，内一轴为米元章[③]书，经纪极赞其真，即坐客亦共诩[④]不置，予哂[⑤]之。众哗曰："无论米字逼真，今不能及，即伯生[⑥]、匏庵[⑦]、石田[⑧]所跋，亦非近代手笔也。"予曰："诸君未审耳。此轴所书之诗，乃国初广平申凫盟涵光[⑨]《铜雀怀古》之作也：'漳南落木绕寒云，野雉昏鸦魏武坟。不信繁华成白草，可怜歌舞嘱红裙。西园乱石来三国，古瓦遗书认八分。七十二陵空感慨，至今谁说汉将军。'"检申集示之，愕然。此经纪不如士夫也。一故中丞张公勐[⑩]之侄见贻[⑪]铜器一具，赠以十二金欣然而去。置案上为镇纸用。偶来一经纪把玩不释。询其何以，曰："此压绣也。宫中用以压彩刺绣耳。予昔以此物货某中丞，得重价，此毋是耶！"予颔之。此士夫不如经纪也。太宰洵博古矣，但云："字画之佳者，虽黑暗处闻其气味，摹其绢素，即知真赝，不必细看。"此语未免英雄欺人。

【注释】

①骨董：即古董，古器物。

②经纪：商人，做生意的人。

③米元章：即米芾，字元章。吴人，祖籍太原。中国北宋书法家、画家、书画理论家。

④诩：夸耀，说大话。

⑤哂（shěn）：讥笑。

⑥伯生：疑即陆应阳（1542—1627），字伯生，号古塘，松江府青浦县人。明代书法家。

⑦匏庵：即吴宽（1435—1504），字原博，号匏庵、玉亭主，直隶长州（今江苏苏州）人。明代名臣、诗人、散文家、书法家。

⑧石田：即沈周（1427—1509），字启南，号石田、白石翁、玉田生、居住人等，长洲（今江苏苏州）人。明代杰出书法家，文人画“吴派”开创者。

⑨申凫盟涵光（1620—1677）：申涵光，字孚孟，一字和孟，号凫盟，凫明、聪山等，直隶永年（今河北永年县）人，明末清初文学家，河朔诗派领袖人物。著有《聪山集》《荆园小语》等书。

⑩张勄：字敬止，奉天辽阳人，康熙三十年（1691）任山东按察使、布政使，康熙三十六年（1697）任浙江巡抚。

⑪见贻：即见赠，赠送给我。

三八　赵子昂千字文

生平最爱赵字。式古堂所云苏、黄、米、蔡[①]，在宋则为大家，以晋人视之，犹是雕虫小技。惟子昂[②]直追先辈，上下五百年，纵横一万里。余家藏颇多，自处郡回禄[③]后，尽成灰烬。其后再为搜求，止得《前、后赤壁赋》二幅，《千字文》一卷。两《赋》于南巡时在扬州行宫进呈，天颜有喜。今所存者惟《千字文》而已。陈子文[④]太守弈禧临摹不忍释手，跋后百余字。

附陈子文《跋》：昨在黔中题文敏[⑤]《假山》诗，谢不敢而不能，展观形秽，至今犹愧。戊子十一月朔，葛庄观察[⑥]出示此卷属题[⑦]。谢不敢而又不能，遂附鄙语于后。考文敏书《千字文》，真、行、草各体甚多，亦有见于《停云》及《国朝法书》者。又六体真迹，今在曹待诏秋浦[⑧]处，蒙赐自内府。荒陋失学，宝墨琳琅，皆得浏览。今日复玩妙迹，结撰[⑨]之精，运用之变，且有出所见之数本，此与肃府[⑩]旧刻笔意相似，反复寻味，海内之至宝也。或曰“赝者双钩”[⑪]，此怀元章狡狯[⑫]之心，何足信哉。

附自记：松雪[⑬]墨迹，予旧多收藏，惜处署祝融[⑭]之后，灰烬无遗，为生平恨事。今阅此卷，回忆种种，似不及此卷之妙。即《洛神》善本，式古堂[15]取赋中语，称其“瑰姿艳逸”。王孟津[16]跋云：“鸾飞蛟舞，得二王机神。”鄙意揣摩，犹觉彼肥媚而此遒劲也。昆阳[17]为东瓯[18]末邑，此卷流传民间，湮没已久，未经名人题跋。或曰为有心者割取，亦未可定。余观察浙东时，于无意中购之，如获拱璧[19]。日夕临玩，觉神采奕奕，直追先晋，不禁眉宇飞动。固予之幸，亦翰墨之幸也夫。

【注释】

①苏、黄、米、蔡：即苏轼、黄庭坚、米芾、蔡京，这四位书法家被认为最能代表宋代的书法成就。

②子昂：即赵孟頫（fǔ）（1254—1322），字子昂，号松雪道人，又号水精宫道人、鸥波，浙江吴兴（今浙江湖州）人，元初著名书法家、画家、诗人。

③回禄：相传为火神之名，引申指火灾。

④陈子文：即陈弈禧（1648—1709），字子文，号香泉，浙江海宁人，清代书法家，擅长行书与小楷。贡生出身，官户部郎中，后出知石阡府（在今贵州），又补南安知府（在今江西）。

⑤文敏：即赵孟頫，死后追封“魏国公”，谥号“文敏”。

⑥葛庄观察：即刘廷玑，字玉衡，号在园，又号葛庄。先世居河南开封，后迁辽阳，编入汉军镶红旗。其祖父曾任福建巡抚，父亲曾在河北、安徽任过知府等职。廷玑荫先人功绩循例入官，历官处州知府、江西按察使，降江南淮扬道。晚年调任河工，参与治理黄河、淮河。

⑦属题：嘱托题名。属，通“嘱”，嘱托。

⑧曹待诏秋浦：应即曹日瑛（1662—1722），字渭符，号恒斋，祖籍安徽贵池（贵池，别名池州、秋浦），官翰林院待诏、大理寺司务，工书法。

⑨结撰：结体与撰写。

⑩肃府：即指肃府本《淳化阁帖》。淳化三年（992 年），宋太宗赵光义命翰林侍书王著，把宫廷收藏的书法珍品编为十卷。编成后，用枣木版摹刻成帖，版成后藏于禁中之淳化阁，故名之为《淳化秘阁法帖》，简称《淳化阁帖》。

⑪双钩：书法描摹方式的一种，用透明或半透明纸蒙在模板上，用细笔

钩描帖字的点画外廓，称为“双钩”。

⑫元章狡狯：元章指米芾，字元章，又称米元章。中国北宋书法家、画家、书画理论家。吴人，祖籍太原。善诗，工书法，擅篆、隶、楷、行、草等书体，长于临摹古人书法，可以达到乱真程度。狡狯，狡诈。

⑬松雪：即赵子昂，号松雪道人。

⑭祝融：帝喾时的火官，后尊为火神，也用作火或火灾的代称。与上文“回禄”义同。

⑮式古堂：即卞永誉（1645—1712），字令之，号仙客，祖籍山东黄县，世居辽东盖平（今盖县）。清代书画鉴藏家。卞永誉的鉴藏印记有“卞氏令之”、“令之清玩”、“令之”、“式古堂”、“式古堂书画”、“式古堂书画印”等。著有《式古堂书画汇考》《式古堂集》等。

⑯王孟津：即王铎（1592—1652），字觉斯，一字觉之，号十樵、嵩樵，又号痴庵、痴仙道人，别署烟潭渔叟，河南孟津人。明末清初书画家，楷、行、隶、草都精妙绝伦。

⑰昆阳：地名。在今浙江平阳县昆阳镇。

⑱东瓯：地名，温州及浙江省南部沿海地区的别称。

⑲拱璧：大璧，泛指珍宝。

三九　指画

高韦之佥事其佩[①]留心绘事，能以指头作画，别开生面，超越前人。因赴温处观察任，道出袁浦[②]，余以匹绫长二丈许必索画尽。韦之笑呼童子研墨盈池，以指蘸墨，云飞风动，转瞬而成。山石木树，水藻残荷，禽鸟鱼蟹，穷工尽致，真绝技也。后海宁陈子文[③]，出守南安，便道见过。子文书法，无出其右者。余以画索题，子文走笔即书。高画陈书，洵[④]称二妙。又系原属本支，无双绝艺，乃出一家，诚熙朝[⑤]之宝物也。今子文已下世矣，可胜浩叹。

附陈子文《跋》：历代以来，名家既多，以指为之，自我弟韦之使君始，人物、花木、禽兽、草虫，不假思索，骈指点黟[⑥]，顷刻数十幅随意飞动，无不绝人。万象罗于心胸，天地集于腕下，此造化[⑦]特钟异人也。在京师居相近，又本宗昆季[⑧]，戊子仲冬赴横浦过淮壖，葛庄观察索跋。公诗妙擅海内，涵汇渟蓄[⑨]，无所不有，发之吟咏，自足尽其变，何待小言之戋戋[⑩]也。

【注释】

①高韦之佥事其佩：高其佩，字韦之，号且园、南村、书且道人，别号颇多，另有山海关外人、创匠等。铁岭（今属辽宁）人，隶籍汉军。清代官员、画家，指画的开山祖师。康熙时以荫由宿州知州迁四川按察使，雍正间擢都统。佥事，清代初期沿置，乾隆十八年（1753）废。清末改制，部分机关有设，地位高低不一，多在参事之下。职务相当于今科长。

②袁浦：地名。今浙江省杭州市西湖区双浦镇。

③陈子文：见上条注。

④洵：确实，实在。

⑤熙朝：见“一普天瑞应”条注。

⑥黟（yī）：黑色，这里代指墨。

⑦造化：大自然。

⑧昆季：兄弟。长为昆，幼为季。

⑨渟（tíng）蓄：含蓄。

⑩戋戋（jiān）：浅而小。

四〇　刘伴阮

刑部主事伴阮[①]兄源，河南祥符人。余祖籍亦祥符，同县同姓，因以兄弟称，长枕大被[②]，不异骨肉也。兄性聪慧纤巧，迥异常人。其字怪僻，自言融会诸家，独成一体，殊有别致。画则挥洒数笔，生动酷肖。诗不多，亦不存稿。曾记《邯郸道上》一绝：“风雨邯郸道，纷纷利与名。黄粱知大梦，千古一卢生。”至制作之巧，赏鉴之精，可称绝伦。自制清烟一种，商丘太宰以为在“寥天一”“青麟髓”[③]之上。又能于一笏上刻《滕王阁序》一篇、《心经》一部，字画崭然[④]。在内庭供奉时，呈样磁数百种，烧成绝佳，即民间所谓御窰者是也。内庭制作，多出其手。太皇太后加徽号“龙宝”暨皇贵妃宝，余亲见其拨蜡[⑤]送礼部，非大手段能之乎！所藏骨董，皆人所未见之物。未几，卒于京。皇上遣内大臣包衣昂邦[⑥]奠茶酒，侍卫送柩出章仪门，赐金驰驿，为一时光宠。所惜无子，制作不传，骨董散失，近日所用之墨及磁器、木器、漆器仍遵其旧式，而总不知出自刘伴阮者。空费一生心思，呕血而终，乃不得与东坡肉、眉公饼[⑦]并传于世，悲夫。

【注释】

①伴阮：即刘源，字伴阮，河南祥符（今开封）人，汉军镶红旗。康熙时召入内廷，官至刑部主事。擅山水、人物、写意花鸟，书工行篆。

②长枕大被：长形的枕头，宽大的被褥。比喻兄弟友爱。

③“寥天一”“青麟髓”：明代徽州制墨家推出的品牌墨，延续到清代。

④崭然：鲜明突出的样子。

⑤拨蜡：一种铸作金属工艺品的方法。

⑥包衣昂邦：满语音译，亦作“包衣按班”，官名，义为“家里的总管”。

⑦东坡肉、眉公饼：都是有名的美食名称。东坡肉，因苏东坡而得名的一种红烧肉。眉公饼，一种有名的传统点心。

四一　一捧雪

有人持玉杯质之伴阮兄，曰：“此一捧雪[①]也。”同为赏鉴。兄曰：“玉情[②]果美，水色亦佳，好玉杯则有之，一捧雪恐未也。”余曰：“不知是莫太常[③]家藏？是莫成[④]所伪造者？”为之一笑。后据杨次也[⑤]太守云：“乃祖雍建[⑥]为少司马时曾见之，气魄甚大，情色俱美。”主人曰：“此真一捧雪也，当于日下观之。”因持向墀[⑦]下，映日细看，杯内雪片纷纷如飘拂状。以是知真赝有别，而命名不虚也。

【注释】

①一捧雪：明代著名玉杯名。

②玉情：玉的质地。

③莫太常：即莫怀古，玉杯“一捧雪”的拥有者，曾官至太常。

④莫成：莫怀古的仆人，帮助莫怀古隐藏“一捧雪”真杯。

⑤杨次也：即杨守知（1669—1730），字次也，号致轩，别号晚研、稼亭、意园，浙江海宁人。清诗人。康熙三十九年（1700）进士。官平凉知府。与归安沈树本、平湖陆奎勋、嘉善柯煜合称浙西四才子。著有《致轩集》。

⑥杨雍建（1631—1704）：字自西，号以斋，海宁盐官人。清顺治十二年（1655）进士，授广东高要知县，后被荐举任兵科给事中。

⑦墀：台阶。

四二　奇石、伽楠

伴阮[①]兄有奇石，高尺余，山峰透露，对面可以见人。山腰白石一段，视之如云。白石内又有青石一条，如龙形，头角宛然。因摹入纸幅，名《青龙白云图》，悬玩不置。又有蜜结伽楠[②]，长二尺，厚一尺，温润芬馨，迥异众香，雕成诸葛枕、式云枕，此可免小遗[③]，试之果然。后俱为逃奴窃去。

【注释】

①伴阮：见“四〇刘伴阮”条注。

②蜜结伽楠：伽楠的一种，其油脂呈蜂蜜状的琥珀色结晶，带有蜜香或者花香。伽楠是一种在特殊条件下可以长出沉香的树，一种的树，伽楠翻译自梵语，唐代佛经中常写为“多伽罗”，后来又有“伽蓝”、“棋楠”等。

③小遗：小便、撒尿。

四三

范谈一侍讲光宗[①]云：康熙四十年侍直南书房，见高丽国进人参四枝，盛以漆匣，精工华丽。少顷内侍收进，遇熊相国赐履[②]，稍为启视，出语曰：“其形似人，所谓人参也，扁鹊之语诚为不谬。”天颜[③]有喜，谕云：“四十〔年〕来止见此四枝耳。”

【注释】

①范谈一侍讲光宗：范光宗，字谈一，陕西郃阳人。康熙二十年

(1681)乡试举人，康熙二十七年(1688)进士，选庶吉士，散馆授翰林院检讨。累官詹事府左春坊左替善。

②熊相国赐履：即熊赐履(1635—1709)，字敬修，又字青岳，号素九，别号愚斋，湖广汉阳府孝感人，世籍南昌，清初理学名臣。曾任内阁大学士(俗称相国)。著有《经义斋集》《闲道录》《学统》《澡修堂集》等。

③天颜：天子的容颜。

四四 方竹

方竹产于天台山，古人取以为杖，雅甚。相国王公掞[①]督学两浙时，试题有《方竹杖歌》。余以台州司马摄[②]府事，走笔[③]应之。王公谬为[④]许可。诗载《分体》中。

【注释】

①王公掞(shàn)：即王掞(1645—1728)，字藻儒，一作藻如，号颛庵、西田主人，江南太仓(今属江苏)人。康熙九年进士，授编修，官至文渊阁大学士。著有《西田集》。

②摄：代理。

③走笔：挥笔疾书。

④谬为：假装。

四五 青田石

镌图章以青田石为佳，而青田石又以洞石为第一，他产不及也。石俱在溪中，戽干[①]溪水乃得，石块质颇燥硬，止可琢瓶尊杯斝[②]之类。所谓洞者，又在水石之内，如石之有玉，不可多得。若灯光石者，尤为不易。予待罪括州时，曾鸠[③]工采取数月，无一佳洞。或曰皆为匠人窃去。但地方多一土产，即多一累，恐贤有司亦不乐有之也。

【注释】

①戽(hù)干：用戽把水汲干。戽，灌田汲水用的旧式农具，亦称

庳斗。

②斝（jiǎ）：古代青铜制的酒器，圆口，三足。

③鸠：聚集。

四六　治痔、漏法

余得痔成漏[1]，有五管，楚[2]甚。延衮〈兖〉州魏老人医治，早用烟熏，晚用水洗，俱平常痔、漏药料，惟上药秘不示人。上药之法甚妙，用鹅翎[3]管，药实其中，管后一孔如针大，由后挤药，如一线直入管中。盖之以膏，七日而愈。

【注释】

①漏：也写作瘘、瘺，即瘘疮。

②楚：痛苦。

③鹅翎：鹅翅膀上大而硬的羽毛。

四七　去翳

野荸荠杵[1]碎，取汁澄粉，少加冰片[2]，以之点眼去翳[3]，甚效。

【注释】

①杵：捣。

②冰片：一种以龙脑香的树胶制成的中药名。

③翳：病名，指眼角膜上长出的能障碍视线的白斑。

四八　同学三人

戊午停科后，余遂弃举子业。同学者尚有三人，查荆州嗣韩[1]、沈古培心杨[2]、钱玉友良择[3]，仍读书寒家[4]之无倦轩。荆州素怯弱，余尝劝慰曰："子病至此，尚五夜[5]咿唔[6]，何急功名而薄性命耶！"答曰："吾非不知，曾梦神人示之以诗，有'五色云中第二名'之句，是以恋恋[7]，冀其一验耳。”后果以五经乡荐榜眼及第。古培，平湖人，北闱[8]不第，就试浙省，体肥畏热，坐轿号[9]中不能堪，出场即卒于龙门[10]外。余适兼摄杭篆[11]，为之经理[12]其丧。玉友累科不第，留羁京师。余佐台郡时，答书犹有句云“人从杨柳烟中去，书自桃花洞口来”，嗣后音问[13]遂绝。余以引见赴京，遇查声山[14]学士，云久已削发为僧矣。

【注释】

①查荆州嗣韩：即查嗣韩，字荆州，号墨亭，浙江海宁人。康熙二十七年（1688）进士，授翰林院编修。康熙三十年（1691），查嗣韩任会试同考官。康熙三十八年（1699），查嗣韩充顺天武举乡试副考官。

②沈古培心杨：见本文后半段说明。

③钱玉友良择：字玉友，号木庵，江苏常熟人。曾随大吏出使海外又随朝贵使塞外绝域，足迹几遍天下。后皈依佛门。

④寒家：此处指对自己的家的谦称。

⑤五夜：五更，整个夜晚。

⑥咿唔：读书声。

⑦恋恋：依依不舍。

⑧北闱：指北京顺天乡试贡院。

⑨轿号：指封建科举考试考生住宿答题的号房。

⑩龙门：古代科举考试考场的正门。

⑪篆：印章多用篆文，故用为官印的代称。

⑫经理：处理，照料。

⑬音问：音讯，书信。

⑭查声山：见“一一宿迁叶姓园查声山联”注。

四九　内外帘官

秋闱[1]省试，内外帘官[2]各有所司。自初六至十五，凡十昼夜，诸务冗杂，外帘之监临、提调、监试群公无片刻之暇，恐少懈即有舛讹。惟赏月后稍安适也。头场毕，内帘主考，率同考官传点催卷，然一时誊录不及，盖彼在内空闲也。过中秋频频解卷，内帘渐次冗忙，而外帘又闲矣。惟清晨开龙门，各属谒见，收发文牒，此外一无事事。由月半至月初，颇觉日长似岁。己卯监试浙闱，中式[3]诸君以余稍知文墨，修[4]通家之谊[5]甚恭，如查德尹嗣瑮、高巽亭舆、许莘野田、盛紫翰弘邃，在诸君雅意堪嘉，而余则谦退未遑[6]也。

【注释】

①秋闱：封建社会科举时代的乡试在秋季举行，故称。考官分内帘官与外帘官。

②帘官：封建社会科举时代乡、会试时的考官。

③中式：此处指科举考试合格。

④修：治，整饬。

⑤通家之谊：指交情深厚，像一家人一样。

⑥未遑：未暇，未及。

五〇 刘晓

彭泽刘参政晓未遇[1]时，落拓[2]武林[3]，徘徊湖上。一日祈梦于少保庙，梦少保拱手者再，以米一勺置诸掌中。醒来大恸，以为他日必乞食也。后赴广西傅将军军前，招抚有功，议叙补授浙江粮道，始悟少保拱手者，敬公祖也；以米置掌中者，掌粮储也。

【注释】

①未遇：未得到重用，未发迹。

②落拓：穷困失意。

③武林：旧时对杭州的别称。

五一 马振古

广平秀才马振古，老不应试。其子初入泮[1]，望中甚切。除夕卜“灶镜听[2]”，俗所谓“瓢儿卦”也。出见妇人，亟问曰：“我于何年得中?”答曰："驴子骑人那一年。"意以为必无之事也。一日郊行，见驴生驹，其主负驹而归。喜曰："此非驴子骑人耶！"即售田治装，趋赴秋闱。振古闻子售田，以为必偿赌负，特借应试之名耳。怒甚，欲追而责之。渐至良乡[③]，同试者劝止，且曰："今文宗大收老手，君宿学，曷亦一试棘闱[④]乎！"振古笑而从之。是科父子同榜，真奇验矣。诸同榜者称振古为"年伯"，谓其子为"同年"也。其子亦称诸同榜者为"年伯"，谓其父为"同年"也。一夕宴集[⑤]，有友笑谓曰："今科乔梓[⑥]，定同连捷。傥[⑦]仅捷一，所愿在谁？"振古沉吟良久，曰："豚儿[⑧]尚幼。"众为哄堂。

【注释】

①泮：泮宫的简称，古代的学校。

②灶镜听：除夕夜洗好锅放满水，在锅里放一个水瓢让它旋转起来，等瓢停止以后手持一个镜子出门，按瓢把指示的方向走，路上碰见第一个人所问所答极为灵验。古人这种卜算法也叫"灶镜听"。

③良乡：北京市旧县名，在北京西南部。

④棘闱：旧时科举时代的考场。在考场四周围上荆棘，以防止闲人擅自进入，故称。

⑤宴集：聚会饮酒。

⑥乔梓：乔木高，梓木低，比喻父位尊，子位下，因称父子为"乔梓"。语出《尚书大传·梓材》："商子曰：'南山之阳有木焉，名乔。'二、三子往观之，见乔实高高然而上，反以告商子。商子曰：'乔者，父道也。南山之阴有木焉，名梓'。二、三子复往观焉，见梓实晋晋然而俯。反以告商子，商子曰：'梓者，子道也。'"后用以比喻父子。

⑦傥：同"倘若"之"倘"。

⑧豚儿：对人谦称自己的儿子。

五二　测字

测字起于观梅[①]，虽《易》数中小技，然有奇中而名达九重者。如宋谢石[②]辈，自不多遘[③]。近今卜肆，亦复谈言偶中，休咎[④]立应如响[⑤]。姑识见闻所及者数则，更足起发[6]后人。有书“字”字请测者，一审视即拱让曰：“是一位现任宰官，在内则都察院，外则按察使。盖上为‘宪’字头也。但下‘子’字，属地支之初，是新迁转耳。恭喜必得。”又问：“地方何如？”答曰：“总在好的一边。以‘子’字为‘好’字之半也。”临别，其亲私问曰：“亦有不利者乎？”答曰：“‘子’为‘一了’，只恐此任不能迁转。”既而信然。一人书“文”字问讼事。测曰：“‘吝’不成吝，‘凶’不成凶，此事即当解矣。”问何日可解，测曰：“今日何日？”曰：“十五。”测曰：“再六日必解。”果符所言。问：“何以知六日也？”测者解曰：“以十五加六为廿一日，‘昔’旁加‘文’为‘散’，是以知之。”入夜人来请测，不及书字，时已戌时，即口占[7]“戌”字以请。问何占，曰：“欲有谋耳。”测曰：“不可直向彼言，须转一湾，其谋可遂。”盖‘戌’字一点，转湾即为‘成’字也。一人失马，来书“奇”字。测曰：“必不得矣。”以为无“马”在旁，则“骑”不成，但“立可[8]”耳。乡试后一生书“花”字决去取。测曰：“必中无疑，恭喜廿七名，已有人在寓报矣。”以花字分为“立人廿七”也，归寓果然。其人嗣后[9]复书“一”字，问终身。测曰：“廿年内官可至五品。”问有几子。测曰：“三子。”问寿几何。测曰：“七十之外，不能八十耳。”细询其故，以一字可加“三”字，故生三子。复加二竖，乃成“五”字，故廿年可至五品也。“一”字“二三四五六七”皆用，至“八”字则不用一横，故寿至七十以外即止耳。一太守书“识[10]”字请测。测曰：“文头武脚，若非决狱理刑之方面有司，即属乌台兰垣[11]之喉舌近臣。”应曰：“知府以‘识’字与‘职’字相类[12]，故知为官。而落笔先成‘言’字，遂云然也。”曰：“今任几年？”应曰：“已任五年。”曰：“满六年便丁父艰[13]。”以中有小“六”字，“一”字为“丁”字之头，日为父象，故知其丁父艰也。“戈”属武，但服阕[14]之日，不补文官，而补武官，殊不可解。后果丁艰。起复，适世职[15]缺人，乃补阿达哈哈番[16]，奇验如神。但测字须矢口而出[17]，得先天之气，稍加转念，即落后天，便不准矣。

【注释】

①观梅：古占法，指宋代邵雍所作的梅花数。

②谢石：大约生活在北宋末南宋初，四川成都人，字润夫。精于测字，凡测必验。

③遘：相遇，遇到。

④休咎：祸福、吉凶。

⑤响：回声。

⑥起发：即启发。

⑦口占：口头说出来。

⑧立可："奇"的俗字作"竒"，拆字为"立可"。

⑨嗣后：此后，以后。

⑩识：后文的测字、解字都是以繁体字"識"来完成的。

⑪乌台兰垣：即御史台。乌台，御史台的别称，汉代时御史台外柏树很多山有很多乌鸦，所以人称御史台为乌台。兰垣即兰台，御史台的别称，汉代御史中丞曾掌管兰台，故称。

⑫"识"字与"职"字相类："识"字繁体作"識"，"职"字繁体作"職"，故字形相似。

⑬丁父艰：遭遇父亲过世。

⑭服阕：守丧期满除服。阕，终了。

⑮世职：世代传袭的官职。

⑯阿达哈哈番：清爵位名，满文的汉语音译，相当于轻车都尉。

⑰矢口而出：随口说出。

五三　结盟

生平不喜结盟，盖朋友为五伦[①]之一，朋友甚亲，何用弟兄之名乎。故作《结交行》，有"嗟此纷纷假弟兄，五伦忘却真朋友"之句。忆为处州太守时，僚友八人既集，飞马相招[②]，至，则诸君坐次序齿不序爵[③]，心窃异之。年最长者扬言曰："今日之会，欲结异姓兄弟，君意何如?"余唯唯。因思宦途畏险，一拂[④]其意，则不合时宜，勉强从之，至今犹悔也。

【注释】

①五伦：古代指君臣、父子、兄弟、夫妻、朋友之间的五种伦理关系。

②飞马相招：骑快马去邀请。

③序齿不序爵：以年龄大小为序不以官职大小为序。

④拂：不顺从，违背。

五四 家人索贿

仕途中交际，必委用家人，然最有关系[①]。盖伊给事左右，窥伺意旨，容易作弊为奸。其于事务金帛，固所不免，未闻于诗文投赠亦恣肆需索者。甲子，予谒王新城阮亭[②]先生，以《葛庄[③]诗集》呈教。先生一见，极口称赏，自许作序见贻[④]。越月往领，阍人[⑤]辞以未就。适先生之〈以〉宫詹[⑥]奉命秩祀南海，私计先生王事匆迫，必无暇及此。不知其脱稿已久，而家人辈匿为奇货，横索[⑦]多金。予与先生文字交，若贿而得之，不几污先生之清白乎！迨[⑧]祀毕先生回都，踵门[⑨]往候，入座即道前序因行急殊觉草草[⑩]，予谢尚未颁发。先生怒诘家人，随检前叙见付。别后闻即重惩之矣。

【注释】

①关系：作用或影响。

②王新城阮亭：见“十三私谥”条注。

③葛庄：见“三八赵子昂千字文”条注。

④见贻：赠送给我。

⑤阍人：看门人。

⑥宫詹：官名，东宫詹事，即太子詹事。

⑦横索：勒索。

⑧迨：等到。

⑨踵门：登门，上门。

⑩草草：草率。

五五 阮亭先生论诗

阮亭先生一日偶过荒斋，见几上《删订诗草》内《二疏故里》一绝，自批删字，先生云：“此真唐音也，何以删为？七绝易于尖新[①]，最难浑成，如此作句调和雅（俗），意味深长。恐全集中未易多得，宜存之。”诗云：“旷怀真足古今师，七十人当致仕时。更为子孙谋远大，不将养老赐金遗。”

【注释】

①尖新：别致新颖。

五六　不幸之幸

予祖籍开封，历年既久，宗人多居旁邑。新郑六弟又仲远来，相候[①]起居毕，即讯家中安吉[②]近况。弟曰：“老母前患背疽[③]，得一传方，服之而愈，今年八十有七，康健如旧。又弟妇久病经闭，形容枯槁，殆不可活。闻有荥阳张广文者，能治奇疾。延[④]之诊视，命服丸药，渐至平复，肌肉再生，可称‘白骨回春’。更有奇者，家居北楼，上祀祖先，所有薄蓄皆积于上。不意为不良者窥探，纠党二十余人，持械燃炬，排闼[⑤]而入，直趋楼所。家人咸惊避，惟听其去取而已。群盗方入室登梯，乃忽火炬扑灭，尽行狼狈而出，兽奔鸟散。岂祖宗之灵为之默佑[⑥]耶？抑或有神焉呵护驱逐耶？俱不可知。独惜不能向盗者一问，何所见而踉跄奔逸也。此三者皆不幸之幸也。”予因索二方，附记于后。

治发背[⑦]方：用头发不拘男妇者一把，入真麻油一碗，将头发熬化，令病人饮之，则毒气渐消，不致伤生。

治女子经闭形容枯槁：何首乌、半斤，切片，用黑豆拌，九蒸九晒，为末，用人乳浸，不计次数，晒得一斤重怀熟地、四两红花、五钱，酒洗鹿茸、五钱，酥油炙当归，四两共为末，用拣麦冬六斤熬膏，入炼蜜少许，和为丸，如梧桐子大。每服二钱，渐加至五钱。

【注释】

①相候：等候。

②安吉：安好。

③疽：一种疮的名称。

④延：请。

⑤排闼（tà）：推门。

⑥默佑：默默保佑。

⑦发背：此处指治疗生于背部的毒疮。

五七　高捷

新郑高相国文襄公拱[①]，其兄南直操江巡抚捷[②]，乡人皆称为“都堂”。生来状貌迥异常人，而举动行事，有堪绝倒者。自幼即遍体生毛，年十八髭须满颊。就童子试，文宗见之，笑曰：“汝可归家抱孙矣。”答云：“童生年实弱冠，不幸须髯如戟。此父母遗体耳，奈之何哉！”试既不售[③]，归家遂去髭须。戴小帽，着大红袍，骑马遍历街市，使人前导，令直呼曰：“不进学的高大胡子，欲学状元游街，岂不可羞，岂不耻。”从此奋志，夏日就池边苇窠旁读书，蚊蝇小虫遍体。家人辈见之，劝其少息，为之频加拂拭。乃曰：“毋拂为也，此不上进之贱皮肤，正该蚊蝇作践耳。”勤学苦志，遂连捷南宫[④]。历官大中丞南直操江巡抚，莅任后适大盗反狱[⑤]，闻报即赤体率抚标官，将兵卒往捕，群盗敛手受缚。讯之何以不斗就擒。盗曰：“见一天神，遍体如丝悬挂，火焰光生，心胆俱碎，是以不敢动手耳。”盖抚军[⑥]遍身赤毛，每夜卧则红光罩体。家人窃窥，见一大猪，鼾睡于旁。巫者以为室火猪[⑦]降生。语近荒唐，岂其然乎？明时官制，操江例当巡视各郡。所至行台[⑧]，每责巡捕官。巡捕官患之，贿请于用事之家人。曰：“无他，因食不饱耳。”教以当如是，则可邀免。既驻宿，即如家人言呈送酒筵一席，复令人抬极熟猪首一盘，馒首[⑨]、馎饦[⑩]数十枚，烧酒巨瓶，皆极热，从抚军前过。闻其馨香，即问曰：“此何为者？”禀曰：“犒从。”抚军曰：“如此好物，不敬老爷，反赏下人耶？”令列席前，手拈而食，大杯倾酒，顷刻俱尽，方就筵而坐。诸凡添换不遗余沥[⑪]，乃不复责巡捕矣。食量之大，可敌十人。一日属下新任和〈知〉县禀谒，少年进士，服饰华美。见其所戴纱帽，外织马尾，内炫金丝，光彩耀目。怒诘之：“此帽何来？”答曰：“京师新兴。”大怒曰：“我也与你个新兴！”命隶役杖之。知县窘甚，再三恳求，免冠谢过方免。知县忍而衔[⑫]之。未几，行取[⑬]台中[⑭]，特疏列款[⑮]揭参[⑯]。时弟文襄公当国，按其奏章，星夜遣人至皖城，令其以病请休，庶可保全。抚军见弟手书，怒谓家人曰：“你相公叫我致仕，难道他要做官，便不许我做官么！他道他宰相大，就不知哥哥还大，看我打得他宰相，打不得他宰相。”如此固执。文襄无奈曲全⑰，令归林下。罢职后，日惟与一老友象戏⑱以自娱。一日，忽入内久不出，老友馁甚，又不可归，告之家人。家人禀曰：“某相公饥甚，欲归耳。不然，当吃午饭矣。”叱曰：“吃甚午饭，你叫他去吃那当头炮。”盖自忿屡局败北也。其可发笑者甚多，六弟又仲为言数则，因志之。寒家新郑一支与高府屡世姻娅⑲，故知之如此。

【注释】

①高相国文襄公拱：高拱（1513—1578），字肃卿，号中玄。汉族，新郑人。明代嘉靖、隆庆时大臣。嘉靖二十年（1541）进士。曾官至文渊阁大学士（相当于相国）。万历六年（1578）死于家中，谥号文襄。著有《高文襄公集》《问辨录》《春秋正旨》等。

②南直操江巡抚捷：即高捷，高拱之兄。南直，南直隶的省称，明成祖从南京应天府迁都北京后，以旧时江南省所辖各府直隶南京，时称南直隶。操江，明代官名，全称提督操江，以副佥都御史为之，领上下江防之事。

③不售：考试不中。

④南宫：礼部的别称，掌会试。

⑤反狱：越狱。

⑥抚军：见“十七张公伯行”条注。

⑦室火猪：二十八星宿之一，属火，为猪，为北方第六宿。因其星群组合象房屋状而得名“室”。

⑧行台：旅馆。

⑨馒首：馒头。

⑩馎饦（bó tuō）：汤饼，今所谓面片。

⑪余沥：剩酒。

⑫衔：含在心里。

⑬行取：清代指地方官经推荐保举后调任京职。

⑭台中：宫禁中。

⑮列款：分条列举。

⑯揭参：弹劾。

⑰曲全：委屈保全。

⑱象戏：下象棋。

⑲姻娅：姻亲关系。

五八　博学鸿才

本朝己未，召试博学鸿才，最为盛典。康熙十七年正月二十三日，上谕："谕吏部：自古一代之兴，必有博学鸿儒，振起文运，阐发经史，润色词章，以备顾问著作之选。朕万几[①]时暇，游心文翰，思得博洽[②]之士，用资典学。我朝定鼎[③]以来，崇儒重道，培养人才，四海之广，岂无奇才硕彦，学问渊通、文藻瑰丽、可以追踪前哲者？凡有学行兼优，文词卓越之人，不论已未出仕，着在京三品以上及科道官员，在外督抚布按，各举所知，朕将亲试录用。其余内外各官，果有真知灼见，在内开送吏部，在外开报于该督抚，代为题荐。务令虚公[④]延访，期得真才，以副[⑤]朕求贤右文[⑥]之意。尔部即通行传谕遵行，特谕。"嗣内外荐举到京者五十九人，户部给与食用，十八年三月初一日，除老病不能入试外，应试者五十人，先行赐宴，后方给卷，颁题《璇玑玉衡赋》、《省耕二十韵》，试于弘仁阁下。试毕，吏部收卷，翰林院总封，进呈御览。读卷者李高阳相国霨[⑦]、杜宝坻相国立德[⑧]、冯益都相国溥[⑨]、叶掌院学士方蔼[⑩]。取中一等二十名，二等三十名，俱令纂修明史，敕部议授职衔。部议以有官者，各照原任官衔；其未仕进士、举人，俱给以中书之衔；其贡监生员、布衣，俱给与翰林院待诏，俱令修史；其未试年老者，均给司经局正字[⑪]。圣恩高厚，再敕部议。部覆，奉旨邵吴远授为侍读，汤斌、李来泰、施闰章、吴元龙授为侍讲，彭孙遹、张烈、汪霦、乔莱、王顼龄、陆棻、钱中谐、袁佑、汪琬、沈珩、米汉雯、黄与坚、李铠、沈筠、周庆曾、方象瑛、钱金甫、曹禾授为编修，倪灿、李因笃、秦松龄、周清原、陈维崧、徐嘉炎、冯勖、汪楫、朱彝尊、丘象随、潘耒、徐釚、尤侗、范必英、崔如岳、张鸿烈、李澄中、庞垲、毛奇龄、吴任臣、陈鸿绩、曹宜溥、毛升芳、黎骞、高咏、龙燮、严绳孙授为检讨，俱入翰林。其年迈回籍者，杜越、傅山、王方谷、朱钟仁、申维翰、王嗣槐、邓汉仪、王昊、孙枝蔚俱授内阁中书舍人。猗欤[⑫]，休[⑬]哉！抡才[⑭]之典，于斯为盛！其中人材德业，理学政治，文章词翰，品行事功，无不悉备。

洵[15]足表彰廊庙，矜式[16]后儒，可以无惭鸿博，不负圣明之鉴拔，诚一代伟观也！而最恬退者李检讨因笃[17]，于甫[18]授官日，旋陈情终养。上如其请。命下即归，更能遂其初志。无如[19]好憎之口，不揣曲直，或多宿怨[20]，或挟私心，或自愧才学之不及而生嫉妒，或因己之未与荐举而肆蜚谗[21]，一时呼为“野翰林”，其讥以诗曰：“自古文章推李杜，高阳相国霨，宝坻相国立德。而今李杜亦稀奇。叶公懞懂遭龙吓，掌院学士方蔼。冯妇痴呆被虎欺。益都相国溥。宿构零骈衡玉赋，失粘落韵省耕诗。若教此辈来修史，胜国[22]君臣也皱眉。”[23]又纂赵钱孙李、周吴郑王为“灶前生李，周吴阵亡”，笑谈更属轻薄，故不附入。

附李检讨奏疏

奏为微臣母老多病，独子万难远离，泣血陈情，吁恩归养事。臣窃惟幼学而壮行者，人臣之盛节；辞荣而乞养者，人子之苦心。故求贤虽有国之经，而教孝实人伦之本。伏蒙皇上敕谕内外诸臣，保举学行兼优之人，比有内阁学士兼礼部侍郎臣项景襄、臣李天馥、大理寺少卿臣张云翼等，旁采虚声，先后以臣因笃姓名联尘[24]荐牍[25]，获奉俞旨吏部遵行，陕西督抚促臣应诏赴京。臣自念臣母年踰七旬，属岁[26]多病。又缘避寇坠马，左股撞伤，昼夜呻吟，久成废疾，困顿床褥，转侧须人。臣止一弟因材，从幼过继于臣叔曾祖家，分奉小宗[27]之祀。臣年四十有九，儿女并无，母子茕茕，相依为命，躬亲扶侍，跬步难离。随经具呈哀辞，次第移咨吏部。吏部谓咨内三人，其中称亲、援病，恐有推诿，一概驳回。窃思己病或可为〈伪〉言，亲老岂容假借。臣虽极愚不肖，讵[28]忍借口所生指为推卸之端。痛思臣母迟暮之年，不幸身婴[29]残疾，臣若贪承恩诏，背母远行，必致倚门倚闾[30]，夙病增剧。况衰龄七十，久困扶床，辇路三千，难通啮指[31]。一旦祷北辰[32]而已远，回西景[33]以无期，万一有为子所不忍言者，则毛义之捧檄[34]不逮其亲，温峤之绝裾[35]自忘其母，风木之悲[36]何及，瓶罍之耻[37]奚偿？即臣永为名教[38]罪人，亏子职而负圣朝，非臣愚之所敢出也。皇上方敬事两宫，聿隆孝治，细如草木，咸被矜容，自能弘锡类之仁，推于士庶，宁忍孑然母子，饮泣向隅，夺其乌鸟[39]私情，置之仕路？盖阁臣去臣最远，故以虚誉采臣，而不知臣之有老亲也。臣云翼与臣皆秦人，虽所居里闬非远，知臣有老母，而不知其既病且衰，委顿支离[40]，至于此极也。即部臣推诿之语，概指三人而言，非谓臣当必舍其亲，而不之顾也。且臣虽谫陋[41]，而同时荐臣者皆朝廷大臣，其于君亲出处之义，闻之熟矣。如臣猎名违母，则其始进已乖，不惟渎斁天伦，无颜以对皇上，而循陔[42]负疚，躁进贻讥，则于荐臣诸臣，亦为有腼面目。去岁台司郡邑，络绎遣人，催臣长行，急若风火，臣趋朝之限，虽迫于戴星，而问寝之私，倍悬于爱日[43]。然呼天莫应，号泣就途，志绪荒迷，如堕云雾，低头转瞬，辄见臣母在前。寝食俱忘，肝肠迸裂，其不可渎官常而干禄位也明矣！况皇上至圣至仁，以尧舜之道治天下，敦伦厚俗，远迈前朝，。而臣甘违离老亲，致伤风化，有臣如此，安所用之？乃臣自抵都以来，屡次具呈具疏，九重[44]严邃，情壅上闻，随于三月初一日，扶病考试，蒙皇上拔之前列，奉旨授臣翰林院检讨，与臣同官纂修《明史》。闻命悚惶，忝窃非分。念臣衡茅下士[45]，受皇上特达之知，天恩深重，何忍言归？但臣于去秋入京，奄更十月，数接家信，云臣母自臣远离膝下，哀痛弥侵，昼夜思臣，流涕无已，双目昏眊[46]，垂至失明。臣仰图报君，俯迫谂[47]母，欲留不可，欲去未能。瞻望阙庭，进退维谷。乃于五月二十一日，具呈吏部，未蒙代题，臣孺切下情，惟有哀祈君父。查见行事例，凡在京官员，门无以次人丁，听其终养。臣身为独子，与例正符。伏愿皇上特沛恩慈，许臣遄归，扶养其母，叨沐[48]圣泽，以终天年。臣母残病余生，统由再造，不惟臣母子衔环镂骨[49]，誓竭毕生，而报国方长，策名有日，益图力酬知遇，务展涓埃[50]矣。

【注释】

①万几：指帝王日常处理的纷繁的政务。

②博洽：知识广博。

③定鼎：此指清朝建立。

④虚公：无私而公正。

⑤副：符合，相称。

⑥右文：崇尚文治。

⑦李高阳相国霨（1625—1684）：即李霨，字景霱，别字台书，号坦园，又号据梧居士，清直隶高阳人。顺治三年（1646）进士。历任秘书院学士、内宏文院大学士、工部尚书兼东阁大学士（即相国）、太子太保、保和殿大学士加户部尚书、太子太傅、太子太师等职。卒谥文勤。著有《心

远堂诗集》等。

⑧杜宝坻相国立德（1611—1691）：即杜立德，字纯一，号敬修，明末清初直隶宝坻人。明崇祯十六年（1643）进士。历任太常寺少卿、工部侍郎、兵部侍郎、刑部尚书等。康熙初年，授保和殿大学士（即相国），调吏部尚书。卒谥文端。

⑨冯益都相国溥：即冯溥（1609—1691），字孔博，号易斋，益都（今属山东青州）人，清初大臣。历任编修、吏部侍郎、刑部尚书，拜文华殿大学士（即相国），加太子太傅，卒谥文毅。著有《佳山堂集》。

⑩叶掌院学士方蔼：即叶方蔼（？—1682），字子吉，号讱庵，江苏昆山人，清初官吏、学者。顺治十六年（1645）进士，历官翰林院编修、侍讲学士、侍读学士、礼部侍郎、刑部侍郎、掌翰林院学士等。著有《读书斋偶存稿》《叶文敏公集》《独赏集》等。掌院学士，即翰林院学士，清代翰林院的长官。

⑪司经局正字：司经局，清朝掌经籍、典制、图书、公文的印刷与收藏的机构。正字，司经局为了满汉文校译而设，掌缮写讲章。

⑫猗欤：古文中叹词，表赞美。

⑬休：美好。

⑭抡才：选拔人才。

⑮洵：见“三九指画”条注。

⑯矜式：示范。

⑰李检讨因笃（1632—1692）：即李因笃，字子德，一字孔德，号天生，祖籍山西省洪洞县，晚年移居陕西省富平县。明清之际的思想家、教育家、音韵学家、诗人。曾于康熙十八年（1679）荐鸿博，授检讨。

⑱甫：刚，刚刚。

⑲无如：无奈。

⑳宿怨：旧怨，旧恨。

㉑蜚谗：流言，谗言。

㉒胜国：已亡之国。亡国为今国所胜，故称。后亦称前朝为“胜国”。

㉓自古文章推李杜……胜国君臣也皱眉：这首诗讽刺阅卷官及博学鸿词科中式人员。首联写李霨、杜立德平庸，颈联、尾联写中式翰林无才。尤其

是颔联，对阅卷官叶方蔼、冯溥极尽讽刺挖苦。

㉔联尘：尘土相连，意为连续不断。

㉕荐牍：推荐人才的文书。

㉖属岁：连年。

㉗小宗：我国古代宗法制规定，嫡长子一系为大宗，其余子孙为小宗。

㉘讵：怎么，哪能，表反问。

㉙婴：缠绕。

㉚倚闾：此处形容母亲思念家乡。

㉛啮指：深切的思念。

㉜北辰：北极星，此处代指帝都。

㉝西景：夕阳，此处喻指暮年。

㉞毛义之捧檄：即“毛义捧檄”，见《幼学琼林》，汉毛义以孝行称，府檄至，令其守安阳，义捧檄而喜。后有人轻视其因做宦而喜悦，及义母去世，义遂不仕，方知义往日之喜为亲。

㉟温峤之绝裾：即“温峤绝裾”，见《世说新语》，西晋末，刘琨劝温峤去江南劝说司马睿即帝位，当时兵荒马乱，温峤之母崔氏担心儿子的安危，极力阻止。但温峤以国家大计为重，依然扯断母亲拉着的衣襟而去。后来，崔氏病亡，温峤被战乱所阻无法回家葬母，十分痛悔。

㊱风木之悲：见《韩诗外传》“孔子出行，闻哭声甚悲。孔子曰：‘驱！驱！前有贤者。’至，则皋鱼也……皋鱼曰：‘吾失之三矣：少而学，游诸侯，以后吾亲，失之一也；高尚吾志，间吾事君，失之二也；与友厚而小绝之，失之三矣。树欲静而风不止，子欲养而亲不待也。往而不可追者，年也；去而不可得见者，亲也。吾请从此辞矣。’立槁而死。”后以“风木之悲”来比喻父母亡故而不及侍养的悲伤。

㊲瓶罍之耻：罍、瓶皆盛水器，罍大而瓶小，罍有水而瓶已空，谓不能分多予寡。后多用以指因未能尽职而心怀愧疚，亦用以比喻双方密切关系，若不救助，会深感羞耻。语本《诗·小雅·蓼莪》：“瓶之罄矣，维罍之耻。”

㊳名教：以“三纲”、“五常”为主要内容的教化。

㊴乌鸟：指乌鸦反哺，因以喻孝亲之人子。

㊵委顿支离：衰弱。

㊶谫陋：浅陋。

㊷循陔：见《文选·束皙》："循彼南陔，言采其兰。眷恋庭闱，心不遑安。"李善注："循陔以采香草者，将以供养其父母。"后因称奉养父母为"循陔"。

㊸爱日：见汉扬雄《法言·孝至》："事父母自知不足者，其舜乎！不可得而久者，事亲之谓也，孝子爱日。"后指儿女供养父母的时日。

㊹九重：见"二五清正和平"条注。

㊺衡茅下士：衡茅，衡门茅屋，指简陋的居室。下士，浅俗之人。

㊻昏眊（mào）：眼睛昏花。

㊼谂（shěn）：思念。

㊽叨沐：承受的客气说法。

㊾衔环镂骨：难忘恩德。南朝梁吴均《续齐谐记》载，汉时杨宝曾救治遭鸱鸮袭击的黄雀，后黄雀伤愈飞走，某夜有黄衣童子赠杨宝白环四枚。后以"衔环"比喻报恩。镂骨，比喻难忘。

㊿涓埃：细小的水流和尘埃。比喻微小。

五九　李笠翁

李笠翁渔[①]一代词客也，著述甚夥[②]，有传奇十种、《闲情偶寄》《无声戏》《肉蒲团》各书，造意创词皆极尖新。沈宫詹绎堂[③]先生评曰："聪明过于学问。"洵知言也。但所至携红牙[④]一部，尽选秦女吴娃，未免放诞风流。昔寓京师，颜[⑤]其旅馆之额曰"贱者居"。有好事者戏颜其对门曰"良者居"。盖笠翁所题本自谦，而谑者则讥所携也。然所辑诗韵颇佳，其《一家言》所载诗词及史断[⑥]等类，亦别具手眼[⑦]。

【注释】

①李笠翁渔：即李渔（1611—1680），字谪凡，号笠翁，浙江金华兰溪夏李村人。明末清初文学家、戏剧家、戏剧理论家、美学家。自幼聪颖，素有才子之誉。著有《笠翁十种曲》《闲情偶寄》《笠翁一家言》等。

②夥：多。

③沈宫詹绎堂：即沈荃（1624—1684），字贞蕤，号绎堂，别号充斋，华亭（今上海松江）人。清顺治九年（1652）探花，授编修，累官至詹事府詹事、翰林院侍读学士、礼部侍郎。卒谥文恪。著有《充斋集》。学行醇洁，书法尤有名，是康熙年间最重要的书法家之一。

④红牙：乐器名。檀木制的拍板，用以调节乐曲的节拍。

⑤颜：题字于匾额。

⑥史断：史论。

⑦手眼：眼界、眼光。

六〇 记三人

闯贼李自成，人皆知因祖坟被掘，泄气而败。然知掘坟者为米脂令边长白大绶[①]，而不知设计用智皆门子贾焕成之也。虽长白自纪《虎口余生》亦多隐约其词，未若长白之侄淮南边别驾声威[②]向予言之历历如绘。当闯贼猖獗时，其兄李自祥改姓张自祥，仍为县役，其意有在。一日令方坐堂视事[③]，有一人赴诉卖蒜为兵所抢。令命至堂穷讯，其人匍匐膝前，阳[④]作哀诉，阴以手按令足。令解其意，带至后堂，卖蒜者请屏左右，乃脱帽裂缝出封函，曰："吾实内监，此密旨也。"令拜读，乃命掘闯贼祖坟之诏旨。随挥之出，升堂伪偿其值而遣之。然闯贼祖坟实难寻问，又系密旨，不敢声张。其时闯贼逆焰已炽，令忧形于色，寝食俱废。门子贾焕，令素所亲信者，乘闲请曰："窃见日来形色举止大异往常，是有大忧郁而不能解者。曷不见告，或可効犬马乎！"令察其言词恳笃，且自念舍此无可告者，遂详吐前事。焕曰："事未可骤图也。今在官捕快张自祥者，本李姓，闯贼亲兄，而县役某某等二十人，皆歃血[⑤]结盟兄弟，共约贼兵一至，即为内应，焕实二十人之一也。今欲知彼祖墓，须与自祥结纳[⑥]，可徐察之。"诘旦[⑦]，传祥入内宅，笑问曰："尔本姓李，何以易张？"彼方置辩，焕出谓曰："吾已细陈底里[⑧]，不必遮掩。"令曳之起，曰："时事已不可为，天意有在，尔辈皆应时豪杰，予身家方赖保全，何必相瞒。"遂偕焕结拜，出则官役，入则弟兄。久之，乘醉托言素晓堪舆[⑨]，叩其墓所形势。自祥乃以出猎为名，邀之同往，尽知其所在。越数日，闻贼兵将犯潼关。令出七千金，付自祥先行投款[⑩]军前，“吾俟入关后即至”，尽遣其所好十余人以附行，卫其辎重。祥去，令偕焕并家人，潜往伐墓。墓上有大树一株，紫藤垂满。掘至棺，藤根包裹千匝，以巨斧砍断其藤，棺开，有小白蛇一，头角已成龙形，止一眼，其身尚未变。遍尸皆长黄白毛二三四寸不等，枯骨血润如生。随并蛇斫碎而焚之，扬灰讫。考剖棺之日，适闯贼兵败河南，一目为流矢所中。噫，何天意人事符应[⑪]之速耶！墓掘毕，觅焕不得，令甚惊惧。多日，焕至，令询何往。焕曰：“恐自祥有疑复回，则当另图他计。某特送出潼关，令彼心安，乃敢归耳。此地不可久居，乘今闯贼新败，纵有报闻，力不暇及。公已为朝廷立此大功，可谓不负君命，胡不挂印归山乎？”嗟乎！焕，一贱役小人耳，何用心谆挚乃尔耶！令遂弃官，焕亦他遁。越数年，长白闲住京师之绒线胡同，忽有一僧，白发苍颜，诣门求见县令。边公有侄，亦新选县令，出见之。僧曰：“非也，欲见前任米脂公耳。”长白出，僧即跪哭。长白讶其为谁，僧曰：“公忘贾焕耶？”乃相持而泣。因向侄追述前事曰：“主与吾岂非明朝暗里之忠臣乎！后世其谁知之。”长白固留，不可；与之金，不受。为制衣装，一痛而别，不知所终。有明失国，一丐者题诗于壁云：“三百年来养士朝，一朝丧乱竟皆逃。纲常留在卑田院，乞丐羞存命一条。”赴水而死，惜其姓名不传。甲寅闽变，浙东温州总兵官祖某，潜已通款[⑫]。一日，伏甲于资福山之大观亭，集众官议饷。巡道陈公丹赤[⑬]、永嘉令马公琛[⑭]皆在坐。逆将厉声挑衅云：“兵饷不前，士尽饥馁，抄陈道家足以给饷。”有巡道夜不收[⑮]即夜捕手林义者，挺身前曰：“尔欲抄吾道主家，岂非反耶！”遽扶公出。逆将大喝：“小人何敢如此！”林曰：“吾小人心中惟知有道主，道主心中惟知有朝廷。不似尔享高官厚禄，早已顺贼，一心惟知有贼也。”逆将愈怒，挥甲士寸磔之。二公不屈，皆遇害。后邑人立祠祀两公，庑下设林义像，被皂服，两目瞠视，至今凛凛有生气。余观察温处，拜陈忠毅公祠，赋七言诗五章，其二、三云：“东瓯[⑯]观察拥专城，牙纛[⑰]空存不掌兵。元帅逆谋先士卒，谓祖总兵。贤侯同志又书生。永嘉令马公讳琛，陕西孝廉，同遇难，加赠大参。大观亭暗天无色，资福山摇地有声。俱公被害处，今于此处建祠。曾几何时归一死，留芳遗臭两传名。”“朝廷何负汝干城[⑱]，早竖降旗引寇兵。达士报君能尽节，小人为主不偷生。夜不收林义扶公大骂，同时被害。璧分尺寸同贞性，钟用洪纤[19]总发声。海内群公谁作传，双忠名后附伊名。”盖纪其实也，余载《葛庄分体》中。之三人者，下役也。彼门子、丐者、夜不收，非素娴诗书礼义之人，而其忠君报主之心，或见于事功，或托诸题咏，或慷慨杀身，名虽不彰，至其成仁则一。以视[20]反颜事仇，偷息人世，其相去为何如也！当时未有表而出之者，故志之。

【注释】

①边长白大绶：即边大绶，字素一，号长白，直隶任邱（今河北任丘县）人。明崇祯举人，官陕西米脂知县。入清后，补河南修武知县。顺治八年（1651），升太原知府。

②边别驾声威：即边声威，字桂岩，边大绶之侄，曾任别驾从事史（简称别驾）。

③视事：处理公务。

④阳：同“佯”，假装。

⑤歃血：古代结盟时的一种仪式，用牲血涂在嘴边，表示守信不悔。

⑥结纳：结交。

⑦诘旦：第二天早晨。

⑧底里：底细。

⑨堪舆：看风水。

⑩投款：表示诚恳。

⑪符应：上天显示的征兆与人事相应。

⑫通款：向敌人表达诚意，有降服义。

⑬陈公丹赤：即陈丹赤（？—1674），字献之，号真定，清福建侯官（今福建福州）人。顺治十七年（1660）举人，授重庆推官，官至浙江温处道，署按察使。三藩乱时，被叛将所杀。谥忠毅。

⑭马公琾：即马琾，字奉璋，陕西武功人。顺治举人，任山东昌乐知县，有惠政。康熙十三年补为永嘉知县。耿精忠叛后，总兵祖弘勋欲胁署按察使陈丹赤叛应，陈丹赤不从被杀时亦同时遇害。后追谥忠勤。

⑮夜不收：明清军队中的哨探，因其经常彻夜在外探报，夜里也不收队回营，故名。

⑯东瓯：见“三八赵子昂千字文”条注。

⑰牙纛（dào）：即牙旗（古代官署所树立的旗帜）。纛，大旗。

⑱干城：盾牌和城墙，此处比喻捍卫国家的将士。

⑲洪纤：（声音的）大小。

⑳视：比，比较。

六一　顺天应称京师

明洪武建都江宁[①]，改为应天府，称“直隶”。及永乐迁都北平，改为北京，曰顺天府。江宁改为南京，曰应天府。称顺天为“北直隶”，应天为“南直隶”。本朝定鼎[②]顺天，仍其旧称。盖京有南北者，明南京亦置部院，群臣以洪武旧都命名也。今版图已无南北之分，应天既改江宁府，亦何南京之有乎？既无南京，又何北京之有？顺天应称“京师、京都”为是。无奈道路传呼，日讹一日，即士大夫亦习焉不察[③]，可为谬误之甚。

【注释】

①江宁：府名。明朝称应天府，清初改称江宁府。

②定鼎：见“五八博学鸿才”条注。

③习焉不察：因经常接触某种事物而觉察不到其中存在的问题。

六二　自称贵乡

凤阳[①]为有明始兴之地，凡府属土著之人，向人自称不曰“敝乡、敝处、敝府”，而曰“贵乡、贵处、贵辽东府”，更不少[②]为谦逊，今已渐无矣。

【注释】

①凤阳：地名。隋称濠州，历唐、宋、元三朝未变，明洪武七年（1373）朱元璋为家乡赐名“凤阳”。

②少：稍稍。

六三　辽东不称三韩

辽东人自署多称“三韩”，非也。《晋书》：“韩有三种：一曰马韩，二曰辰韩，三曰弁韩。”[①]马韩为高丽，辰韩为扶余，弁韩为新罗，皆东方外国。《汉传》亦谓：“三韩各在山海间，地方合四千余里，东西以海为限，即古之辰国也。”又唐太常张卿[②]求仙得幸，少陵[③]以诗讽之，首云：“方丈三韩外，昆仑万国西。”[④]考蓬莱、方丈、瀛洲，海中三神山也，方丈在东海中央，四面相去正等，方丈许〈计〉五千里。盖方丈、昆仑，秦皇、汉武求仙处也。诗意以为秦皇之求方丈，汉武之穷昆仑，皆阔绝[⑤]不可致之事，岂如张卿奉使求符，往而遂获乎！可见“三韩外”云者，指极远边地为言，而辽东乃汉晋时内地，乌[⑥]得以“三韩”称之？

【注释】

①今《晋书》作：“韩种有三：一曰马韩，二曰辰韩，三曰弁韩。”

②张卿：即张垍，生卒年待考，唐朝河南洛阳人。宰相张说之子，妻宁亲公主，拜驸马都尉，曾任太常卿。

③少陵：即杜甫（712—770），字子美，自号少陵野老。祖籍襄阳，河南巩县（今河南省巩义）人。唐代伟大的现实主义诗人，与李白合称“李杜”。

④诗为杜甫作《奉赠太常张卿二十韵》之首联。

⑤阔绝：离奇。

⑥乌：文言文中疑问词，哪，何。

卷　二

六四　送春诗

宋漫堂太宰荦《筠廊偶笔》[①]载曹蜂仪云：闯贼陷京师，有中州士人被掠者，言昔破某邑，与一士人共住一大家楼下。时当暮春，雨中对酒联句。首唱云“风风雨雨送春归”，忽闻楼上续一句“无雨无风春亦归”。两人默然拱听。徐云：“蜀鸟啼残花影瘦，吴蚕食罢柘阴稀。嘴边黄浅莺儿嫩，颔下红深燕子肥。独有道人归不得，杖头常挂一蓑衣。”两人登楼视之，绝无人踪，惟飞尘盈寸而已。《列朝诗》亦载是诗，与此小异。再稽[②]《历朝诗》云：“正德[③]间五羊赵克宽为建安学谕[④]，尝与朋辈郊游，作送春诗，俱用风雨字。旁有丐者，负莎衣[⑤]，立和一首，问之不答而去。诗云：‘怨风怨雨总皆非，风雨不来春也归。蜀魄啼残椿树老，吴蚕吃了柘阴稀。墙头红烂梅争熟，口角黄干燕学飞。自是欲归归未得，肩头犹挂一莎衣。’”余合二者考之，当以《列朝》为是。律诗无一韵叠用二句之体，“花影瘦”、“莺儿嫩”不合春深，中四句一样切脚，尤犯诗病。既已为鬼，何事独称道人，且欲何归乎？结处散漫全无着落，不若《列朝诗》所存有源有委，句调高老，诗既合拍，事亦近人。

【注释】

①宋漫堂太宰荦《筠廊偶笔》：宋荦（1634—1713），字牧仲，号漫堂、西陂、绵津山人，晚号西陂老人、西陂放鸭翁。归德府（今河南商丘）人。清代诗人、画家、政治家。先后任湖广黄州通判、理藩院判、员外郎、山东按察使、江苏布政使、江西巡抚、江苏巡抚、吏部尚书（清称吏部尚书为太宰）等。编著有《西陂类稿》《漫堂说诗》《筠廊偶笔》等。《筠廊偶笔》

为宋荦所著，记其耳目见闻之事。

②稽：查考。

③正德：明朝第十位皇帝明武宗朱厚照的年号，从1506年到1521年，共16年。

④学谕：国子监与县学所置学官。

⑤莎衣：即蓑衣。莎通“蓑”。

六五 集唐佳句

集唐最难对偶工切，语意联贯。惟朱竹垞彝尊[1]《诗综》内所载者佳句甚多，如：

去日渐多来日少，别时容易见时难。

去日渐多来日少，他生未卜此生休。

桂岭瘴来云似墨，蜀江风淡水如罗。

风尘荏苒音书绝，人物萧条市井空。

眼前好恶那能定，梦里输赢总不真。

千里关山千里梦，一番风雨一番啼。

惨惨凄凄仍滴滴，霏霏拂拂又迢迢。

佳节每从愁里过，远书忽向病中开。

举世尽从愁里老，暮年初信梦中忙。

故国山川皆梦寐，昔年亲友半彫零。

嗜酒何妨陶靖节[2]，能诗重见谢玄晖[3]。

坐牵蕉叶题诗句，醉折花枝当酒筹。

过桥树叶村边合，隔岸柴门竹里开。

鸟啼云窦仙岩静，树入天台石路新。

杨柳亭台凝晚翠，芙蓉帐幕扇秋红。

天上吹笙王子晋[4]，云边度曲许飞琼[5]。

石窗花落春归处，山店灯残梦到时。

好梦肯随蝴蝶去，离魂暗逐杜鹃飞。

红树暗藏殷浩[6]宅，青山空绕仲宣[7]楼。

碧落有情空怅望，春山无伴独相求。

碧落有情空怅望，白云何处更相期。

啼鸟歇时山寂寂，寒鸦飞尽水悠悠。

归鸟各寻芳树去，寒潮惟带夕阳还。

劝君更尽一杯酒，与尔同销万古愁。

梁间燕子闻长叹，楼上花枝笑独眠。

自愿勤劳甘百战，莫将成败论三分。

世态炎凉随节序，人情反复似波澜。

五千里外三年客，一寸心中万斛愁。

鸟下绿芜秦苑夕，云凝碧树汉宫秋。

衰草斜阳江上路，渔歌樵唱水边村。

朝云暮雨连天暗，野草闲花满地愁。

兰亭旧路曾相识，子夜新歌遂不传。

天长地久有时尽，物在人亡无见期。

自叹马卿常带病，何曾宋玉解招魂。

千树桃花万年药，半池秋水一房山。

中郎有女[8]谁堪托，伯道无儿[9]最可怜。

千里云山何处好，十年书剑总堪悲。

波生野水雁初落，风静寒塘花正开

独坐黄昏〔谁〕是如伴，每逢佳节倍思亲。

共说陈琳[10]工奏记，焉知李广不封侯。

萧何只解追韩信，贾谊何须吊屈平。

料得也应怜宋玉，不知何处吊湘君。

能将忙事成闲事，不薄今人爱古人。

阁中帝子今何在，河上仙翁去不回。

滕王高阁临江渚，汉主离宫[11]接露台。

壶觞须就陶彭泽[12]，勋业终归马伏波[13]。

以上皆极自然，放翁所云"火龙黼黻手"[14]，非补缀百家衣者比也。近复有集陶、集杜者，皆不能自然巧合。

【注释】

①朱竹垞彝尊：即朱彝尊，字锡鬯，号竹垞，晚年又自称小长芦钓鱼师，浙江秀水（今浙江嘉兴）人。康熙年间以布衣之身授翰林院，并入值南书房，曾参与编纂《明史》，后归乡专心著述，年81岁卒。著有《经义考》《日下旧闻》《曝书亭集》，编有《明诗综》《词综》。

②陶靖节：即陶渊明（352或365—427），字元亮，又名潜，私谥“靖节”，世称靖节先生。浔阳柴桑人。东晋末至南朝宋初期伟大的诗人、辞赋家。曾任江州祭酒、建威参军、镇军参军、彭泽县令等职。有《陶渊明集》。

③谢玄晖：即谢朓（tiǎo），字玄晖，斋号高斋，陈郡阳夏县（今河南省太康县）人，南齐诗人，出身陈郡谢氏，与“大谢”谢灵运同族，世称“小谢”。

④王子晋：即王子乔，东周人，周灵王的儿子。后游于伊水和洛水，遇道士浮丘公，随之上嵩山修道，后乘白鹤升仙而去。

⑤许飞琼：传说中的仙女名，西王母的侍女。传说曾与女伴偷游人间，在汉泉台下遇到书生郑交甫，相见倾心，摘下了胸前佩戴的明珠相赠。

⑥殷浩（303—356）：字渊源，陈郡长平县（今河南省西华县）人。东晋时期大臣、清谈家。早年见识高远，度量清明，富有美名，善于清谈。后隐居十年，不曾出仕。后接受司马昱征召，拜建武将军、扬州刺史。永和十二年（356）病逝。

⑦仲宣：即王粲（177—217），字仲宣，山阳郡高平县（今山东微山两城镇）人。东汉末年文学家，“建安七子”之一。博学多识，善诗赋，以《登楼赋》著称。

⑧中郎有女：汉朝蔡邕，曾官左中郎将，人称蔡中郎，因同情董卓获罪，死于狱中，遗有一女，名琰，字文姬。

⑨伯道无儿：晋代邓攸，字伯道，襄陵人。他为了躲避战乱，带着儿子和侄儿一起逃难，在危难关头，舍弃自己的儿子，保全了侄儿。后来他终身没有孩子。后用作对他人无子的叹息。

⑩陈琳（？—27）：字孔璋，广陵射阳人（今江苏宝应）。东汉末年著名文学家，“建安七子”之一。

⑪离宫：古代帝王出巡时的行宫。

⑫陶彭泽：即晋陶潜，陶潜曾任彭泽令，故称。

⑬马伏波：即西汉末至东汉初年军事家马援。马援，原为陇右军阀隗嚣的属下，后归顺刘秀，为刘秀统一天下立下了赫赫战功，官至伏波将军。后于讨伐五溪蛮时身染重病，不幸去世。

⑭放翁所云“火龙黼黻手”：宋陆游《杨梦锡〈集句杜诗〉序》：“梦锡之意，非为集句设也，本以成其诗耳。不然，火龙黼黻手，岂补缀百家衣者耶！”火龙黼黻，原指火形和龙形的文采，后用以比喻作文只知雕章琢句，犹如补缀百家之衣。

六六　门神诗

门神诗甚多，如“纷纷后辈催前辈，济济新官换旧官”之类。惟唐实君考功孙华[①]一联云：“将军自昔名当户[②]，自注：李广孙名。丞相于今亦抱关[③]。自注：出《萧望之传》。”精切博雅，一时传诵。

【注释】

①唐实君考功孙华：即唐孙华（1634—1723），字实君，别字东江，晚号息庐老人，江苏太仓人，明末清初文学家、史学家、官员。曾任吏部主事、考功司郎中（简称考功）。著有诗集《东江诗钞》等。

②当户：汉飞将军李广在抗击匈奴、保家卫国的战斗中，曾俘获了一名身份为“当户”的匈奴官员，就给刚出生的长子取名为“当户”。该子死的比李广早，有一个遗腹子叫李陵。“当户”不是汉语词，而是匈奴语词，是匈奴官职的一种。单于之下依次是左右贤王、左可谷蠡王、左右大将军、左右大都尉、左右大当户等。

③抱关：汉朝门侯别称，掌以时启闭所守宫门。《汉书·萧望之传》：“望之以射策甲科为郎，署小苑东门侯……（仲翁）顾谓望之曰：‘不肯碌碌，反抱关为？’”颜师古注：“署，补署也。门侯，主侯时而开闭也。”

六七　烟波钓徒查慎行

豆腐诗惟查编修夏重慎行[①]有“顾名原合腐儒餐”之句，甚佳。又，一日入侍，上幸海子[②]，捕鱼赐群臣，命赋谢恩诗。编修结句云："笠檐蓑袂平生梦，臣本烟波一钓徒。"词意称旨。忽奉内传"烟波钓徒查翰林"，盖同时有声山学士，故以诗分别之。[③]足见圣心嘉尚，一时以为幸，可与"春城无处不飞花韩翃"[④]同一佳话。

【注释】

①查编修夏重慎行：即查慎行（1650—1727），初名嗣琏，字夏重，号查田；后改名慎行，字悔余，号他山，赐号烟波钓徒。清代诗人，海宁袁花（今属浙江）人。康熙四十二年（1703）进士，特授翰林院编修。著有《他山诗钞》。

②海子：北方方言词，指湖沼。

③"声山学士"：即查昇，字仲韦，号声山，和查慎行同是浙江海宁袁花人，皆姓查，故以"烟波钓徒查翰林"相区分。

④春城无处不飞花韩翃：唐朝韩翃有《寒食》诗（又名《寒食日即事》）："春城无处不飞花，寒食东风御柳斜。日暮汉宫传蜡烛，轻烟散入五侯家。"据唐孟棨《本事诗》记载，德宗时制诰缺乏人才，中书省提名请求御批，德宗批复说："与韩翃"，但当时有两个韩翃，于是中书省又以两人的名字同时进呈，德宗便批与写"春城无处不飞花"的韩翃。

六八 张官

孟翰林端士亮揆[①]，先聘张守戎[②]之女，张官云南，兵戈阻隔，音问不通。及孟贯〈贵〉，遂结婚世族。未期年[③]，滇省荡平，先聘复至，不能却谢，乃分宅而居。张美而端，善文翰，尤工诗。世族之女，祖父兄弟皆贵显。孟厚世族而薄单寒，张氏所居，屡月仅一至焉。张赋《秋闺怨》八首，内云："落落秋风班女扇，团团明月窦家机。"其诗遍传，孟不少[④]悔。忽传旨："孟亮揆行止不端，着革职。"一时快之。

【注释】

①孟翰林端士亮揆：即孟亮揆，字绎来，号药阶、端士，长洲（今江苏苏州）人。康熙九年（1760）进士，官翰林侍讲学士。

②守戎：五品武官守备别称。

③期年：一周年。

④不少：毫无。

六九　异国奇才

朝鲜使臣至京贺万寿[①]，有一联云："河清适际千年一，嵩寿[②]齐呼万岁三。"莫谓异国遂无奇才。

【注释】

①万寿：此处指皇帝的生日。

②嵩寿：高寿。

七〇　朝鲜女郎

朝鲜女郎许景樊[①]，八岁赋《广寒宫玉楼上梁文》[②]。此又外属之女神童也。惜其文不传。尤侍讲展成侗[③]戏为补之，见《西堂杂俎》。

【注释】

①许景樊（1563—1589）：名楚姬，字景樊，号兰雪轩。明代韩国李朝书香望族之后。工书史，通六艺，落笔成章，还精于绘画。八岁作《广寒宫玉楼上梁文》。后为女道士，寄寓虚无，27岁病卒。为韩国士大夫第一位女诗人，诗词脍炙人口，清壮俊丽，绰有情致，诗才绝人。今人誉之为"域外汉学奇葩"。

②《广寒宫玉楼上梁文》：上海古籍出版社本断作《广寒宫》《玉楼上梁文》，恐误。清严蘅《女世说》："朝鲜女冠许兰雪，七岁能诗，尝作《广寒宫玉楼上梁文》，流传中国。尤侗《朝鲜竹枝词》：'最忆飞琼女道士，上梁曾到广寒宫。'"以上依照史向前《许筠和中国古典文学》〔1〕一文断句。李南《许兰雪及其作品研究综述》〔2〕一文作"《广寒殿玉楼上梁文》"。虽

〔1〕史向前．许筠和中国古典文学［J］．时代文学（下半月），2009（2）：91－92．

〔2〕李南．许兰雪及其作品研究综述［J］．湖北第二师范学院学报，2013（7）：22．

文字略有差异，但都未断为两篇诗文。

③尤侍讲展成侗：即尤侗（1618—1704），字展成，一字同人，早年自号三中子，又号悔庵，晚号艮斋、西堂老人、鹤栖老人、梅花道人等，苏州府长洲（今江苏省苏州市）人。明末清初诗人、戏曲家。顺治三年（1646）副榜贡生。康熙四十二年（1703），晋官号为侍讲。次年逝世。有《西堂全集》《鹤栖堂集》《西堂杂俎》等。

七一 勿作古诗

明末一大老[①]，教子弟勿作古诗，恐坏人心术。或闻笑曰："沈休文[②]始创四声，当为君子第一，但不知何以处渊明？"余以为陶靖节当年，尚未有近体耳。至李唐诗人无近体者甚多，岂尽小人耶。近世又鄙近体，云："开手便作七言律，其人可知矣。"则君子小人又何称焉。

【注释】

①大老：在某一方面负有盛誉的人。

②沈休文：即沈约（441—513），字休文，吴兴武康（今浙江德清）人，南朝史学家、文学家。少时笃志好学，博通群籍，擅长诗文，是南朝文坛领袖，创"永明体"。沈约与谢朓、王融、范云等人一起创立四声，提倡写文章要符合四声。

七二 九言诗

九言诗起于高贵乡公[①]，不独作者甚少，知者见者亦少。杨升庵[②]《梅花》一律云："元冬小春十月微阳回，绿萼梅蕊早傍南枝开。折赠未寄陆凯[③]陇头去，相思忽到卢同[④]窗下来。歌残水调沈珠明月浦，舞破山香碎玉凌风台。错恨高楼三弄叫云笛，无奈二十四番花信催。"不过存此一格，恐难得佳也。

【注释】

①高贵乡公：即曹髦（241—260），字彦士，豫州沛国谯县（今安徽省

亳州市）人，三国时期曹魏第四位皇帝，魏文帝曹丕之孙，东海定王曹霖之子，即位前封为高贵乡公。擅长诗文，创制了九言诗，传世文章有《伤魂赋并序》《颜子论》等。著有《春秋左氏传音》（失传）。

②杨升庵：即杨慎（1488—1559），字用修，号升庵，明代四川唯一的一名状元，新都人，官翰林院修撰、经院讲官。著名的学者、诗人和文学家。

③陆凯（198—269）：字敬风，吴郡吴县（今江苏省苏州市）人。三国时期吴国重臣，丞相陆逊之侄子，大司马陆抗之族兄。

④卢同（477—532）：字叔伦，范阳涿（今河北涿州）。卢玄族孙。历任北海王常侍、历昌黎太守、冀州镇东府长史、尚书左丞、幽州刺史。孝武帝永熙初（532）卒，谥号“孝穆”。

七三　中平见奇

古人才深似海，胆大于天，故命意造句，咸出人意表。然亦有平中见奇，为今人不敢道，亦不肯道者。如李德新[①]之“东西南北人”用夫子成语犹可也；若古诗“鱼戏荷叶东，鱼戏荷叶西，鱼戏荷叶南，鱼戏荷叶北”四句，止更四方，并不叶韵[②]。杜少陵“西川有杜鹃，东川无杜鹃，涪万无杜鹃，云安有杜鹃，”四句一韵。韩昌黎“鸦鸱雕鹰雉鹄鹍”连用七鸟名。罗昭谏[③]“一二三四五六七”连用七数目。更有连用七“然”字、五“休”字成句者。又欲以极鄙极俗之语，化为出风入雅[④]之句，为可怪也。然惟古人为之，今人则不可耳。

【注释】

①李德新：即李频（818—876），字德新，唐寿昌长汀源（今浙江建德李家镇）人。唐代后期诗人。幼读诗书，博览强记，领悟颇多。著有《梨岳集》。

②叶韵：南北朝有些学者按当时语音读《诗经》，感到好多诗句的韵不和谐，便以为作品中某些字须临时改读某音，称为叶韵。也写作“协韵”。

③罗昭谏：即罗隐（833—909），字昭谏，新城（今浙江省杭州市富阳区新登镇）人，唐末五代时期诗人、文学家、思想家。大中十三年（859）

底至京师，应进士试，总共考了十多次，最终还是铩羽而归，史称“十上不第”。五代后梁开平三年（909）去世。著有《谗书》及《太平两同书》等，思想属于道家。

④出风入雅：有风雅，脱俗。

七四 佳句

“雪压长林万木低，经旬不共野人期。蹇驴[①]借得如黄犊，犹怕山桥未敢骑。”[②]此不知何人佳句，粘贴桃源村舍壁上，或是古作，或是近诗，俱未可定。惜予读书不多，即多亦弗能记忆耳。一见赏心，何其静雅谨慎之至也。

【注释】

①蹇驴：跛驴。

②该诗作者为元代郑东，标题作《题范宽小雪山图》。见元人顾瑛辑《草堂雅集》卷七，或清初康熙《御定历代题画诗类》卷二、顾嗣立辑《元诗选三集》卷十一等（《景印文渊阁四库全书》第1369册第320页、第1435册第36页、第1471册第511页），今则辑入杨镰先生主编的《全元诗》（中华书局2013年6月第一版，第46册第203页），只不过正文前两句文字与刘廷玑所见略有出入，乃“雪压寒林万木垂，经旬不与野人期”。[1]

七五 漂母祠题句

漂母祠[①]题句颇多，一望皆黄茅白苇[②]，无足取者。惟有一绝：“我携千金来，但买淮阴酒。平生耻受恩，长揖谢漂母。”[③]词意超脱，不与众同。但不落姓名，或曰此海宁陈素菴[④]诗，为人抄袭耳。

【注释】

①漂母祠：纪念曾供给韩信饭食的漂母的祠堂。据传原祠在淮安东门

〔1〕 见《在园杂志》不详作者诗两首（朱则杰）[DB/OL]. http://www.360doc.com/content/17/0807/16/30624544_677356706.shtml.

外，明成化初迁西门外淮阴驿。祠中有对联多副，多歌颂漂母济食韩信，助人为乐，不图名利，拒收千金等高贵品质。

②黄茅白苇：连片生长的黄色茅草或白色芦苇。此处形容齐一而单调。

③该诗为陈之遴（号素庵）的诗，标题作《题漂母祠》，载其诗集《浮云集》（陈之遴. 浮云集 拙政园诗余 拙政园诗集［M］. 哈尔滨：黑龙江大学出版社，2010：220.），只不过第二句“但”字原为“只”。[1]

④陈素菴：即陈之遴（1605—1666），字素庵，明末清初海宁人。崇祯十年（1637）进士，任翰林院编修。清顺治二年（1645）降清，历秘书院侍读学士、礼部侍郎、都察院右都御史、礼部尚书、户部尚书等职。

七六　此字真字

《论语》内无“此”字，《四书》《五经》无“真”字。曾经细查，洵然[①]。

【注释】

①洵然：确实这样。

七七　崽

崽音宰，北人呼小儿之不慧[①]者。楚湘沅间凡言是子者，亦谓之崽。[②]囝[③]，通用俗字也。

【注释】

①今方言中“崽”字无“不慧”义。

②该句系引《方言》：“崽者，子也。湘沅之会凡言是子者谓之崽。”《康熙字典》引《方言》作：“崽，子也。江湘间凡言是子，谓之崽。”

③囝：与“崽”同义而不同音。非异体字。

---

〔1〕见《在园杂志》不详作者诗两首（朱则杰）［DB/OL］. http：//www. 360doc. com/content/17/0807/16/30624544_ 677356706. shtml.

七八　璺

璺音问，原本玉破有纹者曰璺，今凡器破而未离者皆用此字。

【注释】

①璺：《龙龛手镜·玉部》："璺，音问，破裂也。"扬雄《方言·卷六》："器破而未离谓之璺。"

七九　詬

詬[①]音诈，上声，与诸字有别。申敬中[②]云："万历间，京师有四川卫官詬宠，唱名[③]时呼诸宠，不应，唱毕独留。问何姓名，对曰：'詬宠'"此姓罕见，存以备考。

【注释】

①詬：今字书未载此字。

②申敬中：即申用懋（1560—1638），字敬中，号元渚，南直隶长洲（今江苏苏州）人，明代大臣。万历十一年（1583）进士。累官刑部主事、兵部职方郎中、太仆少卿、右佥都御史、兵部侍郎、兵部尚书等。

③唱名：按照名册高声点名。

八〇　戤

戤[①]音盖，以田地租人收种，年满仍退者。

【注释】

①戤：《字汇补》："以物相质也。"

八一　庹

庹音托，丈量物件，两手舒平为一庹。今河工多用之。而此字与"戤"

字，《正字通》《字汇》皆不收。

【注释】

①庹：《字汇补》："两腕引长谓之庹。"方言用字。

八二　怨而不怒

尤展成[①]侍讲，才学典丽，著述传诵海内。世祖章皇帝[②]见其"西厢"时艺[③]，大加称赏，趣召入，而先帝升遐[④]矣。康熙己未，试博学宏词，入翰林，然每自伤未由[⑤]科目，故于诗文常寓志云："汉以策制科，而班、马[⑥]、扬雄不遇；唐以诗取士，而李、杜、浩然[⑦]见遗。"又《题钟馗像》云："进士也，鬼也；鬼也，进士也。一而已矣[⑧]。"又《李白登科记》云："你曾见那个状元会题诗来？"是虽一时感愤之言，人皆曰："不留公郎、门生地乎？"文人落笔当从忠厚和平，怨而不怒，古人有以教我矣。

【注释】

①尤展成：即尤侗（1618—1704），字同人，更字展成，号悔庵，晚号艮斋，又号西堂老人，清长洲（今江苏省吴县）人。康熙间召试博学宏词，授检讨，历官侍讲。工古文诗词，喜为游戏之笔。著有《西堂杂俎》《艮斋杂记》等。

②世祖章皇帝：指顺治帝新觉罗·福临，24岁崩，庙号世祖，谥号章皇帝，葬孝陵（今河北省遵化市清东陵）。

③"西厢"时艺：尤侗所作游戏八股文。八股文别名时艺。尤侗作八股文《怎当她临去秋波那一转》，最后云："有双文之秋波一转，宜小生之眼花缭乱也哉！抑老僧四壁画西厢，而悟禅恰在个中，盖一转也，情禅也，参学人试于此下一转语。"中华书局本未加书名号，上海古籍出版社标点为"《西厢》时艺"。

④升遐：帝王去世的委婉语。

⑤未由：无由，没有理由。

⑥班、马：见"序一"注。

⑦李、杜、浩然：指李白、杜甫、孟浩然。

⑧一而已矣：是一样的啊。

⑨不留公郎、门生地乎：不给您家儿子、门生留有余地吗？

八三 缩脚诗

有督学江南者，待幕友薄甚。群诮之，乃集《四书》句缩脚[1]为诗云："抛却刑于寡，来看未丧斯。只因三日不，博得七年之。半折援之以，全昏请问其。"结句未就，群哄而笑。适东君[2]至，讯知其由，乃续曰："且过子游子，弃甲曳兵而。"[3]一章皆用四支韵[4]，通押虚字，亦奇构也。结句更出意表。

【注释】

①缩脚：省略每句最后一个字。

②东郡：对主人的尊称。

③全诗八句，把缩脚补上，即是"抛却刑于寡（妻），来看未丧斯（文）。止因三日不（食），博得七年之（病）。半折援之以（手），全昏请问其（目）。且过子游子（夏），弃甲曳兵而（走）。"全诗共八句，都是引用《四书》里的句子：《孟子·梁惠王上》："刑于寡妻"。《论语·子罕》："未丧斯文"。《论语·乡党》："出三日不食之矣。"。《孟子·离娄上》："七年之病"。《孟子·离娄上》："援之以手"。《论语·颜渊》："请问其目"。《孟子·公孙丑》："子游子夏"。《孟子·梁惠王上》："弃甲曳兵而走。"其表意即是"抛却寡妻，来看斯文。止因不食，博得之病。半折以手，全昏其目。且过子夏，弃甲而走。"现代汉语的大意是"抛开妻子，来此督学，因水土不服，得了病。把手折断了，眼睛看不清东西了。过了这个夏天，赶快离开！"

④四支韵：指平水韵部平声韵中的第四部"四支"，是以韵母相同（相近）字中的代表字来作为对这一类韵母相同（相近）字的称呼。

八四 蔡昆阳二事

少时过淮阴，盐城县丞何素之之泗为余言蔡昆阳状元启僔[1]二事。一、蔡公车[②]投刺[③]山阳令，盖同年而先仕者。批其刺，令阍者查明。蔡拂然北上，殿试及第。令以厚币请罪，蔡却之，答以诗曰："一肩行李上长安[④]，此日应怜范叔[⑤]寒。寄语山阳贤令尹，查明好向榜头[⑥]看。"一、蔡狎一妓，临别赋《罗江怨》调："功名念，风月情，两般事，日营营[⑦]，几番搅扰心难定。欲待要，倚翠偎红，舍不得黄卷青灯，玉堂金马人钦敬。欲待要，附凤攀龙，舍不得玉貌花容，芙蓉帐里恩情重。怎能勾[⑧]两事兼成，遂功名又遂恩情，三杯御酒嫦娥共。"彼言如此，未知果否。

【注释】

①蔡昆阳状元启僔：即蔡启僔（1619—1683），字硕公，号昆旸，明末清初浙江湖州府德清县人。幼年去京，随任吏部侍郎、东阁大学士的父亲读书。清康熙九年（1670）进士，并钦点为状元。历任日讲官、顺天（今北京）乡试主考官、右春坊右赞善、翰林院检讨等。候因病卸职归乡。著有《洪范五行传》《游燕草存园集》等。此处"蔡昆阳状元"之"阳"当为"旸"之误。

②公车：汉朝时以公家车马递送被举荐者，后用"公车"作为举人应试的代称。

③投刺：投递名帖以求见。刺，名帖，今称名片。

④长安：帝都的通称，此处指北京。

⑤范叔：即战国时候的范雎，他原为魏国中大夫须贾门下，因被怀疑私通齐国，几乎被打致死，后来他逃到了秦国并成了秦相。之后须贾出使秦国，范叔故意穿着破衣往见，须贾不忘旧情，可怜他贫寒，立即取出一件绨袍相赠。

⑥榜头：榜首，考试后发榜的前列。

⑦营营：追逐忙碌。

⑧能勾：即能够。

八五　杨次也

平凉太守杨次也守知[①]，其先为邳睢河官。相与辨论古今，改正诗文，虽僚友，若窗友也。贱辰[2]二月十六日，赠诗有云："月当既望光才满，春过平分气始和。"可谓清切之甚。一日，约効力诸君游依绿园，分韵赋诗。余有句："胜地风云诸子会，名园松柏老夫来。"次也向诸君曰："只觉刘公诗句，持在手中都是重的。"

【注释】

①平凉太守杨次也守知：即杨守知，字次也，号致轩，别号晚研、稼亭、意园。浙江海宁人。清代诗人。康熙三十九年（1700）进士。曾官平凉知府。与归安沈树本、平湖陆奎勋、嘉善柯煜合称"浙西四才子"。太守，明清时用以称知府。

②贱辰：对自己生日的谦称。

八六　春阳先生

偶于友人案头见拙刻《葛庄集》硃批："此亦出入'香山''剑南'[1]间而未纯者。"曲阜孔东塘尚任[2]乃曰："宋人之句，唐人之调。"余则何敢。惟朱中立[3]评苏允吉[4]大司马诗曰："格不高而气逸，调不古而情真"二句，吾所深服。余有《酉时立春作》，内一句云："春向斜阳尽处来"，丹徒夏庶常慎枢[5]云："此士人称公为春阳先生也。"

【注释】

①"香山"、"剑南"：中华书局本加书名号，为"《香山》《剑南》"；上海古籍出版社本无标点符号，为"香山、剑南"。均不妥，应加引号，表特殊含义。香山，即白居易（772—846），字乐天，号香山居士，又号醉吟先生，祖籍太原，生于河南新郑。唐代伟大的现实主义诗人。白居易无以"香山"命名的诗集。剑南，指陆游（1125—1210），字务观，号放翁，汉族，越州山阴（今绍兴）人，南宋文学家、史学家、爱国诗人。剑南是四川的别称，陆游曾在四川宣抚使王炎手下襄理军务，为纪念这一段金戈铁马的生活，他把自己的诗集命名为《剑南诗稿》。综合来看，标点为"香山"、"剑南"为妥。

②孔东塘尚任：即孔尚任（1648—1718），字聘之，又字季重，号东

塘，别号岸堂，自称云亭山人。山东曲阜人，孔子六十四孙，清初诗人、戏曲家。著有《桃花扇》。时人将他与《长生殿》作者洪昇并论，称“南洪北孔”。

③朱中立：即朱观熰，太祖五世孙，奉国将军朱健根之子，封鲁王，字中立，别号海岳逸史，好著述，著有《济美堂稿》《画法权舆》《芝兰堂诗余》《交游唱和录》《矢恃录》《游文四传》等，尝辑山东诸家诗成《海岳灵秀集》和《儒林要览》等。

④苏允吉：苏祐（1493—1573年），字允吉，又字舜泽，明代东昌府濮州清丘（今鄄城县什集镇苏老家村）人，官至兵部尚书。明嘉靖五年（1526）进士。苏佑文武全才，著有《孙吴子集解》《三关纪要》《法家哀集》《谷原诗文集》《奏疏卣旃琐言》《云中纪要》等。

⑤夏庶常慎枢：字用修，号哓堂，丹徒人，康熙五十一年（1712）进士，改庶吉士，后授翰林院编修。清代诗人。庶常是庶吉士的代称。

八七　志在春秋

关夫子[①]殿额多用“志在春秋”，鄜州刘广文峒自嘲曰：“此四字似可移书苜蓿斋中，专为吾辈而设。吾无奢望，惟望二丁[②]祭得肉食耳。是亦志在春秋也。”闻者绝倒。又有谑广文一联：“耀武扬威，带裤打门斗五板；穷奢极欲，连篮买豆腐三斤。”[③]“带裤”“连篮”，更觉形容过甚。

【注释】

①关夫子：对三国蜀关羽的敬称。

②二丁：当指三国魏丁仪、丁廙兄弟。二人才朗学博，与曹植友善，后为曹丕所杀。

③此联为戏谑之词，隔着裤子打守门人五板已经算是耀武扬威了，买了三斤豆腐，其实是连提篮和豆腐一起称的，不过已经算是穷奢极欲了。

八八　《箧衍续集》

山阳司训陈求夏履端[①]，乃其年检讨维崧[②]之子也，十年来微禄不足以糊口，时卖文以资不给[③]。先，其年有《箧衍集》，选子〈予〉诗若干付梓，竟尔[④]遣〈遗〉落。询之求夏，曰："此集刻于先人身后，为人窜易，稽其原本，不独公诗未登，今现存未刻者尚多过半。拟刻《箧衍续集》以成先志，苦于俸薄不足以供剞劂[⑤]，奈何！"

【注释】

①陈求夏履端：即陈履端，字求夏，一字晚云，江苏宜兴人。陈维嵋子，过继于陈维崧。著有《爨余词》。

②其年检讨维崧：即陈维崧（1625—1682），字其年，号迦陵。宜兴（今属江苏）人。清代词人、骈文作家。清初诸生，康熙十八年（1679）举博学鸿词，授翰林院检讨。54 岁时参与修纂《明史》，4 年后卒于任所。

③不给：不足。

④竟尔：竟然。

⑤剞（jī）劂（jué）：本指刻镂用的刀具，此处指雕版印书的费用。

八九 学诗

门人常近辰建极[①]，天资总〈聪〉敏，力学工诗。余以一札勉之，覆书云："捧诵手谕，宛如侍立左右，亲聆教言。但建极自受业门墙，矢心惕厉[②]，惟恐入于小成，有辜大教。无如天分低微，终难上达。又兼三四年来浮萍断梗[③]，讲论无人，未免自以为是，所谓差以毫厘，失之千里者矣。昨细读批示拙作，如梦初醒。今后更当多读、多作、多改，细心体察，不但不敢有负指教，亦断不肯自安于卑近也。"披阅之下，足见其服膺[④]好学，深可嘉尚。当此年富力强时，能虚怀如此，其后又何量焉。

附原书

仆与足下订交有年，会必谈诗，别必寄诗，外人见之，莫不曰此二诗人也。然足下数年前之诗，与今日之诗无异，殊为惜之。何也？写景不过陈陈相因，几字数言而已；写情不过碌碌无奇、肤词习句[⑤]而已。求炼一超脱之意，出一惊人之语，成一俊逸之篇，不易得也。如此虽再过十年，再成千首，亦何益哉？向见《吊孙》七古一篇，可称杰作，以为手笔开展，自有进境，孰知此后仍寥寥焉。以足下英敏之资，灵秀之笔，何忍安于卑近？然非读古学古不可也。老生常谈，辄曰，《选》体，汉魏六朝初盛，此岂易言哉？不过好高务远[6]者之夸示于人耳。扼要之法，但取与我性情相近者，如唐之钱、刘[7]、香山[8]，宋之后村[9]、石湖[10]、剑南[11]，明之季迪[12]、茶陵[13]。推而广之，如宋之永嘉四灵[14]，元之虞、扬、范、揭[15]，明之前后七子[16]，选其集中之最者，熟读而玩味，揣摩而讨论之。即不能苦心探索，亦当采择而涉猎之。痛谢熟径，尽去窠巢[17]，三五月后，郁勃而出，奋笔疾书，眼前意中，自然清真，当必有过人者矣。要知古人言景言情，不能出于云泉花月、觞咏狂愁之外。我能化腐为新，点铁成金，即足名家，兼能传世耳。此足下对症之药也。

【注释】

①常近辰建极：即常建极，字近辰，满族正蓝旗人。清代诗人，曾任东平州州判、济南郡守等。

②惕厉：警惕忧惧。

③浮萍断梗：浮在水上的萍草和折断的草木茎，比喻漂泊无定。

④服膺：铭记在心。

⑤肤词习句：肤浅而常见的词句。

⑥好高务远：同“好高骛远”。

⑦钱、刘：中唐诗人刘长卿与钱起均工五言，尤长五律，并称“钱刘”。

⑧香山：见“八六春阳先生”条注。

⑨后村：即刘克庄（1187—1269），字潜夫，号后村。福建莆田人。南宋诗人、词人、诗论家，宋末文坛领袖，辛派词人的重要代表。词风豪迈慷慨。晚年致力于辞赋创作，提出了许多革新理论。

⑩石湖：即范成大（1126—1193），字至能，一字幼元，早年自号此山居士，晚号石湖居士。平江府吴县（今江苏苏州）人。南宋名臣、文学家、诗人。范成大素有文名，尤工于诗，风格平易浅显、清新妩媚。其作品在南宋末年即产生了显著的影响，到清初影响更大，有“家剑南而户石湖”的说法。著有《石湖集》等。

⑪剑南：见“八六春阳先生”条注。

⑫季迪：即高启（1336—1374），字季迪，长洲（今江苏苏州）人，明代诗人。元末隐居吴淞青丘，明初应召入朝，授翰林院编修，以其才学，受

朱元璋赏识，复命教授诸王，纂修《元史》。

⑬茶陵：即李东阳（1447—1516），字宾之，号西涯，谥文正。祖籍湖广长沙府茶陵州（今湖南茶陵）人，寄籍京师（今北京市）。明代中后期茶陵诗派的核心人物，诗人、书法家、政治家。有《怀麓堂集》《怀麓堂诗话》《燕对录》等。

⑭永嘉四灵：指南宋四位浙江永嘉籍诗人，分别是徐照（字灵晖）、徐玑（号灵渊）、翁卷（字灵舒）、赵师秀（号灵秀）。

⑮虞、扬、范、揭：即虞集、杨载、范椁、揭傒斯四人，也称“元诗四大家”。

⑯前后七子：明朝以真心散文诗歌为目的的十四人。“前七子”指李梦阳、何景明、王九思、边贡、康海、徐祯卿、王廷相，是一个以李梦阳为核心代表的文学群体。“后七子”以李攀龙、王世贞为首，还有谢榛、吴国伦、宗臣、徐中行、梁有誉。

⑰窠巢：鸟兽栖身处，此处比喻旧的、刻板的约束。

九十　石门

燕赵道上有石碑，勒[①]“子路宿处”，土人名其地曰“石门”。拙作有“僻地得先贤，一宿传千古”之句。据圣裔博士孔东塘[②]云：“石门在曲阜北四十里，登泰山必由之地。子路，卞人。卞城在石门东南四十里。子路之齐、之鲁，道经石门，故宿焉。观晨门[③]之问，子路之对，皆乡邻语。故知非他国之石门也。”天下石门有十余处，或山名，或地名，独此石门乃齐郑盟会之所，见于《春秋》，为最古也。

【注释】

①勒：刻。

②圣裔博士孔东塘：即孔尚任，号东塘，见“八六春阳先生”条注。圣裔，圣人的后代，此处专指孔子的后代。孔尚任三十七岁时曾在御前讲经，颇得康熙的赏识，破格授为国子监博士，故有“博士”之称。

③晨门：掌管城门开闭的人。

九一　石门山

孔东塘向余云："石门山峰秀拔，林木郁葱。杜工部《陪刘九法曹、郑瑕丘石门宴集》诗云：'秋水清无底，萧然净客心。掾曹乘逸兴，鞍马到荒林。能吏逢联璧，华筵直一金。晚来横吹好，泓下亦龙吟。'欲于此处建一秋水亭，君当任之。"余随庀材[①]鸠工[②]，以成此役，与春山馆相对。春山馆者，在山之南麓，即张氏隐居也。张氏字叔明[③]，鲁国诸生，为"竹溪六逸[④]"之一。杜子美访之，有"春山无伴独相求"之句，"秋水""春山"，可称绝对。

附东塘书

石门山者，诗人社集[⑤]之所也。夫子开其端，李杜承其绪。而我两人遥遥相对，一席不散，岂可滥入邪派，混我吟坛？修葺之举，似不宜更让他人也。记石门胜迹甚夥，惟秋水亭为全山冠冕，工宜亟举。况山中建造，不须高大，在有力者为之，如编一鹤笼[⑥]耳。竹木选就，凿枘合成，一水盈盈，载至兖郡，距山才七十五里耳。弃舟登车，至彼合架[⑦]，不日之工，新亭成矣。开名山之生面，成敝里[⑧]之奇观。先生之风，山高水长，孰得而泯没也！独念我两人年逾周甲[⑨]，事须早就，不但乘时可为，亦须亲眼见之，亲身享之。弟经营四十年，仅能种树千章[⑩]，并未加一绚[⑪]一茅，今得先生慨然任秋水亭之役，其余春山馆、晚兴楼，何敢重烦物力？但续续商略[⑫]，或有机会，料得天下贤者，必无一部《葛庄集》镇此石门者。相须殷[⑬]，相遇疏，固其宜耳。

附孔东塘建秋水亭记

石门山形如蟠龙，前有台曰"颔珠"，幽谷之水所由泻也。石骨多窍，水之渟[⑭]者深不测。夏秋间常喷腥雾，疑有蛰龙，土人呼为"龙泓"，祷雨辄应。泓上石基平旷，能收全山之胜。唐杜子美陪刘九法曹[⑮]、郑瑕丘[⑯]宴集于此，后之游人临水濯缨，多咏杜诗，惜无片石可扪，把茅可憩耳。予每来必步此基，慨焉永叹，穆然长思，欲构小亭而刻诗于壁，一以栖[⑰]前哲之灵，一以迟后贤之驾。区画[⑱]三十年，而榛莽[⑲]如故，但乞郑簠[⑳]书一"秋水亭"额，携之行箧，展玩而已。嘻！老矣，甲午冬薄游淮南，得遇在园观察，语及石门之胜，且叹亭之未建，而诗之未刻也。在园毅然曰："此诗人事也。肯让予为，予何幸也。"即日选材命匠，不浃旬[21]而亭与碑成矣。即日舟载北来，不浃旬而翼然临于龙泓之上矣。千年缺事，一旦补之。予把酒落成，觉峰峦溪涧莫不趋赴此席，宾客丝竹无非凑泊[22]此诗。所谓"颔珠[23]台"者，有此亭与碑，非真龙颔之珠乎！异日者，在园先生莅我东土，过石门而览胜迹，予也追陪宴集，倡予和汝，必有名篇雅什[24]，辉映石门。当不似刘九法曹、郑瑕丘仅费华筵之一金，而甘以"秋水"八句让子美也。康熙乙未三月，云亭山人孔尚任喜而记之。

【注释】

①庀（pǐ）材：备齐材料。

②鸠工：召集工匠。

③叔明：唐名士，隐者，"竹溪六逸"之一。山东宁阳梧桐峪（今属华丰镇）人。与李白、杜甫等交游频繁。

④竹溪六逸：唐代孔巢父、韩准、裴政、李白、张叔明、陶沔曾隐于徂来山下竹溪，时号"竹溪六逸"。

⑤社集：结社集会。

⑥鹤笼：关鹤的笼子。

⑦合架：指将盖房的预制木结构搭建完成。

⑧敝里：对自己居住的地方的谦称。敝，破旧。

⑨周甲：见"序二"注。

⑩千章：千株大树。

⑪绚：此处指丝线。

⑫续续商略：不间断地准备。续续，不间断，连续。

⑬相须殷：大家等待相见的情感是深厚的。须，等待。

⑭渟：积聚不流动。

⑮刘九法曹：刘九为兖州的法曹参军事。法曹参军事，唐朝在府法曹的官名，主掌司法。

⑯郑瑕丘：姓郑的瑕丘的官吏。瑕丘，古县名，治所在今山东兖州东北。

⑰栖：使居留。

⑱区画：筹划，安排。

⑲榛莽：形容草木丛生。

⑳郑簠（fǔ）：字汝器，号谷口，江苏上元（今南京）人。清书法家，善隶书。

㉑不浃旬：不到一旬。浃，整个，满。

㉒凑泊：促成，形成。

㉓颔珠：传说中骊龙颔下的宝珠。

㉔雅什：高雅的诗文。古人以十篇为一卷，名为“什”，借指诗文。

九二　指摘前辈

见近日布衣寒士，专以傲慢荐绅[①]为是。细考其抱负行止，全然傲慢不起，真是井蛙观天。近日后生小子，专以指摘前辈为能。细扣其学问见识，全然指摘[②]不着，真是蚍蜉[③]撼树。此辈不独可笑，实可哀已。

【注释】

①荐绅：缙绅。

②指摘：指责。

③蚍蜉：蚂蚁。

九三　吕文兆

吴人吕文兆熊[①]，三十年旧交也。性情孤冷，举止怪僻。一夕，席间吕举一令，各诵鬼诗，如：“下有百年人，长眠不觉晓”、“自怜长夜客，泉路以为家”、“寒食何人奠一卮，骷髅戴土生春草”、“自去自来人不知，归时惟对空山月”、“西山一梦何年觉，明月堂前不见人”之类。余后举明人《焰口诗》：“有身无首知是谁，寒风偏射刀伤处。”[②]吕拍案叫绝，以为驾长吉[③]而上之。好尚如此，其人可知。先年所衍《女仙外史》[④]百回，亦荒唐怪诞，而平生之学问心事，皆寄托于此。年近古稀，足迹半天下，卒无所遇。近以陆伯生、蔡九霞[⑤]纂缉《广舆记》，止详注各府而略州县，不足备参考，乃编成《续广舆记》，颇为详明，以卷帙浩汗，尚未能付梓。

【注释】

①吕文兆熊：即吕熊，字文兆，号逸田，亦称逸田吕叟。江苏昆山人。清小说家。有小说《女仙外史》等。

②明朝徐渭《阴风吹火篇呈钱刑部》，其中有："有身无首知是谁，寒风莫射刀伤处。"和此处有一字之差。

③长吉：即李贺（790—816），字长吉，世称李长吉、鬼才、诗鬼等，与李白、李商隐三人并称唐代"三李"。祖籍陇西，生于福昌县昌谷（今河南洛阳宜阳县）。唐代中期浪漫主义诗人，一生愁苦多病，27岁卒。

④《女仙外史》：清吕熊著白话长篇历史小说，又名《石头魂》或《大明女仙传》，成书于清康熙年间。

⑤陆伯生、蔡九霞：陆伯生，即陆应旸（约1572—约1658），字伯生，嘉兴人。著有《笏溪草堂集》，另编著《太平山房诗选》《唐诗选》《广舆记》等。蔡九霞，即蔡方炳，字九霞，号息关，江苏昆山人。清代学者。诸生。康熙十八年举博学鸿词，以病辞。有《广舆记》《铨政论》《历代茶榷志》《愤助编》《耻存斋集》等。

九四　佟图南

佟图南世京，才人而有气节者也。平昔以诗酒为缘，循循[1]儒雅，绝无窘乏之状，即诗亦无寒乞语，不意一病不起，卒后无以为殓，惟敝衣数件，质票数纸而已。故余挽诗云："高品能孤立，英才未一伸。开箱无长物，至死不言贫。"与杨次也[2]太守比屋而居，挽诗云："士品最难穷里见，分灯从不借邻光。"太守感余诗内有"有名虽县令，其实乃诗人"之句，遂题曰："诗人佟图南之墓。"友人常定远为之勒珉[3]。

【注释】

①循循：循规蹈矩的样子。

②杨次也：见"八五杨次也"条注。

③勒珉：刻碑。勒，刻。珉，像玉的石头，此处指墓碑。

九五　用古人句

余诗《将进酒》，直用太白“一杯一杯复一杯”句，刻成悔之。门人尹半檐颖慧[①]曰：“古人诗有直用古人者，‘柳色黄金嫩，梨花白雪香’，阴铿[②]句而太白直用之。有用古人句而增字佳者，‘水田飞白鹭，夏木啭黄鹂’，李嘉祐[③]句而王右丞[④]加以‘漠漠’‘阴阴’，遂夺为己有。更有直用己句者，许仰晦[⑤]‘一尊酒尽青山暮，千里书回碧树秋’，一见于《京口闲居寄两都亲友》，再见于《郊园秋日寄洛中故人》。有今人直用古人之句者，如王新城[⑥]先生《渔洋集·怀人诗》‘道予问讯今何如’与‘道甫问讯今何如’同，直用少陵[⑦]，不少嫌也。况所用太白成句，非出色佳构，不过平率无奇者。若欲抄袭，何取乎此?”识者自当知之。

【注释】

①尹半檐颖慧：即尹颖慧，字半檐，江苏高邮人。清朝诗人。

②阴铿（约511—约563）：字子坚，武威姑臧（今甘肃武威）人。南北朝时期梁朝陈间著名诗人、文学家。铿幼年好学，能诵诗赋，长大后博涉史传，尤善五言诗，为当时所重。曾任晋陵太守、员外、散骑常侍等职。

③李嘉祐：字从一，赵州（今河北赵县）人，唐代诗人。天宝七年（748）进士。工诗，婉丽有齐梁风。有《李嘉祐集》。

④王右丞：即王维（701—761），字摩诘，号摩诘居士，唐朝河东蒲州（今山西运城）人，祖籍山西祁县，唐朝著名诗人、画家。开元十九年（731），王维状元及第。历官右拾遗、监察御史、河西节度使判官等。唐肃宗乾元年间任尚书右丞，故世称“王右丞”。

⑤许仰晦：即许浑（788—860），字用晦，润州丹阳县（今江苏省丹阳市）人。武周朝宰相许圉师六世孙，唐朝诗人、官员。

⑥王新城：即王士祯，山东新城（现今的山东桓台县）人，故有此称。字子真，一字贻上，号阮亭，又号渔洋山人，被世人尊称为王渔洋。清朝初期的杰出诗人、文学家以及诗词理论家。

⑦少陵：指唐诗人杜甫。杜甫常以“杜陵”表示其祖籍郡望，又自号少陵野老，故世称杜少陵。

九六　变意

余诗“童去自埋生后火，饭来还掩读残书”，或谓直抄放翁[①]，然陆句“呼童不应自生火，待饭未来还读书”，余变其意，非直抄也。

【注释】

①放翁：即陆游（1125—1210），字务观，号放翁，越州山阴（今绍兴）人，南宋文学家、史学家、爱国诗人。宋孝宗时，赐进士出身，历任福州宁德县主簿、敕令所删定官、隆兴府通判、礼部郎中兼实录院检讨官等。嘉泰二年（1202年），主持编修孝宗、光宗《两朝实录》和《三朝史》，官至宝章阁待制。有《剑南诗稿》《渭南文集》《南唐书》《老学庵笔记》等。

九七　王二麻

刑部王主事鳷，善诙谐，行二，面麻。由外城入署，至椿树胡同见男妇斗殴，众拥难前。兀坐小轿中，成打油诗一律：“人心天理偶然差，哄起张家与李家，一脚飞来头有血，两拳挥去口无牙。缨冠[①]往救亏三嫂，袖手旁观是二麻。乱挽青丝呼好打，明朝必定到官衙。”闻者无不绝倒。一时喧传都下，因达大内[②]。后王转员外郎，引见时侍卫诸君齐指曰：“此即袖手旁观之王二麻也。”

【注释】

①缨冠：来不及束发而结缨往救。后以“缨冠”形容急迫地去救助他人。

②大内：此处指皇宫。

九八　工力

董甥起裕请问曰：“古人单词片语脍炙千古，如‘空梁落燕泥’、‘池塘生春草’、‘云中辨江树’、‘枫落吴江冷’、‘微云淡河汉，疏雨滴梧桐’之类，此人人共知者。近见阮亭先生[①]所称‘雨止修竹间，夜深流萤至’，果幽静绝伦。至‘大江流汉水，孤艇接残春’二句，反覆思索，不得其佳处。何也?”答曰：“新城[②]天资学力，非比常人，所取皆最上乘，必格韵高妙，方可入眼。吾辈初学人，自当循序渐进，登高自卑为是。绚烂之极，归于平淡，未能绚烂而先平淡，恐涉画虎不成[③]之病。‘孤艇残春’句，不必思索，工力若到，自能知之，莫疑为英雄欺人语。”

【注释】

①阮亭：见“九五用古人句”条注。

②新城：见“九五用古人句”条注。

③画虎不成：出东汉班固《东观汉记》：“所谓刻鹄不成尚类鹜者；效杜季良而不成，陷为天下轻薄子，所谓画虎不成反类狗也。”比喻好高骛远，最后一无所成，留人笑柄。

九九　富户二婿

明季一富户有二婿，一已为守备[①]，一尚是儒生。富户轻生重备。后备历升副总兵[②]，任边上。生联捷南宫[③]，以御史[④]差巡九边，过其境。副总披执郊迎，夜带兵马拥护。五鼓副总亲为传报，禀请阅操。生于枕上赋一绝云：“黄草坡前万甲兵，碧纱帐里一书生。而今始信文章贵，卧听元戎[⑤]报五更。”

【注释】

①守备：明代武职官名，镇守边防的五等将官之一，守一城一堡。

②副总兵：官名。明朝置，为武臣职，位总兵下。

③南宫：见“五七高捷”条注。

④御史：先秦时设，明废御史设都察院，有左右都御史、左右副都御史、左右佥都御史。又设十三道监察御史，为正七品官，分区掌管监察，称为“巡按御史”，是“代天子巡狩”，大事奏裁，小事主断，官位虽不高，但权势颇重。

⑤元戎：是对主将、统帅的别称。

一〇〇 陈健夫

陈健夫于王[①]诗名颇著，与检讨其年[②]通谱[③]雅善。其年《箧衍集》选刻其诗。然才而僻，合己者胶漆[④]，稍违趋向则冰炭[⑤]矣。为诗宗杜[⑥]，故近体多五言。性豪诗酒，不乐仕进，类晋人之放诞。使其检束身心，努力经济[⑦]，功名正未可量。况汉军比诸汉人出身稍捷，而汉军同辈者，仕多华膴[⑧]，健夫虽遨游所至，延接甚欢，然垂三十年终于韦布[⑨]。甲午夏过予袁浦[⑩]，征歌文宴，把杯索扇，立成三绝，以赠小部[⑪]之佳丽者。未几北返。近晤曲阜孔东塘，知其卒于东鲁，殡于友室[⑫]，悲夫。

【注释】

①陈健夫于王：即陈于王，字健夫，苏州人，入沈阳，隶汉军，后居顺天宛平（今北京丰台一带），平生嗜好诗文，著有《西峰草堂杂诗》。

②检讨其年：见“八八《箧衍续集》”条注。

③通谱：同姓的人互认为同族，即族谱相通。陈于王和陈维崧（字其年）同姓“陈”，故称。

④胶漆：胶和漆。这两种都是极具黏性的东西，用来比喻感情亲密无间。

⑤冰炭：冰和炭。一个冷，一个热，差别很大，比喻互不相容。

⑥宗杜：尊奉杜甫。宗，尊奉。

⑦经济：经世济民的简称。

⑧华膴：华贵，显贵。

⑨韦布：皮的带子和粗布衣服，指平民穿的俭朴衣服，此处喻指寒士、平民。

⑩袁浦：地名，在浙江，文中为刘廷玑的任职地。

⑪小部：指梨园、教坊。

⑫友室：友族，朋友们。

一〇一 孟乔芳

陕川总制大司马孟公乔芳[①]，为开国元勋，亦清廉第一。世祖皇帝念其功懋[②]，给以世袭阿达哈哈番[③]。其长君[④]自幼丧明，圣恩准其承袭，俸禄照常支给。虽盲其目，能聪于耳，通文翰，善应对，且能诗。每于稠人坐中，闻声即辨某人。一日遇诸涂，余于马上问起居，即答曰："刘世翁[⑤]好，违教[⑥]将两月矣。"同行者俱愕然。且每会必问近日有佳作否，试为诵之，入耳心通，颇知句之美恶。其自著累累成帙，最得意者《写怀》五律二十首，犹记腹联云："一官惭报国，十载羡归田。"余亦清通。

【注释】

①孟公乔芳：即孟乔芳（1595—1654），字心亭，直隶永平（今河北卢龙）人，祖籍徐州，汉军镶红旗，清初名将。

②懋：盛大。

③阿达哈哈番：见"五二测字"条注。

④长君：公子。

⑤世翁：对长者的敬称。

⑥违教：没有听到教诲的话，谦辞。

一〇二　施愚山

施侍讲愚山先生闰章[①]家居，先君[②]任宛陵时甚为莫逆，戊午先君见背[③]，己未先生以中堂交荐博学宏词，赴召入都，过余赐第[④]，亲至先君神主前，拜毕痛哭，设座对主谈曰："老公祖[⑤]久别，不复相见矣。治弟[⑥]本期终老林泉，公曾劝余出山，坚执未从。今一旦再入长安，究竟学何曾博，词何能宏？抚心滋愧，不独无面对公，未免为猿鹤[⑦]所笑耳。谬承圣恩，叨授词林，实无报称，行将归矣，非负知我也。有《应召》二律，请为公诵之，可以鉴予心矣。"犹记一联云："黄阁怜知己，青山解笑人。"诵毕以刻笺[⑧]焚于主前。再拜，又哭。复拱曰："公郎少年，锐志于学，其诗清真，不落浮响[⑨]，予敢不以前辈自居，相期有成乎！此即所以报公之万一也。"娓娓多言，正容恭敬，俨然生人面谈，童仆多窃笑之。然前辈于交情知己，死生不为少变，愈见古道焉。

【注释】

①施侍讲愚山先生闰章：即施闰章（1619—1683），字尚白，一字屺云，号愚山，后人称施侍读、施佛子。江南宣城（今安徽省宣城市宣州区）人。清初政治家、文学家。顺治六年（1649）进士，历任刑部观政、刑部广西司员外郎、山东提学道佥事、江西布政司参议。康熙十八年（1679），诏举博学鸿儒，授翰林院侍讲，纂修《明史》。

②先君：已故的父亲。

③见背：尊亲去世的婉辞。

④赐第：赏赐的宅第。

⑤老公祖：清代官场中对高级官吏的敬称。

⑥治弟：旧时部属对长官的自称。

⑦猿鹤：此处借指隐士。

⑧刻笺：刻画有花纹的华贵纸张。

⑨浮响：浮泛的声响，喻指普通的水平。

一〇三　边桂岩

边桂岩别驾声威[①]，性癖挝鼓[②]，尤妙《渔阳三弄》，今时无二手也。自言传诸旧内宦，然仅得大旨耳。至摹拟尽致，皆从心会。闻其初学时，起居坐卧，饮食寤寐，惟鼓是念。每常对客两手动摇，作掺挝[③]状，自亦不知也。与余同官袁浦，间一试之，穷数十刻[④]之力，方尽其妙。予为赋《挝鼓词》三十二韵。嗟乎，正平后千古传心，桂岩一人而已。桂岩亦忧失传，思得愿学者授之，而卒无一能师其艺者，真绝技也！

附挝鼓词

《春光》一奏柳杏妍，《秋风》再奏叶盘旋。明皇自制《春光好》《秋风高》二曲。孰能上夺天公权，临轩纵击鼓渊渊。群音之长推鼓先，万物和气赖以宣。劈空制造感圣贤，后人沿习乐便便。寻常咚咚杂管弦，未若今日掺挝全。中庭饮罢撤绮筵，有客解衣耸双肩。接搥到手屡变迁，初犹散漫继缠绵。忽惊霹雳下遥天，金戈铁马捣中坚。须臾檐溜雨连连，众语嘈切满市廛[⑤]。有如长林断续蝉，有如落盘珍珠联。并将双搥暂弃捐，用爪用指用老拳。最后一通更轰阗[⑥]，河流入海汇百川。耳根莫辨声万千，坠石一声方寂然。座客改容叹有缘，醉者以醒病者痊。渔阳绝技谁能专，淮阴别驾三韩[⑦]边。愿君之寿如偓佺[⑧]，不尔其后恐失传。别驾祖籍高丽。

【注释】

①边桂岩别驾声威：见“六〇 记三人”条注。

②挝鼓：击鼓。

③掺挝：古代乐奏中的一种击鼓方式。

④数十刻：古代用漏壶记时，一昼夜共一百刻。十刻约等于今两个半小时。

⑤市廛：指店铺集中的市区。

⑥轰阗：(声响）大。

⑦三韩：汉时朝鲜南部有马韩、辰韩、弁辰（三国时亦称弁韩），合称三韩。

⑧偓佺：古代传说中的仙人名。

一〇四　武人能诗

天许楼宴集，诵古诗为下酒物，欲各搜从来武人之能诗者，或纪全篇，或采警句，亦吟坛胜事也。坐中陈求夏履端[①]、杨次也守知[②]、吴吉人蔼、尹半檐颖慧[③]、梁简臣天眷、王若士肱、吴谦侯邦亨、陈朗行玒、纪异三曾撰、陆紫函大奇、费厚蕃锡琮[④]、董甥起裕、大孙永鉽、二孙永鑛、三孙永锡，咸欣然而应。有独诵一首者，有连记一人数首者，有诵其警句或警联者，有能诵长篇偶忘一二句而他人补之者，有三四人共记一首，更有上下讹错，别后检查改正补到者，皆附录之，以时代叙先后，独明诗为最多。然一时兴会所至，亦不足以尽武人之诗也。

○梁曹景宗《华光殿宴联句余韵》：去时儿女悲，归来笳鼓[⑤]竞。试问行路人，何如霍去病？

○唐洪州将军《题屈原祠》：行客漫斟三酎酒，大夫原是独醒人。

○雁门郡王王智兴《徐州使院》：江南花柳从君咏，塞北烟尘独我知。

○宋左千牛上将军曹翰《内宴应制》：三十年前学《六韬》[⑥]，英名尝得预时髦。曾因国难披金甲，不为家贫卖宝刀。臂健尚嫌弓力软，眼明犹识阵云高。庭前昨夜秋风起，羞见团花旧战袍。

○岳武穆王《题齐山翠微亭》：经年尘土满征衣，得得[⑦]寻芳上翠微。好水好山观未足，马蹄催送月明归。

○明定襄伯郭登，武定侯英诸孙也。有《联珠集》。

《湳牙山》：险瘴南来独湳牙，天分蛮獠[⑧]与中华。万盘山绕一丝路，百丈峰开千叶花。毒雾瘴烟相映霭，鸟声人语共咿呀。停骖每劳征南士，莫听啼猿苦忆家。

《普安道中》：竹暗藤荒路欲迷，一重山度一重溪。枯槎偃蹇[⑨]如人立，蛮语侏离[⑩]似鸟啼。花底雨晴飞蛱蝶，水边冬煖见虹霓。只应风味堪题处，三寸黄柑压树低。

○《入缅取贼早发金沙江》：征帆如箭鼓声齐，舟渡金沙更向西。石栈夜添蛮雨滑，晓江晴压瘴云低。水边乌鬼迎人起，竹里青猿望客啼。又隔滇阳几千里，桐花榕叶晚凄凄。

○《军回》：两行旌旆引鸣笳，万骑宵严不敢哗。隔岸水声冲石响，罩山云脚受风斜。孤村月落时闻犬，古塞春残不见花。归骑莫嫌征路滑，凉风吹雨洒尘沙。

○《寄泾州守李宏》：泾阳太守如相问，更比来时白发多。

○《蝇》：苦不自量何种类，玉阶金殿也飞来。

○《梅子》：莫倚调羹全待汝，世间还有皱眉人。

○《塔顶》：不知眼界高多少，地上行人似冻蝇。

○参将汤引勣《题壁》：战酣日落阵云开，百骑难当万马来。血污游魂归不得，幽冥空筑望乡台。

○戚武毅公继光《止止堂集》

《登石门驿新城眺望》：万壑千山到此宽，城边极目望长安。平居自许捐躯易，遥制从来报国难。尚有二毛[⑪]惊岁变，偶闻百舌送春寒。庙堂只恐开边衅，疏草空教午夜看。

○《盘山绝顶》：霜角一声草木哀，云头对起石门开。朔风卤酒不成醉，落叶归鸦无数来。但使雕戈销杀气，未妨白发老边才。勒名峰上吾谁与，故李将军舞剑台。

○《度梅岭》：溪流百折绕青山，短发秋风夕照闲。身入玉门犹是梦，复从天末出梅关。

○俞武襄公大猷《正气堂集》

《挽薛养呆》：伐木风不还，今古几心知。我与君结契[12]，相期弱冠时。平生一然诺，盛衰永不移。我善君相助，我过君相规。嗟君忽奄逝，一老不憖遗。昔为暂离别，今作长相思。戚戚重戚戚，良朋今有谁？

○万都督表号鹿园居士《玩鹿亭稿》

《悯黎吟》三之一：虎兕□来犹可奔，狼师一来人无存。大征纵杀玉石焚，昔人雕剿只一村。雕剿功成赏不厚，大征荫子还荫孙。杀一不辜尚勿为，何况万骨多冤魂。

○《山亭纳凉》：一亭梧竹里，迥出市尘间。石径缘萝入，江峰对座闲。海云朝屡变，山鸟暮双还。别去衡茅[13]下，思君懒闭关。

○《宫女叹》：莫向云屏羡阿娇，暂将清泪度春宵。带围自此拚长减，待得君王爱细腰。

○刘指挥使锐《春台集》

《和徐东滨》：何处幽栖好，城西有茂林。山来当户翠，竹长隔墙阴。哺子飞梁燕，窥鱼下水禽。闭门无所事，赤日任流金。

○余参将承恩《鹤池集》

《感兴》：白日沉西陆，返景流东岑。端居屏尘翳，欣然理鸣琴。大雅佥不悦，驰情在郑音。违俗信靡合，安可同荒淫？达人宜止足，嘉遁我所谌。富贵苟非我，一唾麾千金。

○《答草池约泛蓉溪》：春来花鸟总关情，夜雨愁听不到明。怪杀主人犹病酒，晴江鼓柁放舟行。

○《放舟行》：芙蓉溪水三尺强，苍苍两岸花草香。若待长江新涨合，撑舟直上小茅堂。

○《望忠州》：高江落日片帆秋，岸上鱼罾[14]次第收。无数峰峦云雾里，舟师指点认忠州。

○张都督通《游西林庵》：野寺萧条一径微，山僧相见语禅机。云深石洞玄猿伏，烟锁松林白鹤归。上界疏钟通碧落，边城鼓角送斜晖。浮生自觉浑无定，欲解鸣珂[15]问钓矶[16]。

○周京营都督于德《平乌剌江》：春搜马迹遍南荒，彝獠新降罢画疆。绝壑危岩通鸟道，飞旌叠鼓绕羊肠。黔泸东下归辰浦，箐砦西来接夜郎。王化远行铜柱外，炎州万里尽梯航。

○张指挥元凯《伐檀集》

《春日游西苑》：宣室临西苑，灵台对籍田。宫莺迷绿雨，厩马饮清川。柳引金隄直，松含玉殿圆。先皇受釐[17]处，寂寞锁春烟。

○《西苑宫词》："九献不须歌旧曲，词臣昨已撰芝房。""大官不进麒麟脯，御馔惟供五色芝。""水旱恐烦祠后土，未央深处好祈年。""朱衣擎出高元殿，先赐分宜白发臣。""拜舞不同郊社礼，科仪一一圣人裁。""进来白鹿高于马，驯扰金阶不畏人。"

○李千户元昭《岣嵝山房集》

《送周虚岩归吴》：返棹岁将晏，离亭酒共斟。岛云寒没影，江日冻生阴。莫惜飘蓬迹，应伤折柳心。丘中别同调，聊复理鸣琴。

○黄参将乔栋《听秀上人弹琴》：高僧理鸣琴，古调盈人耳。涛生松下风，龙起钵中水。听罢犹泠然，月出疏篁里。

○张右都督如兰《功狗集》

《吴门夜泊》：帆影初抽落日斜，江桥风涌太湖沙。行人莫上苏台望，无复吴王苑里花。

○狄参将从夏《月夜同刘天山作》：孤馆寒灯夜，相看听晚笳。清宵醒客梦，明月落梅花。碧海潮声急，清霜雁影斜。不堪怜岁暮，况复是天涯。

○袁守备应觳《郑司马入塞歌》：十载筹边鬓欲秋，玉门生入未封侯。君王岂惜师中命，尚有山阴十六州。

○奚百户汝嘉《旅怀》：十日雨初霁，一年春已残。苔痕蚀径滑，草色酿阴寒。昔悔从军易，今悲作客难。殊方有桃李，能得几回看？

○陈百户鹤《海樵集》

《夜坐见白发寄别朱仲开、张瓯江》：坐久北风起，江声带远沙。客愁初到鬓，乡梦不离家。林静无残叶，灯寒有落花。怀君夜难寐，别绪转如麻。

○《高邮赠龚山人》：近苦江东水，转怜淮北居。入秋尝白稻，留客鲙青鱼。树栅春收犊，穿潮夜灌渠。期君结乡社，同著养生书。

○《泊京口望金山寺》：南徐一片石，千古柱中流。绕树开僧舍，缘空结梵楼。疏灯明水底，落月挂潮头。向晚禅钟起，风吹到客舟。

○《题杨法部容闲阁》：阁傍江城外，窗开云水间。只因尘境远，自觉主人闲。日落见归鸟，月明看远山。移船候潮至，相送野僧还。

○《写山水》：夜来风雨恶，落叶打柴关。晓起敞溪阁，乱云犹在山。

○《题画赠姜明府》：暮云春树路千重，雪后看山到处同。夜永灯寒无过客，月明江色满楼中。

○《送张伯淳还关中》：怜君独棹渡黄河，西北山川入雍多。料得到家春未至，马蹄半在雪中过。

○《送王谏北上》：东去春潮到驿门，半江风雨近黄昏。由来知己难为别，不是殷勤恋酒尊。

○《吹笛怀友》：玉笛横吹入夜分，中天华月度流云。苕川两岸春风起，飞尽梅花不见君。

○外摘佳句，如：

近海潮通郡，连山瘴入楼。

山川留别夜，风雪望乡人。

孤月长随棹，寒潮自到门。

绕庐松叶暗，穿竹水声齐。

明月几家好，故人今夜俱。

床下鸣蛩偏入夜，风前白苎不宜秋。

风尘会面犹难卜，世事伤心只自知。

细雨残灯歧路酒，清江红叶寺门舟。

薄游两见雁归塞，多病却憎花满楼。

高士远栖沧海曲，好山多近永嘉场。

山深倦鹊犹依树，风定飞萤忽上楼。

○陈游击将军第《寄心集》

《岁暮客居呈焦弱侯》：仲尼本周流[18]，忽发归与叹。意在就六经，匪为思乡串。嗟我老无闻，托兴游汗漫[19]。邈想古通人，反侧常宵半。秣陵一君子，少小登道岸。嗜学自性成，《羲易》[20]旦夕玩。近得从之谈，恍上中天观。诗书数千载，立语穷真赝。欣然遂忘家，何知有岁晏[21]？

○《邵武舟次》：樵川泛轻舟，青山起当面。薄雾频往还，奇峰互隐见。滩滩若峻坂，下下如飞箭。秋容西楚同，人语南方变。茂树杂村烟，澄溪胜江练。始知溯洄艰，转喜随流便。对景持一杯，幔亭未足羡。

○《禹碑行》：岳麓神禹碑，何年镌刻之？真迹虽莫窥，字体殊玮奇。俨如冠冕之独立，矫若凤鸟之来仪。或盼而连目，或耸而并肩。或展而双足，或握而两拳。神藏蕴蓄，意骋蹁跹。既非鸟迹之踖踖[22]，亦非垂露[23]之涓涓。篆隶八分，抑又邈焉。计历年之既久，何点画之新妍？岂鬼神之默护，故岁久而弥鲜。据译读之恍惚，未必当日之真传。余过长沙弗觉，偶至湘潭返船。直肩舆而迅步，遂冒雨而陟巅。喜胸襟之豁涤，独坐玩而弗旋。昔韩退之尝千搜而万索，至咨嗟而涕涟。予实迷途之未远，无亦此生之宿缘。

○《山中蚤秋》：春夏讵能几？凄凄白露还。秋容先到草，客意未离山。石鼠窥禾去，清蝉抱树闲。人生衣食外，焉用苦间关[24]！

○《江心寺除夜》：偶过江心寺，何期又岁除。百年俱逆旅，信宿[25]即吾庐。岸隔遥呼酒，厨寒剩煮鱼。客游随处好，鬓发任萧疏。

○《客中立秋》：蒸湿前朝雨，凄凉今夜风。秋声先蟋蟀，露气到梧桐。顿觉絺衣薄，尤怜旅橐空。潞河问舟楫，明月向吴中。

○《闽关旅夜》：已是吾乡土，离家尚十程。疏窗通野色，孤枕傍松声。摇落秋难赋，悲歌夜不平。仆夫催晓发，烧烛待鸡鸣。

○《维扬谒文信公祠》：万死艰难地，千秋伏腊新。山河终破国，天地已成仁。江橘南中像，岩松雪后春。徘徊歌正气，不觉泪沾巾。

○《过蓟州》：燕京八千里，复作蓟门行。剩有溪山兴，能忘沙塞情？朔风摧短草，寒月近长城。流涕二三策，何人似贾生。

○《追怀宜黄大司马谭公》：昔年飘泊入燕京，制府怜才意不轻。献策独过司马署，分符旋赴蓟州营。只夸相国知韩信，无复功臣妒贾生。秋草春风今日泪，不堪回首楚江城。

○《元夕宿泉州洛阳桥》：春风又渡洛阳桥，柳色青青伴寂寥。回首故园今夜月，满江灯火上寒潮。

○《戚都护》：辕门遗爱满幽燕，不见烽烟十六年。谁把旌旗移岭表，黄童白叟哭天边。

○《塞外烧荒行》有云：年年至后罢防贼，出塞烧荒滦水北。枯根朽草纵火焚，来春突骑饥无食。

又云：隆庆二载谭戚[26]来，文武调和费心力。从前弊政顿扫除，台城兵器重修饰。迄今一十五年间，闾阎[27]鸡犬获宁息。谭今已死戚复南，边境危疑虑叵测。患难易共安乐难，念之壮士摧颜色。论者不引今昔观，纷纷搜摘臣滋惑。

○临淮侯李太保言恭《青莲阁》《贝叶斋》《游燕》诸集。

《花朝》：二月寒犹峭，燕山雪未消。春来无草色，病里又花朝。鸿雁乡书断，关河旅梦遥。武陵溪上约，今已负渔樵。

○《赋得匡庐山》：匡庐凌碧落，青磴与尘分。湖海远还见，雷霆低不闻。石门鸣宿雨，瀑布湿流云。独有山人屐，常随飞鸟群。

○《送仲弟南还兼怀老亲》：无限离愁匹马前，况多风雨断鸿边。板舆未得归潘岳[28]，春草何堪送惠连[29]。伏枕梦回沧海月，登临望极白云天。飘零若见高堂问，双鬓休言异昔年。

○《李佥宪招饮黄鹤楼》：胜地惭非作赋才，清尊今向大江开。当年黄鹤云中去，何处梅花笛里来？风卷潮声喧岛屿，日斜帆影上楼台。相逢俱是他乡客，衰草涔阳漫复哀。

○《显灵宫》：先帝祈灵太乙祠，重来空忆翠华旗。殿中香火仪犹具，海上仙人事转疑。客与方书闲指画，老来诗律旧心思。调高身健惭时辈，杰阁凭阑眼故迟。

○王总戎钺：金缕且歌新乐府，铁衣休话旧军功。

【注释】

①陈求夏履端：见“八八《篋衍续集》”条注。

②杨次也守知：见“八五杨次也”条注。

③尹半檐颖慧：见“九五用古人句”条注。

④费厚蕃锡琮：即费锡琮，字厚蕃，号树栖，成都新繁人（今属成都市新都区）。著有《阶庭偕咏集》《白鹤楼集》。

⑤笳鼓：笳声与鼓声，此处借指军乐。

⑥《六韬》：中国古代兵书，旧题西周姜太公撰。

⑦得得：特地。

⑧蛮獠：旧时对西南方少数民族的蔑称。

⑨偃蹇：屈曲的样子。

⑩侏离：形如少数弥怒语言怪异，难以理解。

⑪二毛：鬓发有黑白两种颜色，常用于指年老的人。

⑫结契：彼此结交，相处投缘。

⑬衡茅：见“五八博学鸿才”条注。

⑭鱼罾：渔网。

⑮鸣珂：显贵者所乘的马以玉为饰，行则作响，因名。此处借指高位。

⑯钓矶：钓鱼时所坐的岩石。

⑰受釐：汉制祭天地五畤，皇帝派人祭祀或郡国祭祀后，皆以即使剩余之肉归致皇帝，以示受福。

⑱周流：周游各地。

⑲汗漫：漫无边际。

⑳《羲易》：《周易》的别称，因伏羲始作八卦，故名。

㉑岁晏：一年将尽。

㉒踖踖（jí jí）：指笔法恭敬而敏捷。

㉓垂露：书法术语。一种书写直画的笔法。其收笔处如下垂露珠，垂而不落，故名。

㉔间关：道路险阻难行。

㉕信宿：连住两夜，此处指居住多日。

㉖谭戚：谭纶和戚继光。

㉗闾阎：里巷内外的门，此处借指里巷。

㉘潘岳（247—300）：西晋文学家。字安仁，荥阳中牟（今属河南）人。

㉙惠连：晋谢惠连的才学深为其族兄谢灵运所称赏，故后世用“惠连”来称呼才华横溢的弟弟。

一〇五 聂晋人

聂晋人先[①]，吴人，才学颇富，手眼亦高，但性情冷僻。吕文兆[②]狂士，犹呼之曰“聂怪”，其为人可知矣。己巳游武林，选刻《西湖三太守诗》。

太守为谁？魏苍石麟征[3]、苏小眉良嗣[4]，以予三摄杭州，亦滥厕名其中。二公才人也，予何敢并列焉。晋人行时，予适病中，赋诗话别云：“拟共西湖放画船，锦塘秋水六桥烟。担囊竟去君何急，伏枕偏当我未痊。两地云山劳一梦，他时风雨忆今年。若逢同学人相问，酒胆诗肠近索然。”

【注释】

①聂晋人先：即聂先，字晋人，号乐读。

②吕文先：见“九三吕文兆”条注。

③魏苍石麟征：即魏麟征（1644—？），字苍石，清江苏溧阳人。康熙六年（1667）进士。官杭州、延安、邵武、曲靖知府。诗宗白香山、苏东坡。有《石屋诗钞》。

④苏小眉良嗣：即苏良嗣，字小眉，辽阳州（今辽阳市）人，荫生，曾官黄州知府。

一〇六　周蓉湖

周少司空蓉湖清原[1]，毗陵旧家[2]。素贫，攻苦力学，博极群书，不以窘迫自介[3]。有拂意[4]事，处之澹如[5]。曾祈梦于忠肃公[6]祠。公延之上坐，礼甚恭，临别谓曰：“你的事在我，我的事在你。”己未召试博学鸿词，授检讨，纂修《明史》。及后督学浙江，道出毗陵。先是，内家[7]官侍御，其连襟[8]则进士、中翰[9]也。每司空至侍御宅，皆从左右门自为出入，独中翰至，则开中门迎送。今司空一旦登翰苑[10]，典文衡[11]，而侍御且郊迎不暇，何况中门。司空乃步行往谒，仍从侧门而入，侍御固请，不从，其中翰、侍御皆随从侧门入焉。其不以贵自骄如此。抵浙，拜忠肃公祠，既悟优礼之不谬，益知“我的事在你”者，盖《明史》中《于传》出司空手笔也。丁卯典试山东，次日揭晓，元卷[12]尚不惬意。隐[13]几假寐[14]，见一猴，跳跃而前。司空遽以剑击之，猴入箱而没，大叫惊醒。同事者问之，遂详以告。乃自解曰：“猴者，猿也，‘猿’‘元’同声。剑为金刀，明日为辰，今日卯日。毋乃姓刘者合中元乎！”启箱，果于落卷中检得刘瑛卷，大快心赏，遂定为元。榜出，东省有知人之颂焉。

【注释】

①周少司空蓉湖清原：即周清原，字浣初，一字雅楫，号蓉湖，又号且朴，武进（今江苏常州）人。由监生举博学鸿词授检讨，官工部侍郎（少司空是清代对工部侍郎的别称）。

②毗陵旧家：指久居毗陵而有声望的人家。毗陵，古地名，三国吴时，为毗陵典农校尉治所，后多称今江苏常州一带为毗陵。旧家，指久居某地而有声望的人家。

③自介：放在自己心上。

④拂意：不如意。拂，违逆，不顺。

⑤澹如：安定、淡然的样子。

⑥于忠肃公：即于谦（1398—1457），字廷益，号节庵，明仁和（今杭州）人。明永乐十九年（1421）进士。历任山西道监察御史、江西监察御史、兵部右侍郎兼都御史、大理寺少卿、兵部左侍郎等。卒谥肃愍，后改谥忠肃。

⑦内家：内人（自己的妻子）家里。

⑧连襟：姊妹的丈夫间的互称。

⑨中翰：清代对内阁中书的别称。

⑩翰苑：对翰林院的别称。

⑪文衡：品评文章，有如以称量物。用以借指评定文章高下以取士的权力。

⑫元卷：首卷，试卷中成绩最好的。

⑬隐：倚，靠。

⑭假寐：闭目养神，小睡。

一〇七 倪永清

倪永清匡世①选《诗最》四集，可为富矣，人各前一小传，后一小跋，意不重复，句不雷同，适如其人，洵一代高手也。惜其龙鱼溷淆②，间亦有出于永清窜易③，以代成其名者。盖名士多穷，藉此卖文自给，为贫所使，情亦可原。然迩来比比皆然，抑不独一永清也。永清闲情逸韵，有林下风[4]，多髯，善饮。人以“倪髯”称之，倪亦自呼曰“髯”。与予交有年矣。戊子来浦上，相留盘桓[5]者匝月。时表甥宛陵郡丞郭见斋遣人来迎，予送以诗曰：“华发苍髯古逸民，生平足迹半红尘。搜罗海内千秋叶，寄托杯中百岁身。帆挂大江风力劲，袂分小浦月痕新。敬亭山有吾甥在，好去相逢淡以亲。”未一年，忽闻作古人[6]矣，不禁为之黯然。

【注释】

①倪永清匡世：即倪匡世，字永清，清初松江泗泾人。

②溷淆：混杂。

③窜易：改动。

④林下风：指隐居者恬淡自然的风度。

⑤盘桓：徘徊，逗留。

⑥古人：此处指亡故之人。

一〇八　历朝小说

壬辰冬大雪，友人数辈围炉小酌。客有惠以《说铃丛书》者，予曰：“此即古之所谓小说也。”小说至今日滥觞[1]极矣，几与《六经》《史》《函》〈汉〉相埒[2]，但鄙秽不堪寓目者居多。盖小说之名虽同，而古今之别则相去天渊，自汉、魏、晋、唐、宋、元、明以来，不下数百家，皆文辞典雅，有纪其各代之帝略官制、朝政宫闱，上而天文，下而舆土，人物岁时、禽鱼花卉、边塞外国、释道神鬼、仙妖怪异，或合或分，或详或略，或列传，或行纪，或举大纲，或陈琐细，或短章数语，或连篇成帙，用佐正史之未备，统曰历朝小说。读之可以索幽隐，考正误，助词藻之丽华，资谈锋之锐利，更可以畅行文之奇正，而得叙事之法焉。降而至于“四大奇书”，则专事稗官，取一人一事为主宰，旁及支引，累百卷或数十卷者。如《水浒》本施耐庵所著，一百八人，人各一传，性情面貌，装束举止，俨有一人跳跃纸上。天下最难写者英雄，而各传则各色英雄也。天下更难写者英雄美人，而其中二三传则别样英雄，别样美人也。串插连贯，各具机杼，真是写生妙手。金圣叹[3]加以句读字断，分评总批，觉成异样花团锦簇文字。以梁山泊一梦结局，不添蛇足，深得剪裁之妙。虽才大如海，然所尊尚者贼盗，未免与史迁《游侠列传》之意相同。再则《三国演义》。演义者，本有其事，而添设敷演，非无中生有者比也。蜀、吴、魏三分鼎足，依年次序，虽不能体《春秋》正统之义，亦不肯効陈寿[4]之狥私偏侧。中间叙述曲折，不乖正史，但桃园结义，战阵回合，不脱稗官窠臼。杭永年[5]一仿圣叹笔意批之，似属效颦，然亦有开生面处。较之《西游》，实处多于虚处。盖《西游》为证道之书，丘长春[6]借说金丹奥旨，以心猿意马为根本，而五众以配五行，平空结构是一蜃楼海市耳。此中妙理，可意会不可言传，所谓语言文字，仅得其形似者也。乃汪憺漪[7]从而刻画美人，唐突西子，其批注处，大半摸索皮毛，即《通书》之“太极”“无极”，何能一语道破耶。若深切人情世务，无如《金瓶梅》，真称奇书。欲要止淫，以淫说法；欲要破迷，引迷入悟。其中家常日用，应酬世务，奸诈贪狡，诸恶皆作，果报昭然。而文心细如牛毛茧丝，凡写一人，始终口吻酷肖到底，掩卷读之，但道数语，便能默会为何人。结构铺张，针线缜密，一字不漏，又岂寻常笔墨可到者哉！彭城张竹坡[8]为之先总大纲，次则逐卷逐段分注批点，可以继武[9]圣叹，是惩是劝，一目了然。惜其年不永，殁后将刊板抵偿夙逋于汪苍孚[10]，苍孚举火焚之，故海内传者甚少。嗟乎！四书也，以言文字，诚哉，奇观！然亦在乎人之善读与不善读耳。不善读《水浒》者，狠戾悖逆之心生矣；不善读《三国》者，权谋狙诈之心生矣；不善读《西游》者，诡怪幻妄之心生矣。欲读《金瓶梅》，先须体认前序，内云：“读此书而生怜悯心者，菩萨也；读此书而生效法心者，禽兽也。”然今读者多肯读七十九回以前，少肯读七十九回以后，岂非禽兽哉？近日之小说若《平山冷燕》《情梦柝》《风流配》《春柳莺》《玉娇梨》等类，佳人才子，慕色慕才，已出之非正，犹不至于大伤风俗。若《玉楼春》《宫花报》，稍近淫佚，与《平妖传》之野，《封神传》之幻，《破梦史》之僻，皆堪捧腹。至《灯月圆》《肉蒲团》《野史》《浪史》《快史》《媚史》《河间传》《痴婆子传》，则流毒无尽。更甚而下者，《宜春香质》《弁而钗》《龙阳逸史》，悉当斧碎枣梨，遍取已印行世者，尽付祖龙[11]一炬，庶快人心。然而作者本寓劝惩，读者每至流荡，岂非不善读书之过哉！天下不善读书者，百倍于善读书者。读而不善，不如不读，欲人不读，不如不存。康熙五十三年礼臣钦奉上谕云：“朕惟治天下，以人心风俗为本，而欲正人心，厚风俗，必崇尚经学，而严绝非圣之书，此不易之理也。近见坊肆间多卖小说淫词，荒唐鄙俚，渎乱正理，不但诱惑愚民，即缙绅子弟未免游目而蛊心焉。败俗伤风所系非细，应即通行严禁”等谕，九卿议奏通行直省各官，现在严查禁止。大哉，王言！煌煌[12]纶綍[13]，臣下自当实力奉行，不独矫枉一时，洵可垂训万禩[14]焉。

【注释】

①滥觞：此处为过分，泛滥义。

②相埒（liè）：相对等。

③金圣叹（1608—1661）：名采，字若采，明亡后改名人瑞，字圣叹，吴县（今江苏苏州）人。明末清初文学批评家。入清后因“哭庙案”被杀。喜好评点古书。

④陈寿（233—297）：字承祚，安汉（今四川南充北）人。西晋史学家。晋时曾任著作郎、治书侍御史。著有《三国志》。

⑤杭永年：即杭资能，字永年，清江苏吴门人。

⑥丘长春：即丘处机，字通密，道号长春子，登州栖霞（今属山东省）人，金代元初道士，道教全真派“北七真”之一。

⑦汪憺漪：即汪象旭，原名淇，字右子，更字澹漪，号残梦道人，西陵人。约清世祖顺治初前后在世。好道教。

⑧彭城张竹坡（1670—1698）：名道深，字自德，号竹坡。祖籍浙江绍兴，明代中叶迁居徐州。仕途不顺，屡试不第。

⑨继武：足迹相接续，比喻继承前人的事业。

⑩汪苍孚：人名。

⑪祖龙：秦始皇的别称。

⑫煌煌：光明的样子。

⑬纶綍：语出《礼记·缁衣》：“王言如纶，其出如綍。”后因以指天子的诏书。

⑭万禩：即万祀，万年。

一〇九　舜之母

舜之母曰握登[1]，而瞽瞍[2]以继室生象[3]。

【注释】

①握登：舜的母亲。《左传》："妣握登氏生子，舜。"

②瞽瞍：即妫姠，上古虞国第六代王室，曾任朝廷"瞽瞍"之职，后人因其官职称妫姠为"瞽瞍"。

③继室生象：继母生了个儿子叫象。《左传》："继妣东泽氏壬女生子，象。"（继妣，继室，继母。）

一一〇　许由

许由[①]，字武叔。

【注释】

①许由：传说为尧舜时的贤者。帝尧在位时，想传位于许由，许由认为是一种侮辱，便到颍水清洗耳朵。

一一一　庄周

庄周[①]，字子休。

【注释】

①庄周：即庄子（约前369—前286），名周，字子休。战国时期宋国蒙（今安徽亳州蒙城）人，著名的思想家、哲学家、文学家，是道家学派的代表人物，老子哲学思想的继承者和发展者，先秦庄子学派的创始人。后世将他与老子并称为"老庄"。代表作有《庄子》。

一一二　妲己

妲己[①]，姓钟，名妲，字已。

【注释】

①妲己：商代有苏氏的女儿，殷纣王宠妃。

一一三　田文

田文[①]，字盂。尝，邑名。

【注释】

①田文（前？—前279）：即孟尝君。妫姓，田氏，名文，“战国四公子”之一，战国时期齐国贵族，齐威王田因齐之孙，靖郭君田婴之子，齐宣王田辟疆之侄。

一一四　孟母

孟母，仉氏。音掌。

一一五　孟子生卒年

孟子[①]，周定王三十七年四月二日生，即今之二月二日。赧王二十六年正月十五日卒，即今之十一月十五日。寿八十四岁。

【注释】

①孟子：姬姓，孟氏，名轲，字子舆，战国时期邹国（今山东济宁邹城）人。战国时期著名哲学家、思想家、政治家、教育家，儒家学派的代表人物之一，地位仅次于孔子，与孔子并称“孔孟”。宣扬“仁政”，最早提出了“民贵君轻”的思想。

一一六　嫪毐

嫪毐[①]，姓刘，名伯庄。嫪毐音涝蔼。

【注释】

①嫪毐：秦始皇之母赵姬的男宠。

一一七 汉太上皇

汉太上皇，名煓[1]，字执嘉。煓音湍。

【注释】

①煓：即刘煓（约前271—前197），即汉太祖高皇帝刘邦之父，名昂，字执嘉，号显初，又号太平。秦末汉初沛郡丰邑（今江苏徐州丰县）人。

一一八 元进贺表文应避字样

应制诗文内有应避字样，虽不必一概不用，亦须择其尤者避之。考元时进贺表文，触忌讳者凡一百六十七字：极、尽、归、化、亡、播、晏、徂、哀、奄、昧、驾、遐、仙、死、病、苦、泯、没、灭、凶、祸、倾、颓、毁、偃、仆、坏、破、晦、刑、伤、孤、坠、隳、服、布、孝、短、夭、折、灾、困、危、乱、暴、虐、昏、迷、愚、老、迈、改、替、败、废、寝、杀、绝、忌、忧、切、患、衰、囚、枉、弃、丧、戾、空、陷、厄、艰、忽、除、扫、摈、缺、落、典、宪、法、奔、崩、摧、殄、陨、墓、槁、出、祭、奠、飨、享、鬼、狂、藏、怪、渐、愁、梦、幻、弊、疾、迁、尘、亢、蒙、隔、离、去、辞、追、考、板、荡、荒、古、迍、师、剥、革、暌、违、尸、叛、散、惨、怨、克、反、逆、害、戕、残、偏、枯、眇、灵、幽、沈、埋、挽、升、退、换、移、暗、了、休、罢、覆、吊、断、收、诛、厌、讳、恤、罪、辜、愆、土、别、逝、泉、陵。

卷　三

一一九　《啸余》

词曲莫溯创始，近则考之《啸旨[①]》，唐孙广[②]谓某君授王母，母授南极真人，递至广成子、风后、啸父、务光、尧、舜、禹，其说甚诞。后晋孙登苏门一啸[③]，犹袭其传，登仙去，此道湮没不复闻矣。虽有《权舆》《正》《毕》十五章十二法，徒具空文，心传无授，究何益哉？迨[④]风雅变为骚赋乐府，五言七言诗体化为诗余及南北词曲，而填词家犹名其谱曰《啸余》，亦存饩羊[⑤]之义耳。

【注释】

①《啸旨》：关于口哨的十二种吹法和解说秘曲十二章源流的书。

②孙广：唐代宗永泰年间，孙广官至大理寺评事。唐德宗建中年间，淮西节度使李希烈起兵反唐，即皇帝位，国号楚，以孙广为中书令。

③孙登苏门一啸：孙登（约220—?），汲郡共（今辉县市）人，字公和，号苏门先生、妙真道大宗师。长年隐居苏门山，博才多识，会弹一弦琴，尤善长啸。

④迨：等到。

⑤饩羊：用来当作祭品的生羊，比喻徒具的形式。

一二〇　弋阳腔

旧弋阳腔乃一人自行歌唱，原不用众人帮合，但较之昆腔则多带白[①]。作曲以口滚唱[②]为佳，而每段尾声，仍自收结，不似今之后台众和作“哟哟啰啰”之声也。西江弋阳腔、海盐浙腔，犹存古风，他处绝无矣。近今且变弋阳腔为四平腔、京腔、卫腔，甚且等而下之为梆子腔、乱弹腔、巫娘腔、琐哪腔、啰啰腔矣，愈趋愈卑，新奇叠出，终以昆腔为正音。

【注释】

①白：戏曲或曲艺中的说白。

②滚唱：是把加在曲文中的接近口语的韵文或短句按本曲牌本宫调的旋律歌唱出来。它是改编者或歌唱者本人根据演唱临时需要加进去的。

一二一 歌曲

歌曲盛于唐之梨园，故今名伶人为梨园子弟。然当时所歌，以绝句为乐府，而音律分别乃有《清平调》《小秦王》《竹枝》《柳枝》《雨淋铃》《忆王孙》《伊州》《凉州》《阳关》各种之异。欲深考辨别，杳不可得。《清平》一调，当时作者甚多，惟青莲[①]合拍。此中妙解，即询诸填词与善歌老白相[②]，亦莫一解也。观旗亭佳话，歌一绝句，而龟年[③]、怀智[④]辈以众器配之，六音皆叶[⑤]，倾听之下，不知如何抑扬顿挫也。宋专事诗余，歌诗之道废。迨元作北曲，诗余遂为定场白之前引。明昆山魏良辅[⑥]能喉转音声，始变弋阳、海盐故调为昆山腔。梁伯龙[⑦]填《浣纱记》付之，王元美[⑧]诗所云："吴閶白面冶游儿，争唱梁郎雪艳词"，今之昆腔是已，即所谓南曲整本也。元北曲每本不过四五折，曲皆一人始终独唱，众以白间之。若南曲则不独人可一出，甚有一出几人分唱者。至后龙子犹[⑨]辈出，以南北间错，故有北《新水令》、南《步步娇》一套，北《醉花阴》、南《画眉序》一套，如此不可枚举。后更碎割诸曲以成一曲，名曰"某犯"；或串合佳名，如《金络索》《挂梧桐》之类，总曰"新增"。歌者不得不曲折以赴之，亦苦道也。久沿不觉，习而安矣。然今日人尽薄填词为容易，而尊诗词为上乘。黄九烟周星[⑩]云："诗降为词，词降为曲，愈趋愈下，愈趋愈难。"尝为之语曰："三仄更须分上去，两平还要辨阴阳，诗与词曾有是乎？"

【注释】

①青莲：即李白（701—762），字太白，号青莲居士。唐代伟大的浪漫

主义诗人，被后人誉为“诗仙”。有《李太白集》传世。

②老白相：老玩家。

③龟年：即李龟年，唐代著名乐工，受唐玄宗赏识，后流落江南。

④怀智：即贺怀智，唐玄宗时代人，宫廷乐队琴师。

⑤叶（xié）：合，和洽。

⑥魏良辅（1489—1566）：字师召，号此斋，晚年号尚泉、上泉，又号玉峰，新建（今属江西南昌）人，嘉靖五年（1526年）进士，历官工部主事、户部主事、刑部员外郎、广西按察司副使、山东左布政使等。嘉靖年间杰出的戏曲音乐家、戏曲革新家，昆曲始祖，有“曲圣”之称。

⑦梁伯龙：即梁辰鱼（约1521—1594），字伯龙，号少白，别号仇池外史，江苏昆山人，明代戏曲作家，曾师承当时出名的有“昆曲始祖”之称的魏良辅，他首创用昆腔演唱传奇《浣纱记》。

⑧王元美：即王世贞（1526—1590），字元美，号凤洲，又号弇州山人，江苏太仓人。明嘉靖二十六年（1547）进士，官至南京刑部尚书。以诗文名于世，工书法，兼善画。与李攀龙、徐中行、梁有誉、宗臣、谢榛、吴国伦合称“后七子”，在当时影响极大。卒赠太子少保。著有《弇山堂别集》《弇州山人四部稿》《觚不觚录》《书苑》《画苑》等。

⑨龙子犹：即冯梦龙（1574—1646），字犹龙，又字耳犹，号龙子犹，又号墨憨斋主人，长洲（今江苏苏州）人，明朝末年著名的文学家、戏曲家。著《喻世明言》《警世通言》《醒世恒言》等。

⑩黄九烟周星：即黄周星（1611—1680），清代诗人、戏曲家。字景虞，号九烟。湘潭（今属湖南）人，寄居上元（江苏南京）。崇祯十三年（1640）进士，曾授户部主事。入清不仕，更名人，字略似，号半非，晚号笑苍道人，侨寓吴兴（浙江湖州）。戏曲有传奇剧本《人天乐》。

一二二　评琵琶记

何元朗[①]评施君美[②]《幽闺》[③]出高则诚[④]《琵琶》[⑤]之上，王元美[⑥]目为好奇之过。臧晋叔[⑦]谓《琵琶》《梁州序》《念奴娇》二曲不类则诚口吻，当是后人窜入。王元美大不以为然，津津称许不置。晋叔笑曰：“是乌知所谓《幽闺》者哉?”以予持衡[⑧]而论,《琵琶》自高于《幽闺》。譬之于诗,《琵琶》,杜陵也,《幽闺》,义山[⑨]也。比之时艺,《琵琶》,程墨[⑩]也,《幽闺》,房书[⑪]也。《琵琶》语语至情,天真一片,曲调合拍,皆极自然,真是天衣无缝。至于才人点染,浅深浓淡,何事不能?岂《梁州序》《念奴娇》二曲遂谓各一手笔乎?观少陵诗,何法不备,何态不呈,乌可以一家之管见测之哉?

【注释】

①何元朗:即何良俊(1506—1573),字元朗,号柘湖,明代戏曲理论家,松江华亭(今上海奉贤柘林)人。嘉靖时为贡生,荐授南京翰林院孔目。后辞官归隐著述。自称与庄周、王维、白居易为友,题书房名为“四友斋”。著有《柘湖集》《何氏语林》《四友斋丛说》等。

②施君美:即施惠,字君美。元末杭州人。元代戏曲作家。爱好填词、和曲。著有南戏《拜月亭记》。

③《幽闺》:即《幽闺记》,又名《拜月亭记》,又名《王瑞兰闺怨拜月亭》,著名南戏之一。

④高则诚:名明,字则诚,号菜根道人,瑞安(今属浙江)人,元末明初戏剧家。元至正五年(1345)进士。历任处州录事、杭州行省丞相掾、福建行省都事、庆元路推官等职。著有《琵琶记》《柔克斋集》等。《琵琶记》是他的戏曲代表作。

⑤《琵琶》:即《琵琶记》,是元末戏曲作家高则诚根据长期流传的民间戏文《赵贞女蔡二郎》改编创作的南戏,是中国古代戏曲中的一部经典作品。此剧叙写东汉书生蔡伯喈与赵五娘悲欢离合的爱情故事。全剧共四十二出,结构完整巧妙,语言典雅生动,显示了文人的细腻目光和酣畅手法,是高度发达的中国抒情文学与戏剧艺术结合的作品。

⑥王元美:见上条“一二一歌曲”注。

⑦臧晋叔(1550—1620):一名懋(mào)循,字晋叔,号顾渚,浙江省长兴县人。明朝万历八年(1580)进士,官至南京国子监博士。

⑧持衡:拿着称称量,比喻公平地评论。

⑨义山:即李商隐(约813—约858),字义山,号玉溪生,又号樊南生,祖籍怀州河内(今河南焦作沁阳),出生于郑州荥阳(今河南郑州荥阳

市)，晚唐著名诗人。和杜牧合称“小李杜”。唐文宗开成二年（837 年）进士，曾任秘书省校书郎、弘农尉等职。因卷入“牛李党争”的政治旋涡而备受排挤，一生困顿不得志。

⑩程墨：科举时代刊行的官撰或士人中式试卷以为范例的文章。

⑪房书：即房稿，是科举时的八股文选集，其中大都是进士的作品。

一二三　文章幻变　体裁由人

前人云，郑若庸《玉玦》[①]、张伯起《红拂》[②]以类书为传奇，屠长卿《昙花》[③]终折无一曲，梁伯龙《浣纱》[④]、梅禹金《玉合》[⑤]道白终本无一散语，皆非是。如此论曲，似觉太苛，安见类书不可填词乎？兴会所至，托以见意，何拘定式？若必泥焉，则彩笔无生花之梦矣。况文章幻变，体裁由人，《公》《谷》[⑥]短奥，《史》《汉》[⑦]冗长，各出己意，何难自我作古？所谓不可无一，不可有二也。《水浒》多用典故，未尝不与《荆》《刘》《杀》《拜》[⑧]四种白描者并传。又云汪伯玉[⑨]南曲失之靡，徐文长[⑩]北曲失之鄙，唯汤义仍[⑪]庶几近之而失之疏。然三君已臻至妙，犹如此訾议[⑫]，诚太刻矣！近今李笠翁渔《十种》[⑬]填词，洪昉思昇《长生殿》[⑭]，亦大手笔，各有妙处。但李之宾白似多，洪之曲文似冗，又不知后人作何评论也。

【注释】

①郑若庸《玉玦》：郑若庸，字中伯，号虚舟、蛣蜣生等。明昆山人。诸生。嘉靖三十三年（1554）为赵康王朱厚煜聘于河南安阳，历二十年编成《类隽》。赵康王死后徙居清源。生平博学多闻，擅词曲，工诗文，诗与谢榛齐名，与唐寅、祝允明同为世重。撰有传奇《玉玦记》。《玉玦》，即《玉玦记》。

②张伯起《红拂》：张伯起即张凤翼，字伯起，号灵虚，别署灵墟先生、冷然居士。南直隶苏州府长洲（今江苏苏州）人。嘉靖四十三年（1564）中举人。为人狂诞，擅作曲。所著戏曲有传奇《红拂记》《祝发记》《窃符记》《灌园记》《扊扅记》《虎符记》等。诗文有《处实堂集》。此处《红拂》即指《红拂记》。

③屠长卿《昙花》：屠长卿即屠隆（1541—1605），字长卿，又字纬真，号赤水，别号由拳山人、一衲道人，蓬莱仙客，晚年又号鸿苞居士。鄞县（今属浙江）人。明代戏曲家、文学家。万历五年（1577）进士，曾任颍上知县，转为青浦令，后迁礼部主事、郎中。为官清正，关心民瘼。诗文杂著有《白榆集》《由拳集》《鸿苞》《考盘余事》《游具雅编》《缥湘对类》《翰墨选注》等。戏曲有《昙花记》《修文记》《彩毫记》。此处《昙花》即指《昙花记》。

④梁伯龙《浣纱》：见“一二一歌曲”条注。

⑤梅禹金《玉合》：梅禹金即梅鼎祚（1549—1615），字禹金，号胜乐道人，宣城（今安徽省宣城市）人，明代文学家、戏曲、小说家。著述多种，有诗文《梅禹金集》、小说《才鬼记》《青泥莲花记》。所作《玉合记》为昆山派的扛鼎之作，在中国戏曲史上具有一定影响。此处《玉合》即指《玉合记》。

⑥《公》《谷》：即《春秋公羊传》《春秋谷梁传》。

⑦《史》《汉》：即《史记》《汉书》。

⑧《荆》《刘》《杀》《拜》：产生于元末明初的南戏作品《荆钗记》《刘知远白兔记》《拜月亭》《杀狗记》的简称。被称为四大传奇故事，号为南戏四大本。

⑨汪伯玉：即汪道昆，字伯玉，新安（今安徽歙县）人。所作杂剧，存有《高唐梦》《五湖游》《远山戏》《洛水悲》四种。

⑩徐文长：即徐渭（1521—1593），初字文清，后改字文长，号天池山人，又有田丹水、天池生、天池渔隐、青藤老人、金垒、金回山人等别号。绍兴府山阴（今浙江绍兴）人，明代著名文学家、书画家、戏曲家。所著《南词叙录》是中国第一部关于南戏的理论专著。另有杂剧《四声猿》《歌代啸》及文集传世。

⑪汤义仍：即汤显祖（1550—1616），字义仍，号海若，又号若士，别署清远道人。临川（今属江西）人，明代戏曲作家。万历十一年（1583）进士，历任太常寺博士、礼部主事、浙江遂昌知县等。著有传奇《牡丹亭》《邯郸记》《南柯记》《紫钗记》，合称《玉茗堂四梦》，其中以《牡丹亭》最著名。在戏曲史上，和关汉卿、王实甫齐名。

⑫訾议：非议。

⑬李笠翁渔《十种》：李笠翁渔即李渔，见“五九李笠翁”条注。《十种》即指其所著《笠翁十种曲》。

⑭洪昉思昇《长生殿》：洪昉思昇即洪昇（1645—1704），字昉思，号稗畦，又号稗村、南屏樵者，钱塘（今浙江省杭州市）人。清代戏曲作家、诗人。科举不第，白衣终身。代表作《长生殿》。洪昇与孔尚任并称“南洪北孔”。

一二四　论舞

古舞法几亡。今梨园舞西施者，初以袖舞，即胡旋也[①]；继以双手翻捧者，原本之于番乐，如法僧作焰口[②]也。孔东塘[③]曰：“舞者声之容，或象文德，或象武功。文则干羽[④]揖让，武则戈盾进止。东阶西阶之舞，所以合堂上堂下之声也。古者童子舞勺，盖以手作拍，应其歌也。成人舞象，像其歌之情事也，即今里巷歌儿唱连像[⑤]也。若杂剧扮演，则又踵而真之矣。惟《浣纱记》所演西子之舞，犹存古意，然亦以美人盥手照面、梳妆坐卧之容，以应歌拍耳。至于外国旋魔等舞，各像其风俗文武之容，亦非离声歌而别有所为舞也。”

【注释】

①胡旋：即胡旋舞，因在跳舞时须快速不停地旋转而得名。由西域康居传播至中原的民间舞，跳舞时旋律快、节奏快、转圈多。

②焰口：佛教中施食于饿鬼的仪式。

③孔东塘：见“九十石门”条注。

④干羽：干盾和羽翳。文舞执羽，武舞执干。

⑤连像：又名连厢、连相、连湘等，是古代的一种歌舞戏形式。

一二五　梨园诸误

优孟衣冠[①]，取其相似也。有绝不相似者，如《庆寿》之王母则凤冠霞珮，群仙则用蟒衣；《小逼》之卫律[②]则补服，《大逼》之元帅亦用蟒衣。不可枚举。又如《追贤》之韩信，曲文内“一事无成两鬓斑，不觉得皓首苍颜，空熬得鬓斑斑”，至戏末赠金时，犹不用须髯，何也？范少伯之《后访》[③]，曲文内“羞杀我，一事无成两鬓星”，亦不用须髯，皆老梨园以讹传讹，失于检点之故也。至于副净、小丑宾白多用苏州乡谈，不知何本？始于何年？李笠翁亦深恶之，极力诋毁，无奈习焉不察。然而副净、小丑，原取发科打浑〈诨〉以博听者之一笑。苏州近地人皆通晓，用之可也。施于他省外郡，语音尚然不解，亦何发笑之有？且副净、小丑所扮皆下品人物，独用苏州乡谈，而生、旦、外、末从无用之者，何苏人自甘于为副净、小丑也耶？亟宜改正，一大快事。

【注释】

①优孟衣冠：此处指演戏。优孟，春秋时楚国乐人，善于讽谏。楚相孙叔敖死后，其子生活贫困，求助于优孟。优孟穿孙叔敖的衣冠，并模仿他的动作神态去见楚庄王，使庄王感悟而重赐孙叔敖之子。后以“优孟衣冠”来引申指演戏。

②《小逼》之卫律：《小逼》即《牧羊记・小逼》，元代南戏作品。卫律，《牧羊记》中的人物，因李延举荐奉命出使匈奴，后李延年因巫蛊之事被捕，卫律怕被株连，便投降匈奴，被单于封为丁灵王。

③范少伯之《后访》：范少伯即范蠡（前536—前448），字少伯，楚国宛地三户（今南阳淅川县滔河乡）人。春秋末期政治家、军事家、经济学家和道家学者。曾献策扶助越王勾践复国，后隐去。著《范蠡》二篇。《后访》，为《浣纱记》中的一折。

一二六 弹词

元人杂剧二百五十种，杨廉夫[①]弹词[②]有《仙游》《梦游》《侠游》《冥游》等类。董解元弹词《西厢》[③]，王实甫[④]师其意作《北西厢传奇》，然董之弹词冗长太文，反不若王之传奇，情文兼美，可歌可诵也。大抵弹词元时最上，一代风气使然。今则竞胜传奇，纵有好弦索者，亦不足悦人耳目。

【注释】

①杨廉夫：即杨维桢（1296—1370），字廉夫，晚号东维子，自号铁崖，善吹铁笛，自号铁笛道人。会稽（今浙江省绍兴市）人。元末明初著名诗人。进士出身，历任县尹、推官、江西儒学提举。著有《东维子集》《铁崖先生古乐府》等。有《四游记弹词》，其中包括《侠游》《仙游》《梦游》《宴游》四篇。

②弹词：曲艺的一种。前身是词话，弹词是“弹唱词话”的省称。基本形式是有说有唱，演员自弹（奏）自唱，书目多为中长篇。

③董解元弹词《西厢》：董解元，金戏曲作家，字号、生卒年月不详。“解元”是当时对读书人的通称，故人称董解元。山西泽州县人。根据唐元稹的《莺莺传》创作长篇讲唱文学《西厢记诸宫调》，为元杂剧《西厢记》所本，因演唱时以弦乐器琵琶和筝伴奏，故又称《弦索西厢》，世称《董西厢》。此处《西厢》即指《董西厢》（《弦索西厢》或《西厢记诸宫调》）。

④王实甫（1260—1336）：名德信，大都（今北京）人，祖籍河北省保定市定兴（今定兴县）。元代著名杂剧作家。著有杂剧《西厢记》《丽春堂》《破窑记》等。其中《西厢记》不仅是他的代表作，也是元代杂剧创作中最优秀的作品之一。

一二七　悖拏儿舞

唐张祜《悖拏儿舞》[①]诗云：“春风南内百花时，道唱梁州急遍吹。揭手便拈金椀舞，上皇惊笑悖拏儿。”今有唎喇[②]班，用小童以箸[③]顶椀[④]而转，升高复下，送葬之家，亦有于前导作此戏者，想亦悖拏舞之遗意耶。

【注释】

①张祜《悖拏儿舞》：张祜，字承吉，排行第三，邢台清河人，唐代著名诗人。《全唐诗》收录其349首诗歌。《悖拏儿舞》是其诗歌之一。

②唎喇：古代杂剧名。

③箸：筷子。

④椀：“碗”的异体字。

一二八 小曲

小曲者别于昆、弋[①]大曲也，在南则始于挂枝儿，如贯华堂[②]《西厢》所载：“送情人直送到丹阳路，你也哭，我也哭，赶脚的也来哭。赶脚的他哭是因何故？去的不肯去，哭的只管哭，你两下里调情，我的驴儿受了苦。”一变为《劈破玉》，再变为《陈垂调》，再变为《黄鹂调》。始而字少句短，今则累数百字矣。在北则始于《边关调》，盖因明时远戍西边之人所唱。其辞雄迈，其调悲壮，本《凉州》《伊州》之意，如云：“斗大黄金印，天高白玉堂。大丈夫豪气三千丈，百万雄兵腹内藏，要与皇家做个栋梁。男儿当自强，四海把名扬，姓名儿定标在凌烟阁上。”明诗云“三弦紧拨配〈夜〉边关”是也，今则尽儿女之私，靡靡之音矣。再变为《呀呀优》。《呀呀优》者，夜〔夜〕游也，或亦声之余韵。《呀呀哟》如《倒扳桨》《靛花开》《跌落金钱》，不一其类。又有《节节高》一种。《节节高》本曲牌名，取“接接高”之意，自宋时有之，《武林旧事》[③]所载元宵节乘肩小女是也。今则小童立大人肩上，唱各种小曲，做连像，所驮之人以下应上，当旋即旋，当转即转，时其缓急而节凑之，想亦当时《鹧鸪》《柘枝》之类也。今日诸舞失传，徒存其名，乌知后日之《节节高》，不亦今日之《鹧鸪》《柘枝》也哉？

【注释】

①弋：即弋曲，又称弋阳腔，汉族戏曲声腔之一。它源于南戏，产生于信州弋阳，形成于元末明初。是宋元南戏在信州弋阳后与当地赣语、汉族民间音乐结合，并吸收北曲演变而成。与昆山腔、余姚腔、海盐腔并称四大声腔。

②贯华堂：清代出版机构名。

③《武林旧事》：追忆南宋都城临安城市风貌的著作。武林即临安（今浙江杭州）的别称，以武林山得名。全书十卷，宋周密（1232—1298）撰。

一二九　廋词

廋词[①]者，古所谓诗谜也。令人猜之以发一粲[②]，本射覆[③]之意。推而广之，遂因事立名，因名立格。如蔡中郎[④]题《曹娥碑》[⑤]曰："黄绢幼妇，外孙齑臼。"乃"绝妙好辞"四字，遂名《曹娥格》。后述其意作曰："单身机匠，难织龙袍。"乃"大红纱裙"四字，语句天然，顿觉后来居上。近且用三字叶韵矣。

【注释】

①廋（sōu）词：即廋辞，谜语。

②一粲：一笑。粲，笑。

③射覆：把东西覆于器物下，让人来猜的一种古代游戏。

④蔡中郎：即蔡邕（yōng）（133—192），字伯喈。陈留郡圉县（今河南省开封市圉镇）人。东汉时期著名文学家、书法家，才女蔡文姬之父。历任河平长、郎中、议郎等职。董卓时，历任侍御史、治书侍御史、尚书、侍中、左中郎将等职，封高阳乡侯，世称"蔡中郎"。

⑤《曹娥碑》：《曹娥碑》是东汉年间人们为颂扬曹娥的美德，纪念她的孝行而立的石碑。汉元元年（151），会稽上虞令度尚欲为曹娥立碑，命其弟子邯郸淳作碑文。蔡邕闻讯来观，阅后书"黄绢幼妇，外孙齑臼"八字于碑阴，隐"绝妙好辞"四字。

一三〇　《苏黄格》

《苏黄格》[①]本东坡、山谷[②]戏作命名，如"猫儿尾遇鼠则摇"，鼠通暑，遇暑则摇，乃扇也。"夫差兵遇越而围"，越通月，遇月而围，乃风圈[③]也。

【注释】

①《苏黄格》：取苏东坡、黄庭坚姓来命名的谜语格式。

②山谷：即黄庭坚（1045—1105），字鲁直，号山谷道人，晚号涪翁，洪州分宁（今江西省九江市修水县）人。北宋著名文学家、书法家、江西

诗派开山之祖。生前与苏轼齐名，世称“苏黄”。著有《山谷词》。

③风圈：此处指月晕。

一三一　《问答格》

《问答格》，问：“韩信[①]何处拜将？”曰：“筑台。”筑台，烛台也。俗谓之调侃。《西厢》词曲曾用之。

【注释】

①韩信（约前231—前196）：淮阴（今江苏省淮阴区）人，西汉开国功臣，中国历史上杰出的军事家，与萧何、张良并列为“汉初三杰”。

一三二　《增减格》

《增减格》：一汤字，谜二古人名。曾点[①]、成汤[②]。一道字，谜《四书》一句。“修道以仁”。

【注释】

①曾点：字皙，又称曾皙、曾晰，中国春秋时期鲁国南武城人，曾参之父，孔子弟子，孔门七十二贤之一，与其子曾参同师孔子。

②成汤：即商汤（约前1670—约前1587），又名商成汤，又称武汤、武王，子姓。商族部落首领，商朝的建立者。河南商丘人。

一三三　《像生格》

《像生格》：画二隶对立堂下，谜《西厢》三句。“一个儿这壁，一个儿那壁，一递一声长吁气。”

一三四　《蒜辣格》

《蒜辣格》，皆鄙秽语也。

一三五 《调声格》

《调声格》，用诗四句，不拘四五六七言，如首句谜“东”字，次句谜“董”字，三句谜“冻”字，四句谜“读”字。

一三六 《破损格》

《破损格》，亦用诗四句，如谜废弓一张：“争帝图王势已空，无靶。八千兵散楚歌声。无弦。乌江不是无船渡，无稍[①]。羞向东吴再起兵。无面。”

【注释】

①“乌江不是无船渡”，即言无撑船艄公，“艄”“稍”同音。“无稍”当作“无梢”，因为“弓梢”才是弓的部件名之 。

一三七 《大意包格》

《大意包格》即各谜之长者。如谜桌子，云：“观其面则方，察其色则赤而有光，量其身则仅二尺五寸以长，问诗书颇有分，问酒肉颇久尝。可以居方面之位，而坐镇乎雅俗；可以当台臣[①]之职，而高登乎庙堂。虽相君之面，不过平平耳，而相其大体，其中立而不倚者，殊足为四方之所拱向而不敢背立乎两旁。”如谜镜，云：“色即是空，空即是色。是色是空，非空非色。四大部中，此方清洁。若非坚执，定[②]本来面目从何得？”

【注释】

①台臣：指宰辅重臣。

②中华书局本、上海古籍出版社本均加逗号在“定”字后。

一三八 《小意包格》

《小意包格》即各谜之小者。如谜古人名：黄香[①]：“不是桂花是菊花，梅莲兰蕙不如他。”宫之奇②：“寂寂长门有异人。”刘伶③：“汉家子弟做梨园。”弈秋④：“清簟疏帘方坐隐，不知一叶下银床。”李师师⑤：“童子六七人，复有友五人，只道三人中有一人，谁知还有二千五百人。”太史慈⑥：“翰林新造育婴堂。”申详⑦：“准备文书报上司。”展禽：“自起开笼放白鹏”公孙杵白⑧：“三世春米营生，儿子不知去向。”谢安⑨：“落花满地无人扫，半夜敲门不喫惊。”米元章⑩：“民以食为天，通场第一篇。”百里奚⑪：“二十长亭行道半，小奴辛苦负诗囊。”张九龄⑫：“学挽强弓未十年。”南霁云⑬：“楚天雨后见明霞。”林逋⑭：“甲乙之乡，可以逃亡。”白乐天⑮：“囊中不费一文钱，赏尽清风与明月。”黄庭坚⑯：“右军写《道德经》，字字如金石。”晁错⑰：“眼底桃花惊半落，从前深悔念头差。”崔莺莺⑱：“一派峰峦无限好，幽禽相对更频啼。”冯京⑲：“两人并辔入皇都。”梁鸿⑳：“河桥有鸟独高飞。”冯妇㉑：“生在午年午月，如何不作男儿。”吕布㉒：“梁鸿配孟光，不着绮罗裳。”山涛㉓：“千岩竞秀，万壑争流。”岳飞㉔：“挟泰山以超北海。”第五伦㉕：“朋友之交也。”孟浩然㉖：“三宿而后出昼。”又一诗谜四人者，《少年行》云：“绿柳阴中点绛红杨朱㉗，奔蹄叩角闹春风司马牛㉘，少年意气真堪托季任㉙，一诺何妨缟紵通然友㉚。”《隐居》云：“垂杨枝上漏春光泄柳㉛，归去来兮独擅长晋文㉜，从此尘劳方尽歇长息㉝，素丝白马为谁忙绵驹㉞。”《老农》云：“中男驱犊出前郛牧仲㉟，长子摊钱送寺门孟施舍㊱，闲共儿曹相伴语告子㊲，今年齿落复生根易牙㊳。”近世盛作意包，知之者多，故倍于他格。

【注释】

①黄香（约68—122）：字文强（一作文疆），江夏安陆（今湖北云梦）人。东汉时期官员、孝子，是“二十四孝”中“扇枕温衾”故事的主角。

②宫之奇：春秋时期政治家，虞国辛宫里（今山西省平陆县）人。忠心耿耿辅佐虞君，并推荐百里奚共同参与朝政，对外采取了联虢拒晋的策略，使国家虽小而强盛。

③刘伶（221—300）：字伯伦，西晋沛国（治今安徽濉溪县西北）人，魏晋时期名士，“竹林七贤”之一。刘伶嗜酒不羁，被称为“醉侯”。有《酒德颂》《北芒客舍》等。

④弈秋：春秋时鲁国人，名秋，因善于下围棋，故人称为“弈秋”。

⑤李师师：生卒不详，北宋汴京（今河南省开封）人。北宋名伎，曾得到宋徽宗宠爱，擅长歌舞，深谙诗词。事迹多见于野史、小说。

⑥太史慈（166—206）：字子义，东莱黄县（今山东龙口东黄城集）。东汉末年武将，官至建昌都尉。弓马熟练，箭法精良。原为刘繇部下，后被孙策收降。

⑦申详：春秋时的贤者，子张子。见《孟子·公孙丑下》："泄柳、申详，无人乎缪公之侧，则不能安其身。"

⑧公孙杵臼：春秋时晋国人，赵盾、赵朔父子的门客。生卒年不详。晋景公三年（597）和程婴合谋，藏匿赵氏孤儿赵武，自己献出了生命。

⑨谢安（320—385）：字安石，号东山，原籍太康，寓居会稽。东晋著名政治家、军事家。历任吴兴太守、侍中兼吏部尚书兼中护军、尚书仆射兼领吏部加后将军、扬州刺史兼中书监兼录尚书事、都督五州、幽州之燕国诸军事兼假节、太保兼都督十五州军事兼卫将军等职。世称谢太傅、谢安石、谢相、谢公。383年，前秦军南下，苻坚携兵百万，大有一举踏平江东之概。谢安临危不惧，邀谢石、谢玄力拒，结果淝水一战，大获全胜。

⑩米元章：见"三七骨董"注。

⑪百里奚（前725—前621）：姜姓，百里氏，名奚，字子明，号五羖大夫。春秋时期虞国（今山西平陆北）人，春秋时期著名政治家、思想家。

⑫张九龄（678—740）：字子寿，一名博物，谥文献。唐朝韶州曲江（今广东省韶关市）人，世称"张曲江"或"文献公"。唐朝开元年间名相、诗人。

⑬南霁云（712—757）：魏州顿丘（今河南清丰南寨村）人，唐朝玄宗、肃宗时期名将。出身农民家庭，人称"南八"。勇武过人。"安史之乱"时期，协助张巡、许远镇守睢阳（今河南省商丘市睢阳区），抵抗安史叛军，屡建奇功。后兵败被俘，慷慨就义。

⑭林逋（967—1028）：字君复，宋钱塘（今浙江杭州）人，北宋著名诗人，代表作有《山园小梅》。后人称为和靖先生。

⑮白乐天：即白居易（772—846），字乐天，号香山居士，又号醉吟先生，祖籍太原。唐代伟大的现实主义诗人。官至翰林学士、左赞善大夫。有

《白氏长庆集》。

⑯黄庭坚：见“一三〇《苏黄格》”条注。

⑰晁错（前200—前154）：是西汉文帝时的智囊人物，颍川（今河南禹县城南晁喜铺）人。历任太常掌故、太子舍人、博士、太子家令（太子老师）等。因七国之乱被腰斩于西安东市。

⑱崔莺莺：是王实甫《西厢记》中塑造人物形象。

⑲冯京（1021—1094）：字当世，宋代鄂州江夏（今湖北武昌）人，北宋大臣。冯京参加州试，中解元；次年，冯京参加会试，中会元；再参加殿试，中状元。冯京连中三元，人们称他为“冯三元”。

⑳梁鸿：字伯鸾，扶风平陵（今陕西咸阳）人，生卒年不详。梁鸿有诗文集，惜失传。现存诗三首及文《安邱严平颂》。

㉑冯妇：人名，战国晋国人。见《孟子·尽心下》：“晋人有冯妇者，善搏虎。”

㉒吕布（？—199）：字奉先，五原郡九原县（今内蒙古包头市九原区麻池镇西北）人。东汉末年名将。曾先后为丁原、董卓的部将，也曾为袁术效力，被封为徐州牧，后在下邳被曹操击败处死。

㉓山涛（205—283）：字巨源，别号山司徒、山公，河内怀县（今河南武陟西）人，西晋大臣，“竹林七贤”之一。好老庄之学，与嵇康、阮籍等结交。年四十始出仕，曾任吏部尚书、尚书右仆射，领吏部10余年。

㉔岳飞（1103—1142）：字鹏举，相州汤阴（今河南省汤阴县）人。南宋时期抗金名将、军事家、民族英雄、诗人。

㉕第五伦：字伯鱼，京兆郡长陵县（今陕西省咸阳市泾阳县龙泉乡埝口五村）人。东汉时期大臣，田氏齐国的后代。

㉖孟浩然（689—740）：名浩，字浩然，号孟山人，襄州襄阳（现湖北襄阳）人，世称孟襄阳。是唐代著名的山水田园派诗人。

㉗杨朱：字子居，魏国（一说秦国）人，战国初期伟大的思想家、哲学家，道家杨朱学派的创始人。主张“贵己”、“重生”、“人人不损一毫”等思想。

㉘司马牛：即司马耕，一名犁，子姓，向氏，字子牛，向罗之子，司马桓之弟，孔子七十二弟子之一。春秋时宋国人。

㉙季任：任国国君之弟。见《孟子·告子下》："孟子居邹。季任为任处守，以币交，受之而不报。"

㉚冉有：冉氏，名求，字子有，通称冉有，鲁国人。冉求生性谦退，是孔门弟子中多才多艺的人，以擅长"政事"著称。

㉛泄柳：字子柳，春秋时鲁国人。见《孟子·公孙丑下》："泄柳、申详，无人乎缪公之侧，则不能安其身。"

㉜晋文：即晋文公，姓姬，名重耳，春秋时晋国国君，春秋五霸之一。曾勤王事于洛邑，败楚师于城濮，盟诸侯于践土，开创晋国长达百年的霸业。与齐桓公并称为"齐桓晋文"。

㉝长息：公明高的学生。见《孟子·万章》中："长息问于公明高曰：'舜往于田，则吾既得闻命矣。号泣于旻天，于父母，则吾不知也。'"

㉞绵驹：春秋时高唐人，有史记载的第一位民间歌唱家。他弟子众多，部分传唱作品被孔子收入《诗经》，可见其影响之大，被奉为"音神"。

㉟牧仲：人名。《孟子·万章下》有："孟献子，百乘之家也，有友五人焉：乐正裘，牧仲，其三人，则予忘之矣。"可见，牧仲为孟献子朋友之一。其事不详。

㊱孟施舍：人名，生卒年不详，传说中的一位勇士。据《公孙丑上》记载，孟施舍善养勇。

㊲告子：名不详，一说名不害。战国时期道家思想家，以主张"性无善无不善"的人性论而著称。《孟子》一书有《告子》篇，即指此人。

㊳易牙：又名狄牙、雍巫。春秋时期著名厨师，精于煎、熬、燔、炙，又是调味专家。齐桓公宠幸的近臣，被用为雍（雍，古文作饔，是早餐、晚餐的意思。）人。被厨师们奉为祖师。

一三九 《夹山格》《夹海格》《锦屏格》《滑头禅》

夹山格、夹海格、锦屏风、滑头禅。

以上四格名"翻条子"。另有《管见》一书，以字三翻而成，译之殊无佳趣。不若前之各格，可以生发智慧，快心爽目也。故止存其名而已。

一四〇 灯谜

灯谜本游戏小道，不过适兴而成。京师、淮扬于上元[①]灯篷用纸条预先写成，悬一纸糊长棚，上粘各种，每格必具，名曰“灯社”。聚观多人，名曰“打灯虎”。凡难猜之格，其条下亦书打得者赠某物，如笔墨、息香[②]、白扇之类。今此风已不炽[③]矣。

【注释】

①上元：俗以农历正月十五日为上元节，也叫元宵节。

②息香：即安息香，安息香树的树脂。

③炽：兴盛，流行。

一四一 酒令

酒令起于东汉，擒白波[①]贼如席卷，故酒席言之，以快人心，是以名酒令曰“卷曰〈白〉波”，又曰“快人心”。蔡宽夫《诗话》[②]：唐人饮酒，必为令以佐欢。乐〔天〕诗云“闲征雅令穷经史”。然细考唐人酒令，如沈亚之、令狐楚、顾非熊、张祐、卢发、姚岩杰、方干、李主簿、李昇、徐融辈所行令，非不佳，但皆寓诙谐讥刺。或片言投合，便结契好[③]；一语忤意，重至杀伤性命，轻亦损害功名。有乖佐欢快人心之旨，反为卷白波之争战杀伐矣，乌可乎[④]？即宋东坡与客以《易》卦为令，犹有“牛僧孺父子犯罪，先斩大畜，后斩小畜”之太露，翻不如“半夜生孩儿，不知是亥时，是子时？山上有明光，不知是日光，是月光”之巧而佳也。考《谰言》[⑤]所行，用古人一名一字，如纣名辛字受、伊尹名挚、屈原名平、曾皙名点、樊迟名须、刘季名邦、项羽名籍、枚叔名乘；又二名一字者，张九龄字寿、郑当时字庄；妇人名如男子者，蔡琰、薛涛、崔徽；美人连字名者，莺莺、好好、红红、赛赛之类。既有裨于风雅，复又与世无侮，取乐杯酒之间，何其适也。即“马援以马革裹尸，死而后已，李耳以李树为姓，生而知之”，“钼麑[⑥]触槐，死作木边之鬼，豫让[⑦]吞炭，终为山下之灰”，仙才佳令，绝无仅有，然可为知者道耳，使在座有一才不能敏者，即生忌嫉，而况才与不才者乎？犹记己丑春宵宴集，予有诗云："两夜五更三点尽，一堂二十四人欢。"乃举一令，各说子字，俱切一人。如瘸子、瞎子、秃子、聋子、叔子、婶子、兄子、妹子、蛮子、倭子⑧、表子⑨、鸨子之类，惟先圣、先贤、先儒、帝王、后妃俱不许道，余无避忌。其时列座文武雅俗，皆能应答如响，争奇角胜⑩。至令将穷之际，突出一意想不到者，举席大笑，诚快人心。次日又行食物以地得名者，因戒在座食素之人，不许乱及荤味，犯者倍罚，惟荤则不忌素。如蒙山茶、松萝茶、武夷茶、湘潭茶、霍山茶、阳羡茶、潞酒、浔酒、惠泉酒、易酒、沧酒、高邮皮酒、涞酒、福橘、青饼、关东鱼、建莲、太和烧、固始米、龙猪、台鲞、徽州山药、安肃菜、天目笋、广鸭、莱鸡、滁鲫、滦鲫、固鹅、镇江醋、川椒、胶枣、高邮蛋、西宁桃、宣栗、羌桃、松江莼、闽姜、金华火腿之类，不一而足，人皆称快。及行食物以人得名者，如东坡肉、眉公饼、杨妃乳、西施舌、诸葛菜、杜酒、张梨、耿饼、董糖、唐蹄、毕肚、娄包、伍蛋、罗酒，仅得十余种。题目稍难，应者即少，遂不若前二令之欢快也。于此可见当合众心为乐，不当以才自恃，不独不能佐欢，且或因此生怨，皆不可知。若举座尽属文人，旗鼓相当，又不可加以俗令也。

【注释】

①白波：即白波军，东汉农民起义军黄巾军的一支，因其起兵地点在西河白波谷，故称其为"白波军"。唐李匡乂《资暇集》卷下："饮酒之卷白波，义当何起？按，东汉既擒白波贼，戮之如卷席，故酒席仿之，以快人情气也。"

②蔡宽夫《诗话》：即蔡启，字宽夫，著有《诗话》。

③契好：相投，交好。

④乌可乎：中华书局本作"乌乎可"，上海古籍出版社本作"乌可乎"，从后者。

⑤《谰言》：一卷。周孔穿（生卒年不详）撰，清马国翰辑。孔穿字子高，孔子六世孙。曾和公孙龙会见于赵平原君家，与龙争辩坚白异同之论。

⑥钽麑：春秋时晋国力士。见《左传·宣公二年》："宣子骤谏，公患之，使钽麑贼之。晨往，寝门辟矣，盛服将朝，尚早，坐而假寐。麑退，叹

而言曰：‘不忘恭敬，民之主也。贼民之主，不忠。弃君之命，不信。有一于此，不如死也。’触槐而死。”

⑦豫让：生卒年不详，春秋末年晋国著名侠士。

⑧倭子：我国对日本人的俗称。

⑨表子：旧时对妓女的称呼，亦作“婊子”。

⑩角胜：较量胜负，决出胜负。

一四二　处州虎

西北人多强健，东南人多脆弱，地气使然，岂禽兽亦如是耶？余守处[①]八年，每民间送虎一只、二只，远邑送虎皮、虎骨者甚多，不闻某处某人为虎所伤。郡志有《日杀五虎记》，乃二大虎三小虎入城，尽遭营兵枪矢而毙。家人金寿曾于缙云县夜行，持红灯笼缓步山腰。远望若灯三四盏，就之颇近，方知为虎双目，惊倒山崖，人与红灯辗转滚下。两虎不知何物，咆哮一声，曳尾而奔。此不独力怯，更心虚矣。

【注释】

①守处：作处州的太守。太守，清知府的别称。处州，今浙江丽水市的古称。

一四三　徐州鼠

东坡云：“养猫以捕鼠，不可以无鼠而养不捕之猫。蓄犬以防奸，不可以无奸而蓄不吠之犬。”庐陵罗景纶[①]谓：“不捕犹可也，不捕鼠而捕鸡则甚矣。不吠犹可也，不吠盗而吠主则甚矣。疾视正人，必欲尽击去之，非捕鸡乎！委心权要，使天子孤立，非吠主乎！”予按，徐州产鼠一种，较鼠形差小[②]，遇猫则以嘴扭其鼻，猫伏不能动，是以下犯上矣。大逆不道，可与枭獍[③]同科。

【注释】

①庐陵罗景纶：即罗大经（1196—1252），字景纶，号儒林，又号鹤

林，南宋吉州吉水（今江西省吉水县）人。宝庆二年（1226）进士，历仕容州法曹、辰州判官、抚州推官。著有《易解》《鹤林玉露》等书。

②差小：略小。

③枭獍：枭和獍，常比喻凶残狠毒、无情无义之人。枭，食母的恶鸟。獍，食父的恶兽。

一四四　小人

壬午闱[①]中监试，副者南赣徐副使欐[②]，中秋后无事，闲谈赣州有小人国之小人，急差人取到，其人高二尺六寸，耳目俱瘦小。假父[③]仗此为生，往来看者给以钱米，呼其假父曰“爹”。见官长即屈一膝，曰：“老爷安。”此假父教之者。声音类鸟雀，不甚了了[④]。一应水火饮食之类，假父能辨〈办〉之。据云泛海商人带至者，今十二年矣。时主考侍御刘豹南子章[⑤]，睨视良久曰：“一团阴气，信为外国人也。”

【注释】

①闱：科举时代对试院的称呼。

②徐副使欐：徐欐，清官员，曾任顺宁府知府、浙江布政使等。副使，即副主考。

③假父：义父、养父。

④了了：清楚。

⑤刘豹南子章：即刘子章（1655—1707），字道闇，别号豹南。字暗然，清朝贵州贵筑（今贵阳市）人。康熙二十年（1681）举人。历任玉屏教谕、镇远教授、襄城知县、浙江道员、山西道员、监察御史、江西乡试正考官等。著有《同声堂文集》《豹南诗集》《又忆录》等。

一四五　大力

幼时闻前辈闲谈，蒙古中力大者无如把都鲁张。京师煤车一马前导，一骡驾辕，两马左右骖，盛行时，张于车后只手挽住，四骑步不能移。又，与友人戏，友负檐柱而蹲，张拔檐柱，以足踏其襟，塞柱脚下。友苦口乞求，仍将柱拔起，襟始出，屋瓦不为稍动，张亦不面赤气喘。又与力之稍次者戏，张只手挽次者之腰带，张前曳[①]，次后却，带忽中断，两人俱跌，为之大笑。王府前石狮子少有歪邪，张左右摆设如持一砖块然，使正而后已。

【注释】

①曳：拉，牵引。

一四六　王达官

扈护卫坦，从其至戚任所[①]携千金装归京师，为剽者觇知[②]。四骑踪迹，或前或后，得隙便剽劫之。晚投客邸[③]，店门相对，仅隔一街。护卫四人诧异，心甚恐，谓其亲随王达官曰："彼非善类，将不利于吾。"盖知王勇而捷，足以了[④]之也。王曰："诺。当善驱之。"乃持银巨锭，直入四人寓，呼其店主人曰："吾寓中无大剪，敢借一用。"主人见其汹汹状，不敢不与。王以银付主人剪，逾时不稍动。王笑曰："何懦也！"以银入剪口，持向己胫骨上，两击而银开，眉不稍皱。四人吐舌，惊惧逸去。护卫闻汾阳有名妓，至其地欲一物色之。妓为豪者独霸，等闲[⑤]不得出。护卫计赂其鸨母[⑥]，私载之来。妓方与护卫饮狎，豪者窃知之，纠此方素能斗者十数人入其寓，欲生夺妓而辱护卫，声哄户外。妓大泣曰："奈何害我。"王曰："无恐，吾视若辈如拉朽[⑦]耳。"出户，诸来者棍棒交下。王先以左臂承之，皆辟易[⑧]，其右臂亦然。既而以脚拨其下，众皆随脚而倒，尽披靡奔散。王亦不追，阖户而寝。妓谓护卫曰："明晨必大兴复仇之举矣。"王笑而不答。诘旦[⑨]，一妇年可廿七八，娉娉婷婷[⑩]而入护卫之寓，曰："昨者为谁，乃敢败吾诸弟子耶？"王视之，私行自忖[⑪]，此娘子军亦能复仇耶，应声而出，曰："惟某。"妇曰："他不足怪，独此下一路乃吾家秘传，不轻示人。汝从何得之？汝师为谁？"王曰："吾师某某。"妇闻，大恸哭失声。既而曰："此吾叔也。叔无嗣，恐失传，故传吾。昨诸弟子言其状，吾不信有此，今果然乎！"遂与王约比势[⑫]，观者如堵。走数十回环，手足作势，各不相下，点首称善，乃互拜，结为异姓兄妹而别。

【注释】

①任所：任职的地方。

②觇知：暗中了解。

③客邸：旅店。

④了：结束，解决。

⑤等闲：平时，平常。

⑥鸨母：古时指开妓院的老板娘。

⑦拉朽：像摧折朽木一样，比喻不费力气。

⑧辟易：此处为断裂义。

⑨诘旦：见“六〇 记三人”条注。

⑩娉娉婷婷：形容女子姿态美丽。

⑪忖：思量，揣测。

⑫比势：切磋武艺。

一四七　大饭量

漕运总督屈公进美[①]，前为广西抚军。先君谪南宁司马时，曾为属下。后回京，先祖治席相邀，一到先设猪首一、熟鹅一、馒首廿个，食完然后入席。诸客尚在拱让，而此公之十二器中，已荡然无余矣。夜深复以方物[②]侑酒[③]。屈大言：“此物只可塞牙缝。”更进鸡子三十枚，始散。

【注释】

①屈公进美：即屈进美，也作屈尽美，清朝官员，曾任广西抚军、广西巡抚、广西总督、漕运总督等。

②方物：土产。

③侑酒：为饮酒者助兴。

一四八　豪饮

提学刘副使公琬琰[①]，时同官豫章[②]，招集僚友，见正席外旁列三几，皆陈列酒器，大小毕具，中有最大一瓢，可容十升。予笑曰："此盛酒罂[③]，非饮酒杯也。"公琬曰："君未见饮此巨觥也耶，谚云：'主不吃，客不饮。'吾请先自饮，以博诸君一粲。"立呼酒至，满此瓢，两手捧饮，座客皆立视。时优人正演《西厢》杂剧，亦惊骇停拍。未几，徐徐而尽。其扮红娘者，所持折叠扇，不觉坠地。吹合诸人，咸住箫管。公琬置瓢几上，无异未饮时。予曰："君复能饮此瓢乎？"公琬曰："吾今为主宴客，当留量相陪，乌可先醉？"予曰："今日如此痛饮，明日尚能再饮，不作病酒[④]状乎？"公琬曰："君知千里马乎？今日而千里矣，倘明日足茧[⑤]，不能千里，是乌得名千里马耶？饮酒亦若是耳。"此言虽小，可以喻大。

【注释】

①刘副使公琬琰：即刘琰（1651—1711），字公琬，号介庵，又称黄山先生。今阳谷城东八里营村人。康熙年间，因康熙皇帝爱其学识渊博，才华出众，便召进翰林院，参与国史撰修，并让其专门教导皇子胤禛（即后来的雍正皇帝）读书。曾任翰林院检讨、江宁知府、提督江西学道等职，居官清廉义不苟取，贫困终生。副使，此处即提督学道的省称。

②豫章：豫章，汉朝至唐朝的行政区划名，这里是对南昌的古称。

③酒罂：古时大腹小口的盛酒器。

④病酒：饮酒大醉。

⑤足茧：脚掌因摩擦而生出的硬皮，比喻辛劳跋涉。

一四九 貌相似

孔子貌似阳虎[①]，今人亦有面目相似者。湖北董开府国兴[②]，与浙江赵藩司良璧[③]相似，俱旗籍人。西川王观察瑛[④]，与松江芮别驾钰[⑤]相似，俱宝坻人。诸公与寒家[⑥]俱有瓜葛，乍见颇觉恍惚，细认方知为某某。

【注释】

①阳虎：字货，春秋鲁人，生卒年不详，为季氏家臣。

②董开府国兴：即董国兴，清朝官员，于1682至1683年担任福建巡抚。开府，见"一七张公伯行"条注。

③赵藩司良璧：即赵良璧，汉军镶黄旗人，康熙八年（1669）由荫生任山西徐沟县知县，康熙三十四年（1695年）任四川按察使，康熙三十八年（1699）任浙江等处承宣布政使司布政使。藩司，清代对布政使的别称。

④王观察瑛：即王瑛，祖籍山东蓬莱，曾任登州府道员。观察，清代对道员（道台）的雅称。

⑤芮别驾钰：即芮钰，清朝官员，松江人，曾任通判。别驾，清代对通判的别称。

⑥寒家：见“四八同学三人”条注。

一五〇　雅谑

先君与刘公斗[①]、曹公邦[②]同为部属。一日并马而行，曹向刘曰：“君马何其肥也，两股真如柳斗[③]。”刘笑曰：“可恨他近来不食草料，只啃槽帮[④]。”相与大笑，可为雅谑。刘后为浙闽总制[⑤]，曹降阜城知县。

【注释】

①刘公斗：即刘斗，字耀薇，直隶清苑（今河北省清苑县）人，汉军正白旗，先在兵部、宗人府任职，后任国史院学士、甘肃巡抚、福建总督等职，为清初重臣。

②曹公邦：即曹邦，字伃清，咸宁里人，归内务府正蓝旗。顺治十八年（1661）任员外郎，康熙元年（1662）降为湖广慈利知县，九年（1670）迁直隶阜城知县。

③柳斗：六条编成的一种半球形容器。

④槽帮：用来盛饲料喂牲畜的器具的周围部分。

⑤总制：即总督。

一五一　戏谑

“善戏谑兮，不为虐兮”，卫人美武公之诗也。戏谑，上古已有，苟能善焉，斯不为虐耳。宗黄老[①]者尚清谈，弄文翰者事滑稽，大率寓谑浪于风雅者居多，是亦一善也。逮至后世，有君命臣[2]相谑者。长孙无忌[3]嘲欧阳询[4]曰："耸膊成山字，埋肩不出头，谁令麟阁上，画此一猕猴。"询应声答曰："缩头连背暖，漫裆畏肚寒，只缘心浑浑，所以面团团。"太宗笑曰："询殊不畏皇后闻耶？"有以姓相谑者。尤延之[5]为太常卿，杨诚斋[6]为秘书监。一日尤诵一句属杨对，曰："杨氏为我。"诚斋答曰："尤物移人。"又，狄梁公[7]戏同官卢献[8]曰："足下配马乃作驴[9]。"卢曰："中劈明公乃成二犬。"狄曰："'狄'字犬傍火也。"卢曰："犬边有火，是煮熟的狗。"有以身体形像相谑者。虞僧儒、许灵长、俞瞻白偶集[10]。俞多髯，许秃头，时有"辣梨[11]"之诮。许嘲俞曰："胡子贩松毛，终朝卖嘴。"俞未及答。虞遽代应曰："辣梨种芋艿[12]，镇日[13]埋头。"又，两人一长一短，长嘲短曰："居乌在？方寸之木，足以有容也。或从其小体，必也射乎？"短嘲长曰："死之日无所取材，工师得大木以为能胜其任也。及至葬，壤地褊小，举而委之于壑，鱼鳖不可胜食也。"有以名相谑者。方千里[14]与张更生[15]共饮，方举令戏曰："古人是刘更生，今人是张更生，手执一卷《金刚经》，问尔是胎生、卵生、湿生、化生？"张答曰："古人是马千里，今人是方千里，手执一卷《刑法志》，问尔是三千里、二千里、一千里？"有以集书缩脚嘲人者。嘲阙[16]唇曰："多闻疑，多见殆，吾犹及史之，君子于其所不知，盖[17]。"嘲聋耳曰："见在田，飞在天，时乘六以御天，确乎其不可拔，潜[18]。"嘲一老翁绰号土地，曰："入其疆辟，入其疆芜，诸侯之宝三，敌人之所欲者，吾[19]。"嘲一文士名达，曰："在邦必，在家必，小人下，不成章不。"[20]皆用经书成语，而末句尤奇。有僧俗相谑者。东坡戏佛印曰："时闻啄木鸟，疑是打门僧。鸟宿池边树，僧敲月下门。古人以鸟对僧，自有深意。"佛印笑曰："所以老僧得对学士。"有兄弟相谑者。韩浦、韩洎能为文，洎常轻浦曰："吾兄为文如绳枢草舍，聊蔽风雨而已。予之文，造五凤楼手也。"浦闻作诗寄洎曰："十样鸾笺出益州，寄来新自浣花头，老兄得此全无用，助尔添修五凤楼。"有兄妹相谑者。东坡嘲小妹云："莲步未移香阁内，额头先到画堂前。"妹答云："满面不知口何处，忽听毛里一声雷。"有夫妇相戏者。秦少游[21]乔妆戏小妹云："愿小姐身如药树，百病不生。"小妹答曰："任道人口吐莲花，半文无舍。"此皆戏谑之善者也。明时竟有父子戏谑者。一父进士官太守，致仕家居。其子孝廉，谒选得某郡别驾。父诫之曰："尔素诙谐，利口伤人，今居官矣，须痛改焉。”子揖而对曰：“堂翁吩咐得极是，晚生领教。”是子戏其父矣。更有父为宰辅，子尚诸生，一日父至书馆，子他出。问馆童，知子为狭邪[22]之游。乃书其壁曰：“昨日柳巷〈巷〉，今日花街，焚膏继晷，秀才秀才。”子归见之，即写一笺达其父：“昨日暴雨，今日狂风，阴阳燮理[23]，相公相公[24]。”是子讽其父矣。又一老儒有二子，长诸生，次孝廉。父与次弈，长从旁观局。老儒曰：“此非秀才家所为之事。”长惭甚，弃家入山寺，读书二年，亦膺[25]乡荐。榜下，其父已卒。归来一痛后，抚棺大言曰：“何不少待，对坐下一盘棋也好。”是子诘其父矣。戏之与讽、与诘俱不可并，记之以为文人之戒。

【注释】

①黄老：即黄老学说或黄老教派。“黄”，指黄帝学派始祖黄帝。“老”，指道家学派始祖老子。

②命臣：朝廷大臣。

③长孙无忌（594—659）：字辅机，河南洛阳人，唐初宰相、外戚。

④欧阳询（557—641）：字信本，潭州临湘（今湖南长沙）人，楷书四大家（欧阳询、颜真卿、柳公权、赵孟頫）之一。隋时官太常博士，唐时封为太子率更令。与同代另三位（虞世南、褚遂良、薛稷）。

⑤尤延之：即尤袤（mào）（1127—1194），字延之，小字季长，号遂初居士，晚号乐溪、木石老逸民，常州无锡（今江苏省无锡市）人。南宋著名诗人、大臣、藏书家。

⑥杨诚斋：即杨万里（1127—1206），字廷秀，号诚斋。吉州吉水（今江西省吉水县黄桥镇湴塘村）人。南宋著名诗人、大臣，与陆游、尤袤、范成大并称为“中兴四大诗人”。因宋光宗曾为其亲书“诚斋”二字，故学者称其为“诚斋先生”。著有《诚斋集》等。

⑦狄梁公：即唐名臣狄仁杰（630—700），字怀英，并州太原（今山西太原）人。狄仁杰早年考中明经科，历任汴州判佐、并州都督府法曹、大理丞、侍御史、度支郎中、宁州刺史、冬官侍郎、文昌右丞、豫州刺史等，以不畏权贵著称。死后追赠司空、梁国公，故称“狄梁公”。

⑧卢献（632—?）：字子尚，号文政，范阳涿（今河北涿州市）人。武后时进士，历任鸾台侍郎、文昌阁大学士、太子少保等。

⑨驴：此字繁体作“驢”，“卢献”之“卢”繁体作“盧”，故曰“足下配马乃作驴”。

⑩偶集：偶然相聚。

⑪辣梨：枞阳大萝卜相传被乾隆皇帝封为“辣梨”。

⑫芋艿：大芋头。

⑬镇日：整天。

⑭方千里：生卒年均不详，北宋孝宗时人，信安人。曾官舒州签判。

⑮张更生：宋朝人，其他不详。

⑯阙：古同“阙”。

⑰盖：即上文所言“缩脚”，“盖阙如”之省。

⑱潜：即上文所言“缩脚”，“潜龙勿用”之省。“龙”“聋”谐音。

⑲吾：即上文所言“缩脚”，“（狄人之所欲者，）吾土地也”之省。

⑳每个分句皆省略一“达”字。《论语·颜渊》有：“在邦必达，在家必达。”

㉑秦少游（1049—1100）：名观，字太虚、少游，号淮海居士，扬州高邮人。宋代词人。北宋元丰八年（1085）进士，授定海主簿，历任蔡州教授、秘书省正字、杭州通判、处州监酒税等。著有《淮海集》《淮海词》《劝善录》《逆旅集》等。

㉒狭邪：妓院。

㉓燮理：调理。

㉔相公：“像公”，即“像父亲大人”义。

㉕膺：接受。

一五二　贵能自决

明末浙东冯宦，曾为某省抚军，予告[①]家居，适遭国变，城破，登楼欲投缳[②]尽节。其子及家人环绕而泣，遂偷生投顺[③]。其后愧悔悲号，不食，三月而卒。倘死于三月之前，岂不完名全节！此子陷亲于不义，可为大不孝，家人亦不忠也。先岳李公迎春[④]为广西方伯，同城孙延龄[⑤]反，其妇孔四贞，即定南王之女，逼李公使降。李公骂不绝口，欲拔佩刀自刎。家人邵六再三劝阻，且曰："阳[⑥]为从顺，以待天兵可也。"李公为其所愚。后孙孔夫妇疑公两端，遂被害。此邵六陷主不义，真为可恨。所以大丈夫临大节，贵能自决，不为人所移。

【注释】

①予告：见"一三私谥"条注。

②缳：绳套。

③投顺：投降归顺。

④李公迎春：即李迎春，曾任广西布政使。

⑤孙延龄（？—1677）：汉军正红旗人，清初将领，"三藩之乱"中的叛将。

⑥阳：古同"佯"，假装。

一五三　公冶夫人

广平冀公冶如锡[①]，年五十无子。夫人妒而有才，素不孕，不惟不容纳妾，即婢子[②]必择奇丑者。公冶无奈，亦甘心听之矣。其弟如珪有三子，欲以一嗣。公冶悉以所晰家产，并历任宦囊[③]，咸付其弟董理[④]。而弟妇忻忻[⑤]以为得计，更逆料兄嫂之无他也。初，公冶由司道内升京卿，便道抵家。将进都，治备仪物以足馈遗，属其弟检点，盖历任所得羡余，久已续运于家矣。其弟与妇在室私语，夫人偶过窗外，闻弟妇詈[⑥]其夫曰："礼物何须过多，此皆已到我手之物，好留我的子孙受享，又与老绝户[⑦]何为?"夫人骇然自言："老绝户一语，实伤我心。"泣暗下，隐而不发。趋公冶束装先赴京卿任，行后，夫人乃诣村庄，遍觅女之丰厚强壮者，得五人。亲送至京。公冶方与客叶戏[⑧]，闻夫人至，大惊，叶半堕地。急见夫人曰："胡为乎来?"夫人曰："吾为君送妾来也。此居湫隘[⑨]，亟易之。"乃出金为税大宅而居。公冶喜出望外，不解其故，然亦不敢问也。夫人乃详审五女癸水[⑩]之期，以次第侍寝。其不侍者，留伴夫人。未期年，皆受孕。逾岁生子二、女三。又期年，生二子。未几，历进秩兵部左侍郎。夫人辞归，公冶苦留不得，乃曰："君留二子一女，以娱朝夕，吾携二子二女归家，且与二叔算帐耳。”始明言所以娶妾之故，为“老绝户”一语也。抵家，悉以曩[11]寄如珪产业宦橐，按籍取赵[12]。如珪夫妇方悔失言。后如珪三子皆殇，竟绝嗣，转得公冶之子嗣之。信乎！存心不善，神鬼共殛[13]之。

【注释】

①冀公冶如锡：即冀如锡，字公冶，一字熔我，直隶永年（今河北省永年县）人。清顺治四年（1647）进士，授刑部主事，历任刑部员外郎、刑部郎中、襄阳知府、河东盐运使、河南布政司参政、浙江按察使、太常寺卿、通政司通政使、工部右侍郎、工部左侍郎、兵部左侍郎、都察院左都御史、工部尚书等职。

②婢子：使女。

③宦囊：做官时的积蓄。

④董理：监督管理。

⑤忻忻：得意的样子。

⑥詈：骂，责骂。

⑦老绝户：对膝下无子或有女无子夫妇的戏称，此处义为前者。

⑧叶戏：即叶子戏，一种古老的中国纸牌博戏，类似于升官图，兼用骰子掷玩，最早出现于汉代，是世界可考的最早的扑克牌雏形。

⑨湫隘：低洼狭小。

⑩癸水：妇女月经的别称。

⑪曩：从前。

⑫取赵：拿回来义。“赵”当为“完璧归赵”“归赵”“返赵”一类词的省称。

⑬殛：诛杀。

一五四　薄幸之报

四川己酉乡试后，孝廉数人，结伴公车[①]，过陕境，内一少年留宿狭邪[②]，以假银给之。次日北上，自觉于心不安。入闱[③]，恍惚见妓，不终场而罢。归途复经前处，邻人告曰：“自君行后，妓以银付鸨母。母识假银，怒而扑之，身无完肤。妓泣曰：‘命薄至此，何以生为？’夜即投缳死矣。”孝廉闻之，不胜愧悔。后拣选县令，未任而殂。人以为薄幸[④]之报云。

【注释】

①公车：见“八四蔡昆阳二事”条注。

②狭邪：见“一五一戏谑”条注。

③闱：见“一四四小人”条注。

④薄幸：薄情，负心。

一五五　诓骗之报

妓女无良，人尽知之。至其肆恶设骗，未闻有果报[①]者。秦妓莺娇，与一太学生狎，往来甚密。娇许盐商从良[②]，行有日[③]矣。生尚未知。娇过生寓，绐[④]曰：“有急需，贷君四两五钱，三日即偿，或荐寝[⑤]，或奉赵[⑥]，决不愆期[⑦]。”生即如数付之，不知娇之诓[⑧]已也。越期不至，往询之，业已从商远飏[⑨]。生付之一笑而已。年余，生夜梦娇衣红衣，腰系白巾，蹙容前拜曰：“来偿君债。”惊醒。天曙，家僮报曰：“栅中牛产一犊。”生心动，往视，犊浑身赤色，环腰白毛一线。生颔之。后生出游二年，归问犊何在，家人曰：“主母已售之矣。”闻价若干，曰：“四两五钱”。生悚然，明告家人始末，传之远近，骇人听闻。可见设心诓骗，虽下贱如娼妓，犹不可为，况其他乎？

【注释】

①果报：因果报应。

②从良：指妓女脱离卖身生活。

③有日：有日期，不久。

④绐：同“诒”，欺骗。

⑤荐寝：进献枕席。侍寝的代称。

⑥奉赵：比喻物归原主。源自“完璧归赵”。

⑦愆期：超过期限。

⑧诓：欺骗。

⑨远飏：跑到远方。

一五六　优容杀人

某侍御乡居，一日赴友招，薄暮归家，遇市儿醉立中途。从者令少避，市儿怒曰："吾与若桑梓[①]也，曷避为？"从者叱之，市儿大怒，秽言肆詈。侍御令舆者纡道[②]速归。市儿随其舆，且行且詈。逮至门，侍御令阍者[③]亟扃[④]其户。市儿持瓦砾击门而詈。邻人见之，力劝始去。从者跪请于侍御曰："彼小人敢犯若此，请送诸官以法治之。"侍御曰："彼非詈我也。"从者曰："彼且直呼名焉。"侍御曰："世岂无同名者乎？"一笑而罢。次日遣其子若弟诣市儿家，曲致殷勤，为谢罪状。越日复以酒肉遗之。未期年，市儿以殴人致罪，问死下狱。侍御复令人赍酒食于狱中视之。市儿大呼曰："某公杀我！"狱吏及卒惊询其故，市儿曰："曩者，予以酒后犯公，公于是时以官法处我，我当知惧，惧而悔焉，岂有今日。公乃不加责，而反慰惠交至[⑤]，予以公尚如此，他何惧哉！是以益肆无忌，殴人致死。则今日之死，谓非公之杀我而谁与？"噫，优容[⑥]，盛德也，不加责而纵成其恶则过矣！《传》曰"多行不义必自毙"，又曰"无庸将自及"，故《书》曰"克诛其心"也。此市儿之死，侍御克之也。君子之待小人，优容可也，优容而克之，不可也。

【注释】

①桑梓：古代常在家屋旁栽种桑树和梓树。后常以"桑梓"借指故乡或乡亲父老。

②纡道：绕道。

③阍者：同"阍人"，见"五四家人索贿"条注。

④扃：关闭。

⑤慰惠交至：问候、给财物接连而来。

⑥优容：宽待、宽容。

⑦克：杀。

一五七　先兆

甘忠果公文焜[①]，以云贵总督进京升见，时吴逆[②]反情已露，特命回滇。

过邯郸，先君为广平太守，接见。其四公子随行。甘公云：“闻公有四女贤淑，与此子结为婚姻何如”？先君答曰：“俟定乱复命后，议未迟也。”甘公谆恳再三，即取鱼袋[③]中钦赐金镵[④]一枝为定。先君归向宾客曰：“此兵器也，乌可为聘，恐儿女俱非佳兆。”三桂反，甘公率四公子同尽节于吉祥寺，而四妹不久亦亡。人服先君先见之明云。

【注释】

①甘忠果公文焜：即甘文焜（1632—1673），字炳如，汉军正蓝旗人，清初将领，祖籍丰城（今江西丰城），后迁至沈阳（今辽宁沈阳）。初以官学生任兵部笔帖式。历任直隶巡抚、云贵总督。康熙十二年（1673），吴三桂反叛，甘文焜不从叛而死，后追谥忠果。

②吴逆：对谋反的吴三桂的蔑称。

③鱼袋：唐代五品以上官员发给鱼符，上刻官吏姓名，以为凭信，因为装在袋内，故称“鱼袋”。后沿用其名。

④金镵：金属锐器，类似箭头。

一五八　爱亲作亲

二孙永鐄，随其父母暂寓涿鹿。有贵公子求亲佟府者，拉之陪往。佟公夫妇一见永鐄，曰：“此真吾壻也。”不愿〈顾〉贵公子，即商之垓[①]儿夫妇。垓云：“上有尊长，未敢自专，且如贵公子何？”一日，垓妇他往，过佟府。佟夫人拥之入，拉谓其女曰：“此尔姑[②]也，亟拜见。”垓妇见佟女端庄幽静，爱之，遂驰报老母。老母曰：“此天缘，非人谋，正俗云‘爱亲作亲’者是也。”即烦亲友作合。今则夫妇和好，儿女成行矣。此事颇类传奇，附记之。

【注释】

①垓：人名。指刘永鐄父，刘廷玑子。

②姑：此处为“婆婆”义。

一五九　居官不宜刻

先外祖马勤僖公之先[①]，以大司马大中丞总制三边陕川。居官清正严明，一时倚重，但性情稍偏，未免失之于刻[②]。卒后恩赐祭葬，荫一子入监。因乏嗣，有辜盛典。先后螟蛉[③]二子，亦各无后，人以为奇。堪舆家[④]言："此必卜葬于绝地也，即如禅和家[⑤]埋骨不吉，其门徒亦不能继，何况大人？"此说更属荒唐。然居官或刻，则有伤天和，亦所忌也。

【注释】

①马勤僖公之先：马之先（？—1657），辽东金州卫（今辽宁大连）人，汉军镶蓝旗，清初官员，官至宣大总督、川陕总督，加兵部尚书衔，卒谥勤僖。

②刻：不厚道。

③螟蛉：即养子。蜾蠃常捕捉螟蛉来饲养其子，古人误以为蜾蠃养螟蛉为己子，后因称养子为"螟蛉"。

④堪舆家：即风水先生，以相地看风水为职业者。

⑤禅和家：参禅的一类人。

一六〇　莲开并蒂

张遂宁先生鹏翮[①]，以宫保尚书总督河道，驻淮安清江浦。行署之西有大方池，莲最盛，忽开并蒂数茎，莲房颇大。先生宴集僚属，赋诗写图，以纪其事。时封翁太先生[②]在署，年正八旬。先生与夫人结发齐眉[③]，介弟[④]三人，二公子暨孙辈，俱欢聚一堂，人以为佳兆云。先生为予荐师，其不称夫子而称先生者，先生教以当如是也。

【注释】

①张遂宁先生鹏翮：即张鹏翮（1649—1725），字运青，号宽宇、信阳子，四川潼川州遂宁县黑柏沟（今属四川省遂宁市蓬溪县）人。清代名臣、治河专家。工诗善文，著有《冰雪堂稿》《如意堂稿》《信阳子卓录》《奉使俄罗斯行程纪略》《治河全书》等。

②封翁太先生：封翁，封建时代因子孙显贵而受封典的人。太先生，称父亲的老师。

③结发齐眉：结发，我国古时新人在洞房之夜，各剪下一绺头发，绾在

一起，作为永结同心的信物，称为“结发”，后比喻原配夫妻。齐眉，即“举案齐眉”，指夫妻间相互尊敬。

④介弟：对他人弟弟的敬称。

一六一　关夫子

遂宁先生[①]平生极敬关夫子[②]，极慕诸葛武侯之人品学问。《关帝集》有《志》《书》二本，《武侯集》有《忠武志》八册，俱考订详明，可法可传。总河行署川堂后有厅事[③]三楹，南面供奉关帝像，旁周将军持刀侍立。西面设几案，遂宁先生端坐办理公务。幕中无一友，一应案牍俱系亲裁。有时集寮属商略，稍有私曲[④]，即拱手曰：“关夫子在上监察无遗，岂敢徇隐[⑤]。”间有以密语干渎[⑥]者，即曰：“周将军刀锋甚利，尔独不惧耶？”

【注释】

①遂宁先生：见“一六〇 莲开并蒂”条注。

②关夫子：见“八七志在春秋”条注。

③厅事：官署视事问案的厅堂。

④私曲：徇私，不公正。

⑤徇隐：徇私隐瞒。

⑥干渎：无礼冒犯。

一六二　牡丹

江西观察韩敬一象起[①]，署中牡丹九月上旬大放数朵，不减春时，惟叶不甚茂耳。同事诸公分韵赋诗，宴集者十日。敬一性喜繁华而不能久，且暮年无子，人亦以为先兆云。

【注释】

①江西观察韩敬一象起：即韩象起，字敬一，曾任江西道员。观察，清朝对道员的雅称。

一六三 四方风气不同

余守括州[①]，时十二月下旬杂花作蕊，梅花盛开。《立春》诗有“插瓶花影一蜂过”之句，同人[②]以为太蚤[③]，岂知四方风气不同，无足为异。至温州，十月小春，桃花、杜鹃山凹如火，则蚤而又蚤矣。

【注释】

①括州：即处州，隋唐以来，两名更迭颇繁。今为浙江丽水。

②同人：同在一个部门工作的人，又作“同仁”。

③蚤：通“早”。

一六四 西溪香国

武林[①]梅花最盛，惟西溪更为幽绝。小河曲邃，仅容两小舟并行。舟可五六人，一坐宾客，一载酒具茶灶。深极处香风习习，落英沾人衣袂。所持酒盏茶瓯中，飘入香雪，沁人齿颊。觉姑苏[②]元墓、邓尉[③]，犹当让一头地[④]也。种花人本为射利[⑤]，而爱花人各具性情，春光成就，能两得之。抵岸有一道院，院中古梅二株，不知其几何年矣。一红一白，枝干交互，屈曲盘错，亦莫辨其何树为红，何树为白。横枝如磴[⑥]，可以登陟。予上至颠，则树顶广阔平衍，上设竹榻一具。予乃趺坐[⑦]高卧，清味透人肌骨，别是一番境界，真香国也。

【注释】

①武林：见“一二八小曲”条注。

②姑苏：地名，苏州的别称。

③元墓、邓尉：元墓为晋代毒州刺史郁泰元葬地，因名元墓，在苏州市西南约30公里的光福镇。此地汉代时邓禹（2—58）晚年隐居于此，字仲华，官至太尉，故称为邓尉。元墓和邓尉隐居地为我国最早的探梅胜地。

④一头地：一着，一步。

⑤射利：谋利，赚钱。

⑥磴：石头台阶。

⑦趺坐：两脚盘腿而坐。

一六五　绣球

绣球[①]一名雪球，一名玉团，旧皆木本大树。近以通洋，自洋载至中国者，名洋绣球，草本也。其花初放小蕊，黄色，成球始白，将败则紫，开最长久，惟畏日耳。截枝插地，避阴易活。

【注释】

①绣球：花名。落叶灌木，叶青色。夏季开花，成五瓣，簇聚呈球形，色白或淡红，甚美丽，为著名观赏植物。

一六六　烟草

烟草名淡巴菰[①]，见于《分甘余话》[②]，而新城又本之姚旅《露书》[③]。产吕宋[④]。关外人相传本于高丽国，其妃死，国王哭之恸，夜梦妃告曰："冢生一卉，名曰烟草。"细言其状，采之焙干，以火燃之而吸其烟，则可止悲，亦忘忧之类也。王如言，采得，遂传其种。今则遍天下皆有矣。其在外国者名"发丝"，在闽者名"建烟"，最佳者名"盖露"，各因地得名。如石马、余〈佘〉塘、浦城、济宁"干丝、油丝"，有以香拌入者名"香烟"，以兰花子拌入者名"兰花烟"。至各州县，本地无名者甚多。始犹间有吸之者，而此日之黄童[⑤]白叟，闺帏妇女，无不吸之，十居其八，且时刻不能离矣。谚云"开门七件事"，今且增烟而八矣。更有鼻烟一种，以烟杂香物花露，研细末，嗅入鼻中，可以驱寒冷，治头眩，开鼻塞，毋烦烟火，其品高逸，然不似烟草之广且众也。

【注释】

①淡巴菰：英语 tobacco（烟草）的汉语音译。

②《分甘余话》：清代王士祯所撰。是一部记录作者见闻和谈学问的笔记，全书共四卷，记叙内容极为广泛，对典章制度、社会风俗、诗歌品评、

前人著述、字义辨析、地方物产以及治病验方都有所涉及。

③姚旅《露书》：《露书》是明代姚旅所撰的一部笔记，共分十四卷。因其杂举经传，旁证俗说，取名东汉王仲任所谓“口务明言，笔务露文”之意而名《露书》。姚旅，初名鼎梅，字园客，福建莆田人。

④吕宋：古国名。即今菲律宾群岛中的吕宋岛。宋元以来，中国商船常到此贸易，明清时称之为吕宋。

⑤黄童：幼童。因幼童发略显黄色，故名。

一六七 辨宝石法

门人尹半檐[①]在商丘宋太宰座次，人有以宝石呈售者，太宰命别真赝[②]。半檐取视，太宰哂[③]曰：“辨琥珀用鼻，辨宝石用舌。”盖宝原从石出，尚具锋稜，其性带凉，舌舔便觉，不似假者之温而滑也。予旋命取试，信然。又，大家闺阁欲试珠之真假，贯之以线，真者一泻无停，假者颇涩，迟迟方下。以真者质重，而假则质轻耳。志之亦可为博古者一助。

【注释】

①尹半檐：见“九五用古人句”条注。

②真赝：真假。

③哂：嘲笑。

一六八 姥姥坟

京城西便门外二十里诸葛庄南，土人名姥姥坟，乃明朝葬宫人处也。冢固累累，碑亦林立，文皆“奉皇太后或皇后懿旨[①]，谕祭[②]翼圣夫人，或赞圣夫人、奉圣夫人”之类。文更典雅，皆出司礼监太监手笔。守坟老妪尚能言其所以。每于风雨之夜，或现形，或作声，幽魂不散。余题诗有“莫怨当时恩厚薄，十三陵上亦斜阳”之句。地震后，碑俱倒仆，将来自化为乌有矣。

【注释】

①懿旨：古时对皇太后或皇后诏令的称呼。

②谕祭：此处指皇太后或皇后祭祀宫女。

一六九　同审

余守处郡，赴杭值季[①]。时制府王公骘[②]、廉使卞公永誉[③]，于十二月廿七日获海贼九十八名，即日审明入告，廉使传予同审。臬署[④]即岳武穆王旧宅也，堂庑高峻威严。审至三鼓，未及一半，余觉寒甚，出换猞狸狲厚裘。回视廉使坐南面，旁设余座，灯烛辉辉，侍立之人，类皆狰狞猛恶，大声喝呼，闻之悚然。阶下之人，各各战栗，枷锁之声，恐人心胆。因叹曰："所谓阴间森罗殿者，谁其见之哉。"会勘[⑤]完，止坐[⑥]为首六人，余以胁从[⑦]宽之。后待罪西江，每每念及，多于死中求活，三年之久，庶于心无愧也。

【注释】

①值季：在当值的那一季承应差事或担任某项工作。

②制府王公骘：即王骘（1613—1695），字辰岳（或作人岳），又字相居。山东登州府福山县人，清朝大臣。累官至闽浙总督、户部尚书，以操守清廉，为政有方，闻名于时。制府，清代对总督的敬称。

③廉使卞公永誉：即卞永誉（1645—1712），字令之，号仙客，隶汉军镶黄旗，祖籍山东黄县，世居辽东盖平（今盖州市）。康熙间，由荫生任通政使、知事，历福建兴化知府，浙江按察使、布政使，福建巡抚，刑部左侍郎等。清代书画鉴赏家。著有《式古堂书画汇考》《式古堂集》等。廉使，是指按察使，主管一省的司法和监察。

④臬署：又称臬司、按察司，系清代省级法律机构，掌一省之司法刑狱，负责复审复核所辖各府上报的民事、刑事案，主持全省秋审事务，管理狱政。

⑤会勘：会同查勘。

⑥坐：定罪，治罪。

⑦胁从：被迫相从。

一七〇　揆道堂

西江臬署有揆道堂七间，高大轩厂[①]，构自明季。余每于听讼后一更时，独坐公案，默祝[②]："所审事件有冤否？已决人犯有屈否？或神明警戒我，或鬼物责备我，我坐此静候，胡不速至耶？"漏[③]三下，终寂然，余方退寝。

【注释】

①轩厂：高大。

②祝：祈祷。

③漏：漏壶。古代用漏壶记时，一昼夜共一百刻。

一七一　雷轰

揆道堂西畔轰于雷，梁柱皆老楠木，想前朝旧物也。其下惟蜈蚣穴数处，然蜈蚣甚小，别无他异。

一七二　山阳县

扬子江以北，数百里平原，并无一山，而淮安府附郭[①]名山阳县。考《志书》云："旧有地名山阳，因以名县"，然未详所以命名之故。询诸野老，参以己意，盖山以南为阳，县北有钵池山，为二〈七〉十七〈二〉福地[②]之一，王子乔[③]修仙处，地形较他处高数仞，非土非石，皆积砂所成，岂山阳以此得名耶？

【注释】

①附郭：属县。

②福地：道教指神仙居住的地方。

③王子乔：见"六五集唐佳句"条注。

一七三　洪泽村

洪泽湖心离堤三十里，有洪泽村。秋深水落时，屋基石础，隐隐犹在。东坡诗《题发洪泽中途遇风复还》，即此地也。明平江伯陈瑄[①]，筑堤百里，环抱湖水，令其出清口[②]，以三分济运[③]，七分敌黄[④]。每水涨时，堤里之水，较堤外之地已高数丈。谚所云“日费斗金，不抵西风一浪”者是也。至今一片汪洋，人亦不知有洪泽村矣。余初赴河工，总理高家堰，见长堤屹然巩固，宽八丈三尺，堤里俱层层石砌，纵有狂风巨浪，可保无虞[⑤]也。

【注释】

①平江伯陈瑄：即陈瑄（1365—1433），字彦纯，合肥（今安徽合肥）人，明代军事将领，水利专家。历任成都右卫指挥同知、四川行都司都指挥同知、右军都督府都督佥事等。年六十九卒于官，封平江伯，谥恭襄。

②清口：地名，黄河、淮河的交汇之所。

③济运：流入运河。

④敌黄：抵达黄河。敌，通“抵”。

⑤无虞：无虑。

一七四　洪泽涧

隋炀帝由河南幸[①]扬州，开河行舟，今四〈泗〉州之汴河即其故道。一日至破釜涧而雨[②]，乃易名洪泽涧。《齐书》云：“洪泽涧在淮阴镇之东。”淮阴镇即今之清江浦也。

【注释】

①幸：指封建帝王达到某地。

②雨：此处为动词，下雨。

一七五　分体分类

予弃举子业即耽[①]吟咏，以逐年所得，渐次成帙，名曰《葛庄编年诗》，盖存诗兼记事也。继以乐府、古风、五言、七言、律绝诸体，各从其类，加以删改，名曰《葛庄分类诗钞》，业已梓行[②]。孔东塘[③]南游返，相谓曰：“君诗分体耳，非分类也。不见李杜有分体、分类各集乎？”予怳然若失[④]，亟命梓人[⑤]更正，而已印行者，悔无及矣。

【注释】

①耽：沉迷。

②梓行：刻板印行。梓，雕刻成印刷用的木板。

③孔东塘：见“九十石门”条注。

④恍然若失：恍惚间好像失去什么，形容心神不宁。

⑤梓人：古时指印刷业的雕版工人。

一七六　五言六韵

后场[①]用表、判[②]，明时旧制也。本朝崇尚风雅，特谕阁臣议，去判增诗，以五言六韵为合格。予私念天下才人如星罗棋布，知者固多，但恐穷陬[③]僻壤后生小子辈不能周知。且五言六韵，即宋金元明作此格者寥寥无几，昭代[④]亦不多见。检予生平不过五首，而题合试帖者仅一。因与同志诸子先取唐人之可为楷法者选辑，名曰《花豫楼五言六韵唐诗》，豫[⑤]梓以行。《提要录》：“二月十五日为花朝。”予生后一日，故命名“花豫”。

【注释】

①后场：科举时乡试，分前场与后场，凡前场被录取之士，才能参加后场考试。

②表、判：论、诏诰表、判是后场的考试内容。中华书局本和上海古籍出版社本均作“表判”，中间未加逗号，今改。

③穷陬：偏远的角落。

④昭代：政治清明的时代，用于称颂本朝。

⑤豫：同“预”，准备。

一七七　老爷、奶奶

老爷、奶奶之称，乃仕宦家儿女之呼其父母也。汤临川《还魂记》[①]内《游园》一出，杜丽娘云：“这般景致，俺老爷、奶奶再不题起。”近俗称诸神道，亦曰老爷、奶奶。玄天上帝[②]曰真武老爷，关夫子[③]曰关老爷，岳武穆王[④]曰岳老爷，黄河金龙四大王[⑤]之神，称神曰大王老爷，称河曰老爷河。泰山碧霞元君[⑥]则曰顶上奶奶，清口之惠济祠[⑦]曰奶奶庙。他处凡元君行宫，皆以奶奶庙称之。在乡人妇女之愚意，盖尊之如显宦，亲之如父母也。近日士大夫称知县曰父母，称知府曰公祖；百姓称知县为大爷，如府为太爷。是县为父，而府为祖也。等而上之，无可加矣，则为大老爷、太老爷。至于妇人之奶奶，亦是通称。今且一概加称太太矣。等而上之，则为老太太、祖太太。明时巡按止称老爹，府县止称相公，命妇称安人、夫人，至老相公，老夫人而尽之矣。近总不闻此称，唯老爷、太太竟成宦途通套[⑧]，无分官品之大小上下矣。明时巡抚称都爷，总兵称总爷，今一概大老爷，在督抚、提镇、国家大臣受之允当，以下盐学[⑨]、监督[⑩]、司道[⑪]等官，亦居之不疑，宁不汗颜乎？予每闻此，甚觉不安，但比比皆然，未敢众醉而独醒也。

【注释】

①汤临川《还魂记》：汤临川即汤显祖（1550—1616），字义仍，号海若、清远道人，晚年号若士、茧翁，江西临川人。中国明代末期戏曲剧作家、文学家。明万历十一年（1583）进士，历任南京太常寺博士、南京詹事府主簿、浙江遂昌任知县等。1598年创作传奇剧本《牡丹亭》，全名《牡丹亭还魂记》，又名《还魂记》《还魂梦》《牡丹亭梦》，二卷，五十五出，明代南曲代表作。

②玄天上帝：北方之神，俗称上帝公，上帝爷。

③关夫子：见“八七志在春秋”条注。

④岳武穆王：即岳飞，谥号武穆。

⑤黄河金龙四大王：谢绪，是南宋会稽人，他是东晋太傅谢安的后裔。传说朱元璋曾在黄河作战，一位天将从云中出现，一生威吓使黄河倒流，冲溃元军，即是抗金英雄谢绪。登基之后，下令加封谢绪为黄河神，封号“金龙四大王”，因为谢绪曾隐居金龙山，在家里排行老四。

⑥泰山碧霞元君：道教神名。传说是东岳大帝之女，宋真宗时封为“天仙玉女碧霞元君”。其道场是在中国五岳之尊的东岳泰山。

⑦惠济祠：即娘娘庙，始建于辽金时代，主殿“灵感宫”供奉碧霞元君，四位娘娘陪祀，分别为眼光、子孙、斑疹、送生娘娘。

⑧通套：通常使用的格式。

⑨监学：清末学官名。设于中等以上学堂，掌稽察学生出入，考察学生功课勤惰及起居等事。亦称“学监”。

⑩监督：职官名。掌监视督促。

⑪司道：清代司道府的官员，对上辅佐总督、巡抚，对下为州县官员的表率，是文官体系的中上层。

一七八　前后琵琶

商丘宋公记任丘边长白[①]为米脂令时，幕府檄掘闯贼李自成祖父坟，墓中有枯骨血润、白毛、黄毛、白蛇之异，与吾闻于边别驾[②]者不同。长白自叙其事曰《虎口余生》，而曹银台子清寅[③]演为填词五十余出，悉载明季北京之变及鼎革颠末，极其详备，一以壮本朝兵威之强盛，一以感明末文武之忠义，一以暴闯贼行事之酷虐，一以恨从伪诸臣之卑污，游戏处皆示劝惩，以长白为始终，仍名曰《虎口余生》。构词排场，清奇佳丽，亦大手笔也。复撰《后琵琶》一种，用证前《琵琶》之不经。故题词云“琵琶不是那琵琶”，以便观者着眼。大意以蔡文姬[④]之配偶为离合，备写中郎之应征而出，惊伤董死，并文姬被掳作《胡笳十八拍》，及曹孟德追念中郎，义敦友道，命曹彰[⑤]以兵临塞外，胁赎而归。旁入铜爵[⑥]大宴，祢衡击鼓，仍以文姬原配团圆，皆真实典故，驾出中郎女之上，乃用外扮孟德，不涂粉墨。说者以银台同姓，故为遮饰，不知古今来之大奸大恶，岂无一二嘉言善行，足以动人兴感者？出其罪恶重大，故小善不堪挂齿。然士君子衡量其生平，大恶固不胜诛，小善亦不忍灭，而于中有轻重区别之权焉。夫此一节，亦孟德笃念故友，怜才尚义豪举，银台表而出之，实寓劝惩微旨[⑦]。虽恶如阿瞒[⑧]，而一善犹足改头换面，人胡不勉而为善哉？若前《琵琶》则高东嘉[⑨]撰于处州郡城之西姜山上悬藜阁中，予守括苍，曾经其地，阁虽已圮，而青山如故，不胜今昔词人之感。传言明太祖读《琵琶记》，极为称赏，但欲改易一二处，面语东嘉曰：“诚能改之，当赐以官。”东嘉唯唯，然竟不肯易一字，于此见其品行之高。记中宾白宏博，可以见其学问之大；词曲真切，可以见其才情之美。自古迄今，凡填词家，咸以《琵琶》为祖，《西厢》为宗，更无有等而上之者。至于立名《琵琶》，或云因指王四而言；

赵五娘者，赵姓下第五为周氏；蔡邕者，取卖菜佣下二字，同音也。皆不可考。既诸姓名假借，何独有取于伯喈[10]中郎而加以不孝乎？且汉世尚无状元之名，未有八旬父母，其子娶妇止两月者。况陈留距洛阳不远，焉有子登巍科[11]，赘亲相府，官居议郎，不捷报于家，并道路相传无一知之者？陈留，洛阳属邑，如此饥荒，即使不归，何难拯救？乃忍听父母馁死，而耳无闻者。及至五娘上路，忽又有李旺接取家眷一差。种种疑窦，在东嘉或有别解，今后人曲为回护，终属牵强，恨不一起东嘉而问之。予题一绝云："琵琶一曲写幽怀，自是千秋绝妙才。歌舞场中传故事，蔡邕真个状元来。"

【注释】

①边长白：见"六〇 记三人"条注。

②边别驾：见"六〇 记三人"条注。

③曹银台子清寅：曹寅（1658—1712），字子清，号荔轩，又号楝亭，满洲正白旗包衣人。清朝康熙年间戏曲作家、文学家、大臣、皇商。曾任通政使司通政使、管理江宁织造、巡视两淮盐漕监察御史。善骑射，能诗及词曲。通政使司简称通政司，俗称银台（因宋时有通进银台司掌接受四方章奏案牍，故别称为银台）。

④蔡文姬：名琰，原字昭姬，晋时避司马昭讳，改字文姬，东汉末年陈留圉（今河南开封杞县）人，是中国历史上著名的才女和文学家，著名学者、诗人蔡邕之女。初嫁河东卫仲道，夫亡无子，归宁于家。董卓之乱中，被掳至南匈奴，嫁左贤王，生二子，生活了十二年，生了一双儿女。后来汉朝与南匈奴矛盾缓和，曹操遣使用金璧赎回，重嫁陈留董祀。代表作有《胡笳十八拍》《悲愤诗》等。

⑤曹彰（189—223）：字子文。沛国谯县（安徽省亳州市）人。三国时期曹魏宗室将领，魏武帝曹操与武宣卞皇后所生第二子、魏文帝曹丕之弟、陈王曹植之兄。

⑥铜爵：即铜雀台，三国时曹操所建之高台。

⑦微旨：隐晦的意愿。

⑧阿瞒：曹操的小名。

⑨高东嘉：即高明（约1307—约1371），字则诚，自号菜根道人。元代

戏曲作家。浙江瑞安人。因瑞安属古永嘉郡，永嘉亦称东嘉，故后人称之为高东嘉。元顺帝至正五年（1345）中进士，历任处州录事、江浙行省丞相掾、浙东阃幕都事、福建行省都事等职。代表作为南戏《琵琶记》。诗文集有《柔克斋集》，已佚。

⑩伯喈中郎：汉蔡邕，字伯喈。权臣董卓当政时曾拜左中郎将。

⑪巍科：古代考试名列前茅。

一七九 续书

近来词客稗官家，每见前人有书盛行于世，即袭其名，著为后书副之，取其易行，竟成习套[①]。有后以续前者，有后以证前者，甚有后与前绝不相类者，亦有狗尾续貂[②]者。“四大奇书”，如《三国演义》名《三国志》，窃取陈寿[③]史书之名。《东西晋演义》亦名《续三国志》，更有《后三国志》，与前绝不相侔[④]。如《西游记》乃有《后西游记》、《续西游记》。《后西游》虽不能媲美于前，然嬉笑怒骂皆成文章。若《续西游》，则诚狗尾矣。更有《东游记》《南游记》《北游记》，真堪喷饭耳。如《前水浒》一书，《后水浒》则二书：一为李俊立国海岛，花荣、徐宁之子共佐成业，应高宗“却上金鳌背上行”之谶[⑤]，犹不失忠君爱国之旨；一为宋江转世杨幺，卢俊义转世王魔，一片邪污之谈，文词乖谬[⑥]，尚狗尾之不若也。《金瓶梅》亦有续书，每回首载《太上感应篇》，道学不成道学，稗官不成稗官，且多背谬妄语，颠倒失伦，大伤风化。况有前本奇书压卷，而妄思续之，亦不自揣之甚矣。外而《禅真逸史》一书，《禅真后史》二书，一为三教觉世，一为薛举托生瞿家，皆大部文字，各有各趣，但终不脱稗官口吻耳。再有《前七国》《后七国》。而传奇各种，《西厢》有《后西厢》，《寻亲》有《后寻亲》，《浣纱》有《后浣纱》，《白兔》有《后白兔》，《千金》有《翻千金》，《精忠》有《翻精忠》，亦各〈名〉《如是观》，凡此不胜枚举，姑以人所习见习闻者，笔而志之。总之，作书命意，创始者倍极精神，后此纵佳，自有崖岸，不独不能加于其上，即求媲美并观，亦不可得，何况续以狗尾自出下下耶？演义，小说之别名，非出正道，自当凛遵[⑦]谕旨，永行禁绝。

【注释】

①刁套：俗套，老套。

②狗尾续貂：司马伦篡位称帝后，把亲戚和同党都擢升为公侯，就连奴仆、小卒也滥加封赏。每到朝会的时候，满朝的人都头戴貂蝉（大臣帽子上的饰物，用貂尾制成）。当时的人编了个谚语讽刺说：貂不足，狗尾续。比喻拿不好的东西补接在好的东西后面。

③陈寿：见“一〇八历朝小说”条注。

④侔：相等，对等。

⑤谶：迷信的人指将要应验的预言、预兆。

⑥乖谬：违背、抵触。

⑦凛遵：严格遵循。

一八〇 属对

属对虽曰小技，然有绝不能对者，有对而勉强者。如“泥土地”对“铁金刚”，刚字从侧刀，非金傍也。即“石城隍”亦不合格。至“一二三”，则绝不能对矣。“烟锁池塘柳”，对以“波炤锦堤梅”，殊无意味。“梅香春意动”，连符苍司马对以“月老夜情多”，仍欠自然。“枣棘为柴，砍断劈开成四束[①]”，何等真切；对以“闾门造屋，移多就少作双间”，何其谬也。又，“荷盖水珠，柳线松针穿不过”，纯用假事，更难属对。惟“蝉以翼鸣，不啻若自其口出。龙因角听，毋乃不足于耳欤？”巧合天然。偶过山阳学明伦堂，见一联云：“黄河水滚滚而来，文应如是。韩信兵多多益善，学亦宜然。”颇称爽贴。明嘉靖时，以青词[②]幸进者甚多，惟袁慈溪相国炜[③]醮坛[④]一联，不独在诸青词之上，亦在相国青词之上。联云：“洛水元龟初献瑞，阳数九，阴数九，九九八十一，数数原于道，道通元始天尊，一诚有感。岐山威凤两呈祥，雄声六，雌声六，六六三十六，声声闻于天，天生嘉靖皇帝，万寿无疆。”

【注释】

①“枣”字繁体作“棗”，加上“棘”，可以说是有四个“束”（和束形似）。

②青词：又称青辞、清词，亦名绿章，是道教斋醮时敬献天神的奏告文书。明嘉靖皇帝崇尚道教，所以青词写得好，能得到皇帝直接提拔。

③袁慈溪相国炜：即袁炜（1507—1565），字懋中，号元峰，谥号文荣。浙江慈溪人。明世宗嘉靖十七年（1538）进士。历任礼部右侍郎、太子少保、礼部尚书等。与李春芳、严讷、郭朴等人有“青词宰相”的“美誉”。著有《袁文荣公集》。

④醮坛：道士祭神的坛场。

一八一 刘伯温

予守括苍时过青田，青田有南田山者，诚意伯刘伯温[①]先生故家也。先生为明开国元勋，功业文章，铭诸政府，昭之史册，传之艺苑，脍炙人口。虽天文历数之学，何尝不为寓意，然不专属乎此。自胡惟庸[②]进谗，以谈洋司[③]有天子气，谋为葬地，先生忧愤成疾。惟庸以医来，饮药，腹中积块如石。疾革，太祖遣使送归还乡，月余而薨。后世专以鬼怪附会矣，乃谓先生未遇时，得天书于白猿看守之石壁，壁裂得书一匣。书中语句多不得解，遍访无知者。幸遇周颠仙于山寺，拜为师，指示精习，始知天文地理，未来过去。其佐明兴国者，天书、颠仙之功也。故凡事前知，言无不验。一日太祖微行[④]，适勋戚家造屋，正上中梁。过其门，见门后一人，身服齐衰[⑤]，状貌丑恶，一瞬而灭。太祖回，问曰：“今日上梁，触犯凶星，是何人选择者？”刘伯温答曰：“是日虽犯丧门神煞，喜遇紫微[⑥]冲破，能化凶成吉耳。”太祖暗惊。又，一夕宿民家，无物枕首，乃以量斗[⑦]为枕。窃听邻家聚饮，忽一人出外小遗[⑧]，大呼曰：“不好，今夜天子私行，吾辈当仔细。荧惑[⑨]入南斗，天子下殿走。”太祖急推斗而起。又闻饮者群出言曰：“离斗口尚远，即当归位也。”太祖回，告伯温。伯温曰：“臣观天象亦如此。”遂下诏，不许民间私习天文。其事类此者颇多，太祖心久疑之，因惟庸之谗，外示保全，心益猜嫌。闻其死，乃遣人将其殓棺前锯一尺，意欲断其首也。及锯，乃是空棺，内贮《大明律》一部，而独揭[⑩]《发冢》一条：“开棺见尸者斩。”盖伯温已先知之，故预造此长棺，空前一段以待其锯也。遣人回奏，并以《律》呈。太祖见而惊叹曰："律为吾造，吾自犯之耶？"遣令安葬而止。迩年[11]，后裔贫困异常，至本朝仅有诸生数人。昔年所赐田土山陇俱编入，与齐民一体办课[12]矣。每有山崖洞壑被人掘启者，必讹传曰："刘伯温当年留下藏埋，迨子孙穷困至急则发露令[13]掘用耳。"嗟乎，此亦何常之有，不过因其神异而附会之。予守括八载，知之甚悉。读太祖所赐手书诏旨，称曰"老先生"，其隆重倍于侯伯勋臣。凡此怪异不一而足，皆齐东语也。予有过青田怀先生诗云："谁识西湖一片云，公尝游西湖，见异云起西北，众以为庆云[14]，公乃大言曰：'此天子气也，有王者起，吾当辅之。'万山堆里出元勋。当时共比明良会，后世偏将鬼怪闻。丞相无端穷地脉，胡惟庸以旧忿使人陷公欲谈洋司为墓地。先生有意秘天文。临终以天文书授其子琏进上，且戒之曰：'勿令后人习也。'晚年不辟留侯谷，岂为明君异汉君。"

【注释】

①诚意伯刘伯温：即刘基（1311—1375），字伯温，浙江青田人，祖籍陕西保安（志丹）。元末明初军事家、政治家及诗人，通经史、晓天文、精兵法。他以辅佐明太祖朱元璋完成帝业、开创明朝并保持国家安定，因而驰名天下。授资善大夫、上护军，封诚意伯。

②胡惟庸：濠州定远县（今属安徽）人。早年追随朱元璋起兵，历任元帅府奏差、宁国主簿、知县、吉安通判、湖广佥事、太常少卿、太常卿等职。洪武三年（1370），拜中书省参知政事。洪武六年（1373），凭李善长推荐，任右丞相，约至十年进左丞相，位居百官之首。

③谈洋司：地名。

④微行：隐蔽身份，便装出行。

⑤齐衰（zī cuī）：丧服名。用粗麻布制成，把布边缝齐，故称"齐衰"。

⑥紫微：星座名。三垣之一，位在北斗七星的东北方，东八颗，西七颗，各成列，似城墙护卫着北极星。

⑦量斗：古代量粮食的容器。

⑧小遗：小解，撒尿。

⑨荧惑：火星的别称。

⑩揭：显示，显现。

⑪迩年：近年。

⑫办课：纳税。

⑬露令：命令。

⑭庆云：五色云。

一八二 混元峰

青田县有混元峰，在城之北一里青田山上，为道书第三十六洞天。唐人刻崖上“混元峰”三大字，即试剑石。相传叶法善[①]炼丹此山，以神剑纵横试斫之，石分为四，高百余尺，相距各三尺许，类截肪[②]。予曾题一绝云：“块然一石四分离，传说仙家伎俩奇。山路崎岖行不得，更烦此剑亦平之。”此诗竟逸[③]其稿，《分体》《编年》[④]俱未登梓。偶检《括苍府志》得之，附记于此。

【注释】

①叶法善（616—720）：字道元，浙江括州括苍县（今浙江武义）人。唐代著名道士。人。出身于道教世家，自曾祖四代为道士。

②截肪：切开的肥肉块。

③逸：佚失。

④《分体》《编年》：即刘廷玑的诗集《葛庄分体诗钞》《葛庄编年诗》的省称。

一八三 官衔

章奏[①]、文移[②]、告谕[③]前列曰官衔，各随品级之大小而署之。明武宗复议北巡，实事游幸，自称威武大将军太师镇国公朱寿[④]巡边，命内阁草敕。杨廷和[⑤]等上疏力陈不可。疏上，不省[⑥]。廷和称疾不出。武宗手剑立命梁储[⑦]曰：“不草敕，齿[⑧]此剑。”储免冠解衣带，伏地流涕曰：“草敕以臣名君，死不敢奉命。”遂止。予以为官衔从无此尊崇者，然不过游戏耳，未尝实有其事。本朝相国图海[⑨]督师秦中，予见其檄文及告谕衔云“抚远大将军一等公都统文华殿大学士吏部尚书图”，位列五等，皆系极品，亦可谓尊崇之至矣。

【注释】

①章奏：臣下呈报给皇帝的文书。

②文移：来往的公文、文书。

③告谕：上级对下级晓喻公文的一种。

④朱寿：明武宗朱厚照为自己取得别名。

⑤杨廷和（1459—1529）：字介夫，号石斋，汉族，四川成都府新都人，明代著名政治改革家、文学家杨慎之父。历仕宪宗、孝宗、武宗、世宗四朝。成化十四年（1478）进士，授翰林检讨。正德二年（1507）拜东阁大学士，后拜少傅兼太子太傅、谨身殿大学士。正德七年（1512）出任首辅。卒后赠太保，谥号文忠。有《杨文忠公三录》传世。

⑥省：察看。

⑦梁储（1451—1527）：字叔厚，号厚斋、郁洲居士，广东广州府顺德人。明代大臣、文学家。明宪宗成化十四年（1478年）进士，曾任翰林编修、太子侍讲、吏部右侍郎、吏部尚书等。正德十年（1515），任内阁首辅。嘉靖六年（1527）去世，时年七十七岁，追赠太师，谥号文康。

⑧齿：触碰，指被杀或自刎。

⑨图海（？—1682）：马佳氏，字麟洲，世居绥芬河（今黑龙江省东宁市）人，隶满洲正黄旗。清初名将。顺治二年（1645），起家笔帖式，迁国史院侍读。历任内秘书院学士、议政大臣、刑部尚书、礼部尚书。康熙十三年（1674），随信郡王鄂札平定察哈尔叛乱。康熙十五年（1676），拜抚远大将军，率领周昌降服王辅臣，平定吴三桂叛乱，封为三等公。

一八四　服饰

温处观察[①]驻扎，定以温州府城。城之北有松台山，上有望阙亭。傍山下有宝纶阁，为前明赠太师张文忠孚[②]敬之相府也。孚敬初名璁，以议礼迎合世宗，与桂萼[③]、方献夫[④]一同骤贵。璁更善伺人主意，不期年由南京刑部主事超升翰林学士，后遂登政府，赐名孚敬。今子孙虽式微[⑤]，其府第犹存。家藏遗像二轴，予亲见之。一为张公坐像，戴纱帽而两翅尖锐，服大红纻丝仙鹤背胸，腰围玉带。一画世宗皇帝像，上坐，两傍各画太监十数人，窄袖软带，牵马而立。张公远来朝谒，戴长扁翅纱帽，如今戏中扮官长所戴者，服蟒衣玉带，皂靴。全不似今戏中所戴丞相幞头[6]，上面皆方，而两翅扁方曲长以向上者。蟒惊衣系长领，非如戏上之圆领。予甚讶其不同。及见《草木子》[7]所载：蝉冠、朱衣，汉制也。幞头、大袍，隋制也。今用蝉冠、朱衣、方心曲领、玉珮、朱履，是革隋而用汉也。此则公裳纱帽圆领，唐服也。仕者用之巾笠、襕衫[8]，宋服也。巾环、襈领[9]，金服也。帽子系腰，元服也。方巾、团领，明服也，庶民用之。朝服一品二品，用犀玉带、大团花紫罗袍。三品至五品，用金带紫罗袍。六品七品，用绯袍。八品九品，用绿袍。皆以罗。流外授省札[10]，则用檀褐[11]，其幞头皂靴，自上至下皆同也。阅此，想明时尚沿前制，未尽改欤？幞头始于后周，而画汉时之像，竟有用幞头者，又不知何解也。

【注释】

①温处观察：温处，即温处道，辖温州、处州两府，治所在温州。观察，清代对道员（又称道台，清代官名）的雅称。

②张文忠孚敬：即张孚敬（1475—1539），字秉用，初名璁，后更字茂恭，号罗峰，后赐名孚敬，浙江温州府永嘉三都人。明朝嘉靖年间重臣，官至礼部尚书兼文渊阁大学士，谥文忠。著有《奏对稿》《谕对录》。

③桂萼（？—1531）：字子实，号见山，饶州府安仁县（今江西省余江县锦江镇）人，明朝中期名臣、地理学家，官至内阁首辅。正德六年（1511）进士。历任丹徒、武康、成安等县知县，南京刑部福建司主事，翰林院学士、詹事府兼学士，礼部侍郎，礼部、吏部尚书，太子少保兼武英殿大学士等。所经各任都能端正风俗。创立一条鞭法，厉行改革。均平赋役，屡忤官吏。抑制豪强，政绩颇著。谥号“文襄”。著有《历代地理指掌》《明舆地指掌图》《桂文襄公奏议》等。

④方献夫（？—1544）：字叔贤，南海人。弘治十八年（1505）进士。历吏部员外郎、少詹事、吏部尚书，入阁辅政。谥文襄。有《西樵遗稿》《周易传义约说》。

⑤式微：衰败，衰落。

⑥幞头：古代男子的一种头巾。

⑦《草木子》：明代笔记。四卷。叶子奇撰。约写成在洪武十一年

(1378) 之后，王韬题记介绍其书说："曰《草木子》者，以草计时，以木记岁，以自况其生也。"全书原为22篇，后由叶溥改并为4卷，共8篇：管窥篇、观物篇、原道篇、钩玄篇、克谨篇、杂制篇、谈薮篇、杂俎篇。内容涉及较为广泛，从天文星躔、律历推步、时政得失、兵荒灾乱以及自然界的现象、动植物的形态，都广搏搜罗，仔细探讨。

⑧襕衫：古代士人之服。因其于衫下施横襕为裳，故称。

⑨襈（juàn）领：有装饰的衣领。

⑩省札：古代中枢各省的文书。

⑪檀褐：红褐色。

一八五　易像为主

张璁以议礼干进[①]，怙[②]恩作奸，固非善类，然其改奉孔子为先师，易像为主，此千古卓识，最得大体者，不可因其素行而没之。

【注释】

①干进：谋求做官。干，求取。

②怙：坚持。

一八六　网巾

网巾[①]之制，历代所无。此物起于明，止于明，诚一代之制也。因明太祖微行[②]至神乐观，见一道士灯下用马尾结成小兜。太祖问为何物，对曰："此网巾，也用裹头上，万发皆斋[③]矣。"昭日召道士，并取所结网巾，遂为定制。

【注释】

①网巾：用丝结成的网状头巾，用以束发。

②微行：见"一八一刘伯温"条注。

③斋：齐整。

一八七 易名

吾友申符孟涵光[①]、张越千彪[②]、王紫诠瑛[③]，其壮年名字皆具超达飞腾之气。符孟以世家门荫，越千以博学茂才，紫诠以部郎出守，历仕观察。及其后也，符孟不乐什〈仕〉进，改字曰凫盟，号曰聪山；越千绝志场屋[④]，改名曰滮，改字曰月阡，号曰曼持；紫诠罢职闲游，改名曰婴，改字曰紫珞，号曰能如。名与字音同体别，不独寄兴林麓，放情鱼鸟，而取号之义，实出有心玩世。逃禅入道，不复营营[⑤]人事，非好鹜高远，耽[⑥]寂静也，盖亦无可如何者耳。文人暮年多事仙佛，太白游仙，香山偕老道场，二公犹然，况三君乎？

【注释】

①申符孟涵光：即申涵光（1620—1677），字符孟，一字和孟，号凫盟，凫明、聪山等，直隶永年（今河北永年县）人，明末清初文学家，河朔诗派领袖人物。清顺治中恩贡生，绝意仁进，累荐不就。其诗以杜甫为宗，兼采众家之长。著有《聪山集》《荆园小语》等。

②张越千彪：即张彪，字越千，别号鬘持山人。见《平湖县志》。“鬘持”，中华书局本和上海古籍出版社本均作“曼持”。

③王紫诠瑛：即王瑛。今所见资料作“王煐”，字子千，号盘麓、南区、南村、紫诠，宝坻青口庄（即今宝坻北清沟村）人。诸生，康熙年间以贡生授光禄寺丞，晋升刑部郎，后出任惠州知府、浙江温处副使。著有《忆雪楼诗》。《惠州府志》载：“王煐，字紫诠，号子千，天津宝坻人。康熙十七年举博学鸿儒，官光禄寺丞、水部郎中……康熙二十八年四月，王煐出守惠州。”王瑛，似作“王煐”，刘廷玑此处恐误。

④场屋：科举时代试士的场所，这里代指科举。

⑤营营：追逐忙碌。

⑥耽：见“一七五体分类”条注。

一八八 魇镇

尝言营造房屋时不宜呵斥木瓦工匠，恐其魇镇[①]，则祸福不测。《野记》[2]记莫姓家，每夜分，闻室中角力[3]声不已，缘[4]知为怪，屡禳[5]弗验。他日转售拆毁，梁间有木刻二人，裸体披发相角。又皋桥韩氏从事营造，丧服不绝者四十余年。后为风雨所败，其壁中藏一孝巾[6]，以砖弁[7]之，其意以为专戴孝也。又常熟某氏，建一新室，后生女多不贞，二三世皆然。一日脊敝而缉[8]之，于椽间得一木刻女子，任三四男淫亵[9]。急去之，帷薄[10]方始清白。所载明悉，历历如绘，予犹疑信相半。待罪处州太守时，其大堂五楹，虽极轩敞壮丽，但造自嘉靖，未免年深，少有欹侧[11]。窥其梁柱有朽者，命匠人以斧头敲响，以定其中空实。敲至正中西柱，匠人睨[12]而笑曰："此中有物。"竭力一击，乃开大穴，内藏木刻人头，耳目毕具，如碗口大。予不以为怪，亟投诸火。其时康熙三十一年岁壬申，予举卓异，随迁江西九江观察副使。代予者为刘起龙，今亦十余年矣，安然无恙。历考府志，自嘉靖至今，太守能循资而升者绝少。岂真营造时果为木工所魇镇耶？殊不可解。

【注释】

①魇镇：为害。

②《野记》：明代祝允明撰，共四卷。明代文言轶事小说集，又称《九朝野记》，所记多委巷之谈。

③角力：较量力气。

④缘：因为。

⑤禳：通过祈祷等去除灾害。

⑥孝巾：古代丧事中戴在头上类似布条的头巾。

⑦弁：此处为压、盖义。

⑧缉：此处有弥合义。

⑨淫亵：淫荡猥亵。

⑩帷薄：帷幕和帘子，借指门内、家里。

⑪欹侧：歪斜、倾斜。

⑫睨：斜着眼睛看。

一八九　灾月

俗以官吏不参正、五、九，其谓官长莅任[1]不宜用此三月者。此说起于宋。宋以火德兴，盖火生于寅，正月为寅；旺于午，五月为午；墓于戌，九月为戌。谓此三月为灾月，当避也。予自筮仕[②]以来，虽历任五迁，而摄篆[③]署理[④]不下十余次。凡一接印，即赴视事，弗少迟延。不独不拘正、五、九月，抑并不选择日期，是以不为横[⑤]惑胸中。然每见此三月亦有亲友莅任者，未见主何吉凶也。

【注释】

①莅任：到任。

②筮仕：古人将做官时必先占卜问吉凶，后引申指刚做官。

③摄篆：代理官职。篆，旧时官府印章多用篆文，故用为官印的代称。

④署理：官员出缺或离任，由其他官员暂时代理职务。

⑤横：意外、不寻常。

一九〇　月忌

谚云："初五、十四、二十三，太上老君不出庵。"又云："太上老君不炼丹。"谓此三日为月忌，凡事必避，不可用也。《野语》[①]云，卫道夫闻前辈说，此三日即《河图》[②]数之中宫五数[③]耳。五为君象，民庶不可用。予为解之：月忌之说太诞，君象之说太腐，皆非也。日辰各有所犯，生克之理，随时变化，未有以此三日遂为万古不刊[④]之典，不较年岁，不拘干支，不论节序，而一概论之也。予任浙东观察时，于十四日远接制府[⑤]，归得疟疾。家人辈皆以犯月忌所致。予笑曰："此日文武官属同行者甚众，岂人人尽患疟疾耶？"众亦失笑。

【注释】

①《野语》：清程岱葊撰，共九卷，笔记小说。

②《河图》：相传伏羲氏见龙马负图出于黄河，遂据其文，以画八卦，称为《河图》。

③五数：五行阴阳变化之数。

④不刊：不可改变。

⑤制府：见"一六九同审"条注。

一九一　称谓

今称父曰“严”，《易·家·人象》曰：“家人有严君焉，父母之谓也。”则是母亦称“严”。今称母曰“慈”，而每称人父子曰父慈子孝，则是父亦称“慈”。《尔雅》[①]：“妇谓夫之弟曰‘叔’。”《曲礼》：“叔嫂不通问。”后世亦有称夫之弟为“小郎”者，见于唐宣宗责万寿公主，曰：“岂有小郎病不往视，乃观戏乎！”王衍[②]妻郭氏怒衍弟澄曰：“太夫人以小郎嘱新妇。”谢道韫[③]遣婢白[④]献之[⑤]为小郎解围。两家缔姻相称曰亲家，见唐《萧嵩传》，皆平声，今北方以亲字为去声。按卢纶《驸马花烛诗》云：“人主人臣是亲家。”则去声有所本矣。近又呼曰亲家公、亲家母。

【注释】

①《尔雅》：中国古代最早一部解释语词的著作。它大约是秦汉间的学者，缀缉春秋战国秦汉诸书旧文，递相增益而成的。全书 19 篇。

②王衍（256—311）：字夷甫，琅琊临沂（今山东临沂）人。西晋大臣，喜谈老庄，倡导玄学。

③谢道韫：生卒年不详，字令姜，东晋时女诗人，是宰相谢安的侄女，著名书法家王羲之次子王凝之的妻子。

④白：告诉。

⑤献之：即王献之（344—386），字子敬，小名官奴，祖籍山东临沂，生于会稽（今浙江绍兴），著名书法家王羲之的第七子。

一九二　李总戎

江南督标、中军副将，衔大者升总戎[①]。顺治间一李副将，升福建总戎。时先祖为江南方伯[②]，约诸同僚公饯[③]，让李首坐。李云：“不敢。”先祖曰：“公升总镇，今非昔比矣，应如此坐。”李作局蹴[④]不安状，曰：“老爷们原是金子，小弟到底是块锡。”众官为之捧腹。

【注释】

①总戎：清时称总兵为总戎。总兵隶属于提督管辖，主管辖下一镇绿营兵务，为正二品。

②方伯：清代对各省布政使的别称。

③公饯：众人一起举行的饯行宴。

④局蹴：不自然的样子。

一九三　熟道

四川一参戎[①]升广东协将[②]，到汛[③]最迟。郡守郊迎云：“望公已非一日，何迟迟至今，想因蜀道难行耶？”协将答曰：“家口众多就难行了，倒也论不得熟道儿生道儿。”

【注释】

①参戎：清朝武官参将，俗称参戎。

②协将：清朝武官副将，俗称协将。

③到汛：到达军队驻地。汛，即汛地，指清朝军队驻防的地方。

一九四　卑职

一守备[①]由小军出身，见上官仍称“小的[②]”。上官曰：“尔今官矣，犹如此称，殊不雅，可易之。”备曰：“将如何？”上官曰：“称‘卑职[③]’。”备切记之。一日队伍中有年长者获罪于备，盖自恃为备之前辈，未免骄纵。备大怒曰：“卑职今是尔之本官，如此放肆，难道卑职不敢责尔耶！”众兵哄堂，益轻之。

【注释】

①守备：清朝的正五品武官。

②小的：旧时平民、差役对官员、乡绅的自称。

③卑职：旧时下级官员对上级官员的自称。

一九五　大老爷恩典

材官[①]健儿辈，每遇督抚[②]、提镇[③]赏赉优待，必曰："大老爷的恩典。"一游击[④]年将望五[⑤]，始生一子。制府[⑥]闻之，贺曰："恭喜尔得一子矣。"游击急趋跪谢曰："大老爷的恩典。"两傍听者笑几失声。可与南唐宫中赐洗儿果，有近臣谢表云："猥蒙宠赐，深愧无功。"李主曰："此事卿安得有功？"此语同堪绝倒。

【注释】

①材官：武卒或供差遣的低级武职。

②督抚：清代总督和巡抚的合称。

③提镇：清代提督与总兵的合称。

④游击：清代从三品的武职。

⑤望五：接近五十岁。

⑥制府：见"一六九同审"条注。

一九六　江宁叶某

本朝初年，江宁[①]叶某者，曾任明末太守。有宗室触其怒，既难加刑，怒又莫解。乃使人曳于赤日中而曝之。鼎革[②]后隐于医。时人戏赠一联云："一败一成，郡守改为国手[③]。九蒸九晒，天潢[④]变作地黄[⑤]。"其妾张介瑶，能诗善画。先大父任江藩时，介瑶以扇献先大母，上画官舫，岸人曳牵。题云："舟中人被利名牵，岸上人牵名利船。江水悠悠浑不断，问君辛苦到何年？"诗句超脱，但不似女子口吻耳。

【注释】

①江宁：见"六一顺天应称京师"条注。

②鼎革：改朝换代。鼎，传国重器，可代指国家。

③国手：具有某种才能技艺（医道、棋艺等）为全国第一流的人。

④天潢：皇族，帝王的宗室。

⑤地黄：中药名。多年生草本植物，其根可入药，又名"生地"。

卷　四

一九七　扶乩[1]佳句

壬子癸丑冬春间，有浙东单友游京师，能为扶乩之技。余适无事，延之书斋者数月。顷刻画沙诗词不下数百，颇多佳句，有出人意表者。为时已久，散失居多，今就其仅存箧笥者数十首钞之。

○李青莲

人生过隙，一夕千秋。徘徊诗酒，与子淹留。云分半榻，月到十洲。剪玉为韵，分金结俦[2]。乘车戴笠，白鹤青牛。飞觞把臂，弄玉鸣鸠。能为道合，指尔良谋。

○花睡

春来月落兴初浓，结蝶联莺点翠重。无语欲眠芳露冷，琼楼深锁态从容。

○鸟梦

晚林归去抹遥天，高卧南枝隐碧烟。不许飞云惊睡觉，且将毛羽寄林泉。

望后一日，社集诸友，此夕吕纯阳、王方平、李青莲、云英、丁令威[3]五仙赴坛。

○吕〈回〉道人

弱水三千里，凭虚一问君。开樽休说剑，剪烛好论文。春意含梅萼，风威锁冻云。从今与子约，慎莫暂相分。

○乩批：马子拈韵与青莲多字

梅意书香韵自多，月来云静水无波。三千酒国随吾啸，九十春光奈尔何。有鹤欲眠天汉碧，将诗送恼海山歌。从来花里传经济，何必披云老薜萝[4]。

○许子拈韵与令威雄字

化鹤空将城郭蒙，白云无续晚霞红。千秋事业梨花梦，百代笙歌梵宇钟。樽前有句情深浅，身外无尘任淡浓。放得脚跟天地阔，浮鸥沙鸟吊英雄。

○刘子拈韵与云英余云欲得一诗余，限小字。

梅魄冰心青黛小，渔棹才来，惊醒溪边鸟。桃花红片春多少，流到人间仍未晓。阮郎[5]不见壶天杳，宋玉[6]多情，吟得回文巧。琼楼深闭埋芳草，对个婵娟[7]情自好。

○单子拈韵与方平仙字

人生如朝露，邂逅好相怜。汉苑春风后，秦疆烟草前。和歌酬浊世，把酒问青天。能以葫芦里，敲枰[8]第几仙？

○俚句呈青莲大仙求和

梅有清芬月有华，敢将诗酒动仙槎。逍遥天上来青鸟，游戏人间走白沙。一语才成摇海岳，千瓢微醉卧烟霞。风流百世仍如许，愿掷凡夫枣似瓜。

○和

寒云锁月镜飞花，瀛海尘寰过尔家。千叠玉箫吹紫凤，九还金液炼丹砂。东君有意催春雨，北海开樽听暮笳。今古一宵诗酒客，归来长啸问胡麻。

○青莲乩批：刘子进一大觥，联句可也。即以《花豫楼》为题。花豫者，二月十五为花朝，予生于十六，故名。

瑶池昨夜祝群芳，今日天台谪阮郎。月里参差铺锦绣，人间迤逦琢圭璋。鸟歌初度南飞曲，蜨板先敲宿雨香。青莲云："方是两日光景。"方平结："他日南宫仪凤翥，始知云影映清光。"云英云："方平结句不佳，改之。"笑吐玉壶春十二，一帘云影接蟾光。青莲云："可称全璧，花豫楼从此不朽矣。再作一小引何如？"云英代之。

依来上苑，时际嘉平。碧岫停云，红波挂月，萧楼人寂，冰壶夜寒，敲金戛玉，百叠千回。把觥吟风，千秋一日。问刘郎之凤馆，春半瑶台。啸阮籍之苏门，月中琼宇。祝花神于宿雨，介眉寿[9]于芳晨。所谓借花生意，听鸟天机，梦游八极，群英引领。春风星映连朝，烟玉飘摇皓魄，故楼名花豫，人列仙班。聊以八言，惟希一粲。

○武陵老人徐福又批：今日有诸仙来，当备佳酿，各自留题。

半亩逃秦地，千秋避世人。闲调蟾窟[10]曲，静看茂陵[11]春。壶里天原小，囊中剑有神。沙棠载琴鹤，终日卧渔津。

○弄玉

寒事将了了，梅音有分晓。明月何多情，轻云忽淡扫。醉卧石床飞，高吟过蓬岛。流水抚松枝，凭虚逐归鸟。邂逅李端端[12]，企仰苏小小[13]。而以相思琴，报得同人好。极目眺平芜，青门尽芳草。愿寄《长干行》，绿云人未老。

○王乔赋得爱月夜眠迟。

夜将花起，云影翻流水。婵女多情情不已，伴风中，待露里，西窗欲落销魂，无端冰魄梅痕，这样清光错过，人生几个黄昏。

○谢灵运咏花睡鸟梦，调用《如梦令》。《花睡》限“梦”字，《鸟梦》限“睡”字。

春夜云深露重，醉倚雕栏乘兴。抱蝶气婵娟，笑尔孤零谁并。休动，休动，正做红妆好梦。花睡

归去哑哑[14]队队，共觅华胥良会。枕月卧云巢，相抱松风鹤唳。惶愧，惶愧，博得南枝稳睡。乌梦

○青莲

乘月凭虚来，又为织女约。停梭相劝酒，星河代洗脚。我道玉衡邀，织女则不乐。昔日张骞槎，怪他匆匆过。青莲尔多才，有诗待子和。下我珊瑚床，悬我明珠络。与子结千秋，莫学牛郎薄。青莲笑不然，玉衡颇清脱。弄玉擅吹箫，开樽待同酌。吟咏即归来，与子慰寂寞。云汉白茫茫，婵娟青灼灼。愿得醉翁情，千秋为好合。顺得玉衡情，采兰赠芍药。听得鸟嘤嘤，慎莫气盘礴[15]。诗胆破重霄，飞上通明阁。

○张骞

云敛香消日影斜，春风欲到上林花。千江碧浪穿明月，万壑青萝锁绛霞。傲骨嶙峋天共老，襟怀浩渺海同赊。自与赤松游汉苑，至今犹犯斗牛槎[16]。

○回道人

水云游遍乾坤小，花落花开人易老。闲来飞过洞庭秋，铁笛一声天淡扫。

○刘海蟾[17]问："世有戏蟾像，是大仙否？"批："吾乃先朝宰相，得道后化一戏蟾疯子，笑游尘市，以度世人。"

几宵灯火结层氲，采药人归报属君。赤舄[18]不穿忙跨鹤，黄冠倒戴细论文。花枝簇簇婵娟影，粉蝶翩翩玉女裙。今日联盟留好句，向卢[19]高卧九皋[20]云。

○青莲乩批：共飞仙而把臂，同明月以传杯，不以联吟，罚依金谷。咏梅花，联句四首。

六桥寒玉散空江，驴背春风酒一缸。嚼碎冰魂香片片，含痴皓魄影双双。香随蝶梦罗浮远，余云："此句微妙不能联，愿罚三杯。"月入林莺琴韵降，李云："对不过上句。大仙亦当罚以巨觥。"批："呵呵，果然不佳，异日再改。"自是清芳余傲骨，不教桃李影横窗。青莲

二子起句了

俏立风前态自奇，撩人幽韵两三枝。半壑轻烟笼玉屑，一帘清影映瑶池。芳心古道甘凉薄，傲骨衷情学醉痴。卧石眠云慵不起，美人无力枕微支。

云长过此即补梅花一首

忠报东君孝报寒，灵根恬淡玉肌干。留芳百世人还易，立节千秋道所难。心彻冰壶霜雪冷，骨凌松雨水云宽。高吟醉卧江南曲，疑是孤舟晏兴阑。（虬）

又批：梅花诗，青莲续完可也。

淡玉凝妆拂碧枝，空蒙山影笼寒迟。轻云剪雪团衣袂，冷月裁诗醉竹篱。琴鹤多情聊韵耳，烟霜着意好吟之。春来无限芳菲事，独尔精神逗素姿。

○青莲题《钟馗嫁妹图》

这是钟馗，果然古怪，骑着驴儿，看他自在。为甚么袅袅婷婷，又把青罗盖？小鬼头张彩摇旗，老进士簪花耷带。嫁得檀郎，定是才高德迈。决不学牛女银河，决不学镜台夙债。愿玉树相偎，红楼恩爱。咦！我晓得了，最

怜你阿妹多情，怕杀你舅爷无赖。

〇咏灯花得烛字联句赞

一点芳心嗔蝶宿，刘海蟾倒喜飞蛾乱向花心触。青莲有春光无香露，霏霏玉蕊伴尔寒窗读。青莲枝叶无依月作根，风来摇落方知烛。海蟾

〇王方平渔樵野调

疏疏懒懒，夜深诗兴浅，短剑长歌，光阴可奈何。襟期诗酒，问天而搔首。笑傲烟霞，许我结丹砂，炼石归来月正华。冻云高拂，凤凰车到处，是吾家。

〇自玉蟾游渔唤花影

一湾清水，沈醉风前蕊。清光掩映波痕，游鱼争欲相吞。只知有色散南溟，不道空清碧鉴明。春意皆如此，水底飞来不已。

〇回道人

风风风，雨雪洒长空。世界妆成天外景，君家促我下瑶宫。计颂古今谁是伴，独留芳躅在崆峒。

〇云翘

云姨月黛小红儿，三个仙鬟去采芝。我欲梳头朝上帝，洞门不锁等多时。

〇刘晨次玉衡韵

天地虽留我，才华欲属君。客酣千日酒，鹤下半潭云。明镜英雄鉴，长河世业闻。等闲沧海梦，拂尘不堪论。

〇问阮郎何在？当日桃源故事肯一见示否？

阮子桃源去已迷，落花流水任东西。山川剩有春风在，留与诗人作笑题。

〇青莲

诗分严令酒为兵，战退寒威万籁清。灯火既留天上侣，襟怀岂是世闲情。文光照耀三千丈，道德高超九万程。记得清平歌未罢，满庭红玉带云生。

〇青莲：吾有一题，尔等联之，小窗鹤梦。

掠舟西去下空庭，既白东方睡未醒。漫拂羽裳抟北溟，带来琴韵到南汀。松龛冷月酬孤啸，瓮牖寒云护晓星。渡海觉来看世界，一声烟雨九

皋青。

花花草草，吊热闹之英雄。雨雨风风，醒伶仃之客梦。海筹十屋，桃核千春，到底归来亦同泡影。神仙玉棺，轻风蝉脱，今夕何夕，与子徘徊。同分半榻寒云，共悟三生旧果。慎勿蹉跎岁月，顿负枕上羲皇[21]，徒令婆心[22]尔尔。

又次韵二首

风流不碍旧青衫，天上骊龙袖里探。道骨自随湖海大，雄风肯与世情含。孤踪野鹤何妨老，长啸苍梧漫尔惭。最是玉华春事茂，一帘琴韵诵江南。

风流不碍旧青衫，丹鼎盐梅[23]袖里探。半榻闲云留鹤梦，一帘香两润鸡含。文章老去犹生色，冠冕归来不用惭。试看宛陵山泽好，满天星斗映江南。

○睡松

抱鹤卧长天，剪轻云，锁碧烟，虬龙夜夜随展转。吼风云醉眠，挺雄襟笑颠，任他沧海桑田变。最堪怜，蜉蝣[24]朝菌[25]，敢说岁三千。

○老梅

瘦骨偏飞雪里花，一帘寒影映奇葩。罗浮梦逗千年月，汉苑魂消午夜槎。断岸香云长结侣，孤山明玉自为家。披襟已许冰霜劲，长啸松涛玩物华。

○白月浮钟

蟾光如练絮瑶台，远韵拈云取次来。疏雨沉音敲断壑，淡烟传呗[26]响莓苔。听残寒渚天犹老，唤醒空林梦亦回。想象婵娟歌未罢，蕊珠戛玉夜徘徊。

○题燕台八景

一抹轻烟万缕霞，栽来片片絮寒沙。林迷野墅千重碧，鸟度斜阳九极赊。春想衣裳香露冷，风来帏幔暗罘[27]斜。连朝叆叇[28]何堪似，楚楚青螺衬绛纱。琼岛春云　青莲

静谷寒波挂碧峰，万山雨后一天红。飘摇欲卷旗旌午，汗漫[29]长飞海岳空。玉柱有光擎大地，石潭无影动游龙。丈夫极目争长啸，剑气铮铮贯九重。玉泉垂虹　云长

芙蓉池水碧于烟，秋梦偏长最可怜。红镜欲飞鸳黛懒，翠翘深锁凤台悬。相思镂月酬团扇，冷韵敲风泣暮蝉。放下水晶端正绮，轻描莲幕唤飞仙。太液澄波 云英

塞草沙风不胜春，万林晴霭上枫宸[30]。东来已望层云薄，西去犹知远黛陈。看尽古今余壮气，磨来日月倍精神。自与凤城相对好，参差青影接嶙峋。蓟门烟树 刘晨

欲上关前眺玉都，岚烟不碍白云孤。层波汗漫天风碧，苍黛嶙峋王气扶。浓淡远铺千树锦，参差遥接百花图。何须羌笛悲春事，今古兴亡若是夫。居庸叠翠 萧史

洪涛西去镜孤飞，送老燕山客路危。杨柳断桥千里梦，莺花长店十年非。利名场上英雄锁，今古愁中岁月围。多少五陵豪贵客，苍然芦荻吊轻肥。卢沟晓月 王方平

郭隗[31]功业几春秋，驻马斜阳燕水流。骏骨不枯声价重，雄襟未托意相投。云光远护秦关杳，剑气高飞帝阙浮。最是荆轲[32]知己恨，天涯老去任虚舟。金台夕照 刘安

一壶天地一瓢诗，极目晴岚任所之。林暮欲明烟淡淡，峰回才转树差差。镜含绛玉人依鹤，天锁琼台月浸池。不避晴辉酬世眼，万巅招饮映琪枝。西山霁雪 刘海蟾

〇铜雀台怀古 刘海蟾

汉家功业已萧萧，禾黍秋风历世朝。东去烟岚飞劫火，南来赤水拂鸣条。千年流瓦堪为砚，二月春风想阿娇。寄语机关名利客，空余芳草卧云霄。

〇空潭泛月 青莲

烟霞知己木兰舟，相伴婵娟任去留。短棹穿来菱镜冷，长风摇破碧天秋。波光潋滟沉星斗，沙鸟空蒙啄泡沤。一片清辉何所似，玉壶冰雪映瀛洲。

仙凡不隔，意气相孚。诸子不豪，吾侪亦寂。倾大斗以呼天，放长歌而寄傲。问婵娟消息，怜孤鹤之飞鸣；惜牛女殷勤，度寒梭而放浪。天知吾老，存诗骨于人间；酒纵君才，飞霓裳于阙下。平原[33]愧兵火之情，秦汉埋是非之口。乐哉今日，尽属忘机；永矣他年，不堪重订。牛羊衰草，悲歧路

之风烟；鸾凤箫台，看英雄之事业。但将肝胆酬人，不愧乾坤生我。叮咛告诫，诸子何如。

【注释】

①扶乩：一种民间请示神明的方法。将一丁字形木棍架在沙盘上，由两人扶着架子，依法请神，木棍于沙盘上画出文字，作为神明的启示，以显吉凶。

②俦：伙伴，同辈。

③吕纯阳、王方平、李青莲、云英、丁令威：吕纯阳即吕洞宾，传说中的八仙之一，名岩，字洞宾，号纯阳子。王方平是东汉时人，名远，字方平，在丰都平都山升天成仙。李青莲，即李白，号青莲居士。云英，仙女。相传唐长庆年间，秀才裴航落第，经兰桥，口渴，仙女云英饮以玉液果浆，后结为夫妇，遁入山中，成仙而去。丁令威，传说为汉辽东人，学道于灵虚山，后成仙化鹤归来，落城门华表柱上。

④薜萝：薜荔和女萝，后用以称隐士的服装。薜，薜荔。萝，女萝。

⑤阮郎：本指阮肇。汉明帝永平五年（62），会稽郡剡县刘晨、阮肇共入天台山采药，遇两丽质仙女，被邀至家中，并招为婿。后亦借指与丽人结缘之男子。

⑥宋玉（约前298—约前222）：又名子渊，崇尚老庄，战国时期鄢（今湖北宜城市）人，楚国辞赋作家。历史上著名的四大美男之一，风流倜傥，潇洒干练，反应敏捷，谈吐不凡，所以楚王经常要他陪伴伺候。作品有《九辨》《风赋》《高唐赋》《登徒子好色赋》等。

⑦婵娟：指月亮。

⑧敲枰：枰，围棋盘。下棋时踌躇凝思，反复推敲，故称。

⑨眉寿：长寿。人年老时，眉毛会长出几根特别长的毫毛，为长寿的象征，故称。

⑩蟾窟：即蟾宫，指月亮。

⑪茂陵：地名。在今陕西省兴平县东北，因汉武帝的陵墓在此而得名。

⑫李端端：唐代扬州名妓，居善和坊，被称为“白牡丹”。

⑬苏小小：苏小小，南齐人氏，江南名妓之一。

⑭哑哑：笑声。

⑮盘礴：盘腿坐在地上。

⑯牛槎：即牛皮排子，或称牛皮筏子。

⑰刘海蟾：名操，字昭远，号海蟾，五代燕山人。道教全真道祖师。

⑱舄：鞋。

⑲卢：同“垆”，酒家安放盛酒器的土墩子。

⑳九皋：曲折深远的沼泽。

㉑羲皇：即伏羲，古代三皇之一，教民佃渔畜牧，始画八卦，造书契。

㉒婆心：见《景德传灯录·临济义玄禅师》：“黄蘖问云：‘汝回太速生？’师云：‘只为老婆心切。’”后以“婆心”指仁慈之心。

㉓盐梅：调和。

㉔蜉蝣：虫名。幼虫生活在水中，生存期极短。

㉕朝菌：朝生暮死的菌类植物。

㉖呗：和尚诵经的声音。

㉗罘：窗户或屋檐下防鸟雀的网。

㉘叆叇：云多而暗的样子。

㉙汗漫：见“一〇四武人能诗”条注。

㉚枫宸：宫殿。宸，北辰所居，指帝王的殿庭。汉代宫庭多植枫树，故有此称。

㉛郭隗：战国时燕国人。燕昭王欲报齐仇，拟招徕人才，向他问计。他说：“请先自隗始。”昭王即为其筑宫而敬以为师，于是乐毅等相继而至。

㉜荆轲：战国时著名刺客。齐人。徙卫，人称庆卿。至燕，人称荆卿。曾奉燕太子丹命入秦刺秦王，事败被杀。

㉝平原：即平原君，战国赵武灵王子，惠文王弟，名胜，封于平原，故号平原君。相惠文王及孝成王。秦围邯郸，危急，用毛遂计，与楚定纵约，又求救于魏信陵君，使赵转危为安。

一九八　扶乩限韵

斋中虽有数友，而成章之速，令人应接不暇，因以一题难之：第一句用“春夏秋冬”，二句用喜怒哀乐，三句用琴棋书画，四句用风花雪月。即以

“风、花、雪、月”为韵，索绝句四首。方出题限韵，而运乩如飞，顷刻立就，亦异事也。

海棠帘外露娇容春，含笑桃花半面红[①]喜。一奏虞弦[②]消永昼琴，不知庭院欲薰风风。

斗柄回南乳燕斜夏，漫将蒲剑斩青蛇怒。槐阴深处楸枰午棋，敲落蔷薇一树花花。

淡烟衰柳残蝉咽秋，瘦马斜阳独悲切哀。一行雁字写长空书，不堪鬓上江湖雪雪。

阵阵朔风沙草白冬，浅斟画阁红炉热乐。卷帘闲看小江山画，梅梢挂个多情月月。

【注释】

①取自唐代诗人崔护的作品《题都城南庄》“人面桃花相映红”句意。

②虞弦：出《礼记·乐记》：“昔者舜作五弦之琴，以歌《南风》。”舜即虞舜，后因以“虞弦”指琴。

一九九　扶乩阴气

古乩仙诗传者固少，佳者亦不多见。兹十中存一，首首见奇，句句标新。抑且每命一题，言才脱口，业已运乩如飞，诗词序跋，应手告成矣。即使宿构[①]抄誊，亦不应其速乃尔。虽神仙游戏，自异尘凡，然当萧史、弄玉、徐福[②]时，五言未创，淮南王[③]、关夫子[④]时，何来近体？岂谢康乐[⑤]亦解作《如梦令》耶？心窃疑之，恐非神非仙也。或才鬼遇符而至，托以示幻，亦未可知。偶谒大司空朱公之弼[⑥]，一见即询“君近何为？”答曰：“闭户读书，为应试地耳。”朱公曰：“是大不然。吾人读圣贤书，正大光明，必体气充裕，今君满面阴气，何也？”予惊惧，诺诺而退。遂毁其乩坛，止志其诗词之佳者。

【注释】

①宿构：预先拟就。

②萧史、弄玉、徐福：传说中春秋时的人物。萧史、弄玉，据汉刘向

《列仙传》，萧史善吹箫，作凤鸣。秦穆公以女弄玉妻之，作凤楼，教弄玉吹箫，感凤来集，弄玉乘凤、萧史乘龙，夫妇同仙去。徐福，字君房，齐地琅琊郡（今江苏省连云港市赣榆区金山镇徐福村）人，秦代著名方士，相传是鬼谷子的关门弟子。

③淮南王：即刘安，其好道家之术，曾召集人炼丹制药。刘安和众门客著有《淮南子》（又名《淮南鸿烈》），内容涉及政治学、哲学、伦理学、史学、文学、经济学、物理、化学、天文、地理、农业水利、医学养生等领域，包罗万象，集中体现了道家思想。

④关夫子：见“八七志在春秋”条注。

⑤谢康乐：即谢灵运（385—433），小字客儿，陈郡阳夏（今河南太康）人。因袭封康乐公，故世称谢康乐。曾官永嘉太守、临川内史等。工书法，学王羲之，真草皆臻其妙。亦工画，能作佛像，曾在浙西甘露寺内画菩萨六壁。

⑥大司空朱公之弼：即朱之弼（1610—1683），字右君，顺天大兴（今属北京）人，清朝大臣。顺治三年（1646）进士，授礼科给事中，转工科都给事中，后任户科都给事中、工部尚书等。大司空，清代对工部尚书的尊称。

二〇〇　青燐荧火

赐第在西华厂南门，近东空地一区，每夜犬吠不止。家人杨骚达子[①]梯墙而视，火光荧然，以为财也，急告先君[②]。初犹未信，后往视之，叱曰：“此青燐也，何怪焉。”家人默然。三更后，潜率其子踰[③]墙而往，掘地三尺，果得枯骨一具。先君知之大笑，即令买棺盛之，移瘗[④]野外，后遂寂然。

【注释】

①达子：清朝汉人对蒙古人的称呼。

②先君：见“一〇二施愚山”条注。

③踰：翻越。

④瘗（yì）：埋葬。

二〇一　白银化鸡

先君出征闽中，贼平后，入山搜捕余党。轻身前进，从人行李仍留营内。有俸饷[①]银数百两，内元宝一，余俱小锭，藏瓮中。家人连二，每夜见一母鸡带雏数百，飞立屋瓦之上。先君回军，前项散给兵丁，遂无所见。岂小人福薄，不能压此物耶？

【注释】

①俸饷：指官兵的俸禄和粮饷。

二〇二　夜半红灯

先君在闽，闻先慈[①]马太君丧，亦效世俗延僧诵佛书，于郊外放焰口[②]。夜将半，见红灯前导，从者数骑，冉冉而来。意谓必参领[③]李某探望耳，久待不至。差人飞马往迎，忽不见。

【注释】

①先慈：对已故母亲的称呼。

②焰口：见“一二四论舞”条注。

③参领：官名。满语为甲喇额真，汉译“参领”。

二〇三　旅店旋风

先四叔光耀为泾州牧，出城过一旅店，门首大旋风围绕不散，即下马入店。店主之妻蹑家人田二足[①]云：“凡事遮盖，当有重报。”盖误认为衙役也。田二以告，愈疑之，遍搜内外，毫无形迹。忽闻灶下一声如爆竹然，其旁有干马通[②]一堆，掘之得死尸，银百两，布百四十匹，是其谋财杀命者。其夫方在后园掘窖，盖欲于夜间掩埋其尸耳，战栗不能动，一询即服，夫妇伏诛。

【注释】

①蹑家人田二足：踩家人田二的脚。蹑足，踩别人的脚，以示有所示意。

②马通：马粪。

二〇四　鹅飞

陆佃[①]云："鱼满三千六百，则蛟龙引之而飞，纳鳖守之，故鳖名神守[②]。"鹅亦有能飞者。湖南李方伯[③]畜鹅成百，一日连翅御风而飞，不知去向。幕友曰："此不祥兆也。"未几，方伯卒。又，江南天长县铜城镇，镇为吴王濞[④]铸钱之地。有姚姓家巨万，畜鹅数百。鹅夜见人，群惊而鸣，其声哄然，有警则觉。既可畜以取利，又可防盗守更。突然衔尾群飞如白鹭横空，众多不解。期月，奸人诬以助饷谋叛，伏诛，家产籍没[⑤]。谚云："水净鹅飞"，几先见矣。

【注释】

①陆佃（1042—1102）：字农师，号陶山，越州山阴（今浙江绍兴）人，陆游祖父。著有《陶山集》《埤雅》《鹖冠子注》等。封吴郡开国公，赠太师，追封楚国公。

②神守：鳖的别称。

③方伯：见"一九二李总戎"条注。

④吴王濞（bì）：即刘濞（前216—前154），沛县（今江苏省）人，汉高祖刘邦的侄子，刘仲的长子，刘邦封为吴王。刘濞为人极为剽悍勇猛而有野心。汉文帝时，刘濞的儿子吴国太子在京城与文帝皇太子下棋时出现争执，后吴太子无礼，被皇太子所杀。刘濞在封国内大量铸钱、煮盐，以扩张割据势力，图谋篡夺帝位。汉景帝采御史大夫晁错建议，削夺王国封地，他以诛晁错为名，联合楚赵等国叛乱。后兵败被杀。

⑤籍没：登记没收。

二〇五　义犬

妹倩董副使绍孔[①]，昔任西安太守，为余言：秦中有商于外者，归，挈一犬以行。抵黄河，行囊在船，候人满乃渡。偶腹痛欲泻，亟上岸，犬随往。有布袋里银五十两，解置地，戏向犬曰："看好。"少顷，舟子以人满风顺，连催登舟，帆已满张，一瞬而开矣。关中黄河，水如建瓴[2]，对渡二十里许方达。商入舟，方悔忘银与犬，然日暮不能再渡，明晨纵往，安得前银尚在？遂归。越明年，渡河复经前地，慨然曰："银已无存，犬何归乎？"往寻，见狗皮覆地，检之，白骨一堆耳。商悯焉，掘地埋其骨，骨尽则前银尚在。盖犬守银不离，甘饿死，覆尸银上耳。商泣瘗[3]之，为立冢。谚云"宁畜有义犬"，旨哉，言乎！

【注释】

①妹倩董副使绍孔：即董妹倩，字绍孔，辽东人，清代监生，康熙三十年（1692）任洮岷道，后任西安太守。

②建瓴：筑在屋顶上的瓦沟，此处形容水流速度快。

③瘗：见"二〇〇 青燐荧火"条注。

二〇六　坛中钱

先外祖母家蠢仆窦三，锄园露一巨坛。三喜曰："此财物也。"亟以棉衣质银，买牲楮[1]祭拜。及开坛，惟满坛白水，下有银一小锭。秤之，适偿其办祭之数。

【注释】

①牲楮：祭祀用的牛、羊、猪和纸钱。楮，纸钱。

二〇七　宝应暴风

扬州之宝应县运河内，有红船二，泊甚稳。忽被暴风飘起，一送向东岸野田内，一送向西泛光湖中。离河下坂一家方祀先，下拜毕，起视所居房，风飘云际，如纸鸢[1]状，而祖先前之香火仍荧荧然[2]。康熙壬午七月十五日事也。

【注释】

①纸鸢：风筝。

②荧荧然：火光闪烁的样子。

二〇八　龙见

乙酉五月，阅看河道形势，驻盱眙县之玻璃亭。数日大雨如注，稍霁[①]，扬帆赴龟山淮渎庙。庙在水中，即大禹时，命大将庚辰[②]锁水怪无支祁[③]处。返棹时，风雨大作，雨点大如茶盂。见四龙挂空中，最近者可一箭及之，然皆不露头角。止见大水四股，倒流上天，如旱地之大旋风，声势俱恶。历数十刻，渐次消完，完时犹若有余波自上而下者。据土人云："年年有之，无足怪。"王新城[④]《渔洋集》亦载，《纪异行》："壬寅七年海东啸，崇川化作鼋鼍[⑤]乡。今年雨雹杀禾稼，雉皋民徙龙为殃。"注有"龙见如皋境内，挟巨舰飞空中"，则龙见亦寻常事也。

【注释】

①霁：天晴。

②庚辰：古代传说中的助禹治水之神。

③无支祁：古代传说中淮水水怪名。

④王新城：见"九五用古人句"条注。

⑤鼋鼍：巨鳖和猪婆龙（扬子鳄）。

二〇九　马不群母

乡人有马生驹，驹已长可乘，母马又将受孕。乡人惜费，即欲以驹与交，百计道[①]之，驹弗肯。虽畜类，亦知伦理。其邻教以物蔽马与驹之目，驹不知，遂交。交毕，去其蔽物。驹见其母，咆哮奔跃，触树而死。里之长鸣于官。官曰："尔愚民也，为省小费，爰丧其马。马不群[②]母，尔知之乎？尔真禽兽之不如也！"重责之，令瘗其驹。康笔帖式[③]曰："诚然。口外马群以数千百计，然溷杂难辨，久而忘焉，亦不识孰为何马之驹，孰为何驹之母。偶为检查，见有驹而盲者、目病者。阿敦大曰：'此必自群其母也。'"阿敦大[④]，司马者之官名。

【注释】

①道：引导。

②群：会合，交合。

③笔帖式：官名。清代于各衙署设置的低级文官，掌理翻译满汉章奏文书。

④阿敦大：满语音译，意为“牧群官”。

二一〇　麒麟皮 空青壳

余昔守括苍兼摄[1]杭郡，于藩库见一草楦[2]麒麟，皮系牛，产于萧山民家。[3]首肖牛，小角崭然，遍身鳞甲。鳞大于钱而色黑，及踵皆有。尾似纨扇而圆，小鳞甲砌满。又，大石块分而为二，中有穴，光润滑泽，绝无斧凿痕。吏人曰：“此空青[4]壳也，其穴即盛空青者。”俗云：“石有空青，人无瞽目。”果其然乎？

【注释】

①摄：见“四四方竹”条注。

②草楦：拿草把物体中空的部分填满使鼓起来。

③中华书局本和上海古籍出版社本标点为“于藩库见一草楦麒麟皮，系牛产于萧山民家。”误。

④空青：孔雀石的一种。产于铜矿中，状若杨梅，色青，大块中空，内有浆，可治目疾。

二一一　大猕猴美人

广平赵进士昌龄[1]云：明崇祯末年，京师一痴汉能变美人。初延痴汉于家，使之醉饱，卧于室内，遮藏甚密，不许人见。设镜台衣服之类，少顷装成绝色女子，冉冉而至，坐南面，设香烛供奉。自言名申生，已登仙箓[2]，不食人间烟火，惟啖果而已。人稍稍近之，便觉昏闷。一日，诸恶少置数大爆竹于香炉内，香尽，竹响如霹雳声，出其不意。美人大惊，卸去衣饰，乃现真形如犬大猕猴，跳跃升屋而去。始悟申者，猴也，不食烟火，爱啖果者，猴性然也。回视痴汉，欠伸喜曰："我半年在醉梦中，今日方醒。"

【注释】

①广平赵进士昌龄：即赵昌龄，康熙十五年丙辰科（1676）三甲进士，直隶广平人。

②仙箓：神仙名录。

二一二 马化治狐

先中丞为江南方伯时，衙署即明朝徐国公达[①]故宅也。旁有瞻园，山洞池馆，无一不备。一日，有长随[②]马化者，膂力过人，心粗胆壮，向池边闲步。时已薄暮，见一女子色殊艳丽，先则反接[③]徘徊，后即倚栏小憩。马心异之，因思主翁眷属尽系满妆，今此汉妆，必怪物也。趋向前，双手关抱[④]。彼惊，一跃，马已昏倒在地。少顷，马之寓处，飞沙走石，门窗几榻，为之荡然[⑤]。有时饭熟，釜内尽是马矢[⑥]，有时家人溺器无一存者，有时清晨，夫妇衣帽俱不见，寻至粪窖中，悉被污秽。如此旬日，不堪其苦。告之先中丞，亦无法可治。幕友徐子干代为筹划，取黄纸书词状，令马于城隍庙焚之。如此三夕，闻人马金戈之声，纷驰屋上。次蚤[⑦]于院内得一死狐皮而无毛，一家遂得安然。徐子干每夜闻窗外哭泣声，心恶之，移出署外，卧病一月方痊。

【注释】

①徐国公达：字天德，濠州（治今安徽凤阳）人。明初名将。曾任右丞相，封魏国公。

②长随：官府雇用的仆役。

③反接：两手背在身后。

④关抱：应即"合抱"义。

⑤荡然：毁坏，消失。

⑥马矢：即马屎。

⑦蚤：同"早"。

二一三　狐房客

东昌曹宅与寒舍稍有瓜葛，先世颇富，其致富之由，后人历历言之。始有一老者造谒，身短貌陋，自言姓白，别号餐霞老人。称曹为善人，欲借宅同居。曹曰：“院宇湫隘[①]，未敢相许。”白曰：“不须房屋，止尔东园草垛足矣。”曹唯唯。次日于屋之承尘[②]内有声，不复见形，曰：“吾已挈眷属迁至尊府矣，幸勿令闲人往来，群犬更须驱遣，勿使擅至东园。”曹欲设席以尽居停，白曰：“何烦重费主人耶，止鸡子数百，火酒二尊足矣。”一日晨，主妇见灶下一白物，似犬而小，熟睡。惊之，踉跄而去。少顷承尘内云：“今日甚觉无颜，未曾衣冠，被主母遇见，不及一揖，幸恕之。”一夕，曹会饮亲友，白曰：“吾当游戏，为诸君侑觞[③]可乎？”曹曰：“善。”遂令门窗俱闭，灯火尽灭，诸人于窗隙中见一物如鹅卵大，光灿照耀，吐上半空，仍复吞入。吐则亮，吞则黑，如此者十余次。座客曰：“此即所谓媚珠也。”曹偶向白戏曰：“老人来去无踪，可能取金帛助我乎？”白曰：“吾辈修炼多年，上则成仙，次则望得人身。若行损人利己之事，有犯天条，祸且不测。但主人肯听吾言，致富亦易易[④]耳。”嗣后每向曹曰，某粮米当屯，某豆谷当积。后果腾贵，获利无算[⑤]。某药物应贩，某币帛应置，某夏当旱，某秋当涝，每得风气之先，遂成巨富。一日，白忽云：“当于百里外治一大宅，家资移去为上。”曹从之。又曰：“我亦当挈眷向山中去矣。”迟一月，匆匆而言：“速搬，速搬。”十日后，流寇果至，焚掠无遗，其旧宅尽为灰烬矣。

【注释】

①湫隘：见“一五三公冶夫人”条注。

②承尘：承接尘土的帐子或小帐幕。

③侑觞：佐酒（以助兴）。

④易易：变得容易。

⑤无算：无数。

二一四　走无常

阴曹所差遣曰“疾脚”，犹阳官所役之“快手”也。凡阳世生人应役阴司者曰走无常。第不解阴司何以多用生人，岂阴司事务浩繁，偶不足用欤？抑借生人以显其灵异欤？若以理考，尽属幻渺，而又言之确有可据，关系生死之大，使人不得不信，不敢有疑贰[1]于其间者。如濬县李某，其岳曾为司李[2]，相离四百余里。李之邻有为疾脚者，忽向李曰：“令岳如夫人[3]，于今日午前暴亡矣。”李曰：“何以知之？”曰：“吾奉差往勾也。”李不之信，曰：“彼素无病，何至暴死。”疾脚曰：“彼于楼上梳头，刚毕，被吾脑后一击，即吐血掊地气绝耳。吾勾至冥司，候王升殿，曾私问判司，彼年少艾，何至暴死，父母夫妻皆未一诀，是犯何罪？”判曰：“其夫主司李，莅任后接取家眷，彼以卑妾，冒为正妻，公然摆列执事，受属官之跪拜。以微贱而僭上越分[4]，是以损寿暴亡耳。”李曰：“此事诚有之。”四日后讣至，讯死状，与疾脚之言吻合。

【注释】

①疑贰：因猜忌而生二心。

②司李：掌狱讼之官。古代“理”“李”字通，故“司理”亦称“司李”。

③如夫人：原意指同于夫人，后用作称妾。

④僭上越分：超越本分。

二一五　走解

“走解”本军营演习便捷之法，晋曰“猨骑”，明曰“走骠骑”，皆于马上呈艺，上下左右，超腾蹻捷。近则男子较少，咸以妇女习之，为射利[1]之场，奸污之技矣。须演马极熟，马疾如飞，妇女乃于鞍上逞弄解数，有名“秦王大撇马”、“小撇马”、“单鞭势”、“左右插花”、“蹬里藏身”、“童子拜观音”、“秦王大立碑”之类。或马首或马尾，坐卧偃仰，变态百出。抑且倒竖踢星，名“朝天一炷香”。疾驰不稍欹侧，两马对面相交，能于马上互换相坐，统曰“走马卖解”，俗所谓“卦子”也。又有戏幻之术，器物可以隐藏，饮食可以取致，见者无不讶异。若《西京赋》[②]所云：“易貌分形，吞刀吐火，云雾杳冥，画地成川。”是幻法也，久已不传。近今所见，不过手法快便，眩乱人目而已。诚若《帝京景物略》[③]云：“捷耳，非幻也。”有弄猴为戏者，教习极熟，登场跳舞，皆合拍。或更挈一犬，猴乘犬背，若人驰马。近惟丐者为之。更有妇女走索者，梁名“高絙”。伎以两木架大绳，相去数丈，一女行其上，或二女各从一头上，对舞而前。手持一竿，缚米囊于两头，以权轻重之平。前却疾徐，如履平地，相逢比肩而不倾。又有妇女仰卧，以两足承巨缸，颠播上下，无不如意。或立一幼女于足底，且拜且舞。更复向空立一小梯，幼女层递撺上复下，故作倾跌状。观者惊骇，卒安然无恙。至于三槌打鼓，手转三刀，以头承丸，又其余事矣。凡此皆失业贫民不得已而为之，借以聚众醵钱[④]，以资衣食。然奸盗诈伪亦从此生。当作戏术时，虽众目环视，在在[⑤]眩（盗）乱，何难乘机一作掏摸伎俩乎？至走索卖解者流，身轻足疾，飞檐走壁之技，固所优为。因系妇女，或宦衙演戏，大户传唤，深闺内宅，皆能得入。窥探门户出入之路，日所经行，夜如熟径矣。何况鞍马之上，便捷轻利，抢夺剽掠[⑥]，无不可为，亦谁得而御之！余观察西江时，有走索者，以男装女，自幼弓足，留发，穿耳，无赖挟之往来，甚为叵测。余访拿重处，递解回籍。康熙五十一年部覆陕西提督潘育龙[⑦]因陈四等一案题奉谕旨，将走马卖解踩索之人，尽行查拿安插，并定文武失察处分之例甚严，而游手之徒并为敛迹矣。

附　陕西提都潘原疏

窃照陈四等率领妻子游走于外，凭其走马卖解、卖〈踩〉索、算卦为生，俗名之曰“卦子”。大抵江北各省，皆有此类，惟山陕两省，此辈尤多。其父祖子孙，辈辈相习，以为生活之计，不务耕织，游手好闲，寡廉丧耻之顽民也。臣窃思以为除匪类须穷源除根。今臣所属各营，已经陆续拿获卦子二十八起，合计男妇大小五百八十九名口，并马骡牛驴猪羊共六百一十匹头只。俱移咨督抚，交送有司审理在案。但虑秦省各府州县，犹有卦子尚多。若尽行拿获，未有行凶恶迹；若不行查拿，恐将来此辈难保不行走于外。现今遵奉查拿，若不行安插，恐此辈畏罪潜逃他方，聚众成群，妄生事端，亦未可定。在彼所犯固王法难宥[⑧]，岂不有负我皇上好生之德？以臣管见，莫若通行各省督抚，责令各府州县卫所在于乡村堡寨细查，如有卦子之徒，令其男妇痛改不善之艺，或就编入现住地方里甲为民，或拨给绝户[9]田地，抑或令开垦荒地，将现有骡马牲畜变为牛种，载入赋役册内，按季取乡约[10]、地方、里长[11]、邻佑甘结存查。如再有违禁出外游走，令里长、邻佑、乡约、地方举报地方官，严加重处。如本地方官不行严查，纵容此辈行走，被别处地方文武官员拿获，议定处分，载入例内。如是，则渐皆化为务本之良民矣。

【注释】

①射利：见“一六四西溪香国”条注。

②《西京赋》：东汉文学家、科学家张衡所作赋体。

③《帝京景物略》：明刘侗、于奕正合撰。记述北京风土景物之专书。

④醵（jù）钱：聚集钱财。

⑤在在：处处，到处。

⑥剽掠：劫掠。

⑦陕西提督潘育龙（？—1719）：字飞天，甘肃靖远人，清代将领。康熙四十年（1701），任陕西提督。

⑧难宥：难以饶恕。

⑨绝户：参“一五三公冶夫人”条“老绝户”注。

⑩乡约：清时乡中小吏。

⑪里长：古代乡村小吏，负责掌管户口、赋役等事。

二一六 南北嘲

“门前一阵骡车过，灰扬，那里有，踏花归去马蹄香。棉袄、棉裙、棉裤子，膀胀[1]，那里有，佳人新试薄罗裳。生葱、生蒜、生韮菜，腌臜[2]，那里有，夜深私语口脂香。开口便唱冤家的，歪腔，那里有，春风一曲《杜韦娘》[3]。开筵便是烧刀子[4]，难当，那里有，兰陵美酒郁金香。头上鬏髻高尺二，村娘，那里有，雾髻云鬟宫样妆。行云行雨在何方，土坑，那里有，鸳鸯夜宿芙蓉帐。五钱一两戥头[5]昂，便忘，那里有，嫁得刘郎胜阮郎。”右金陵陈大声[⑥]嘲北妓也，名曰《南嘲北》。“几层薄板为家业，穷蛮，那里有，鸡犬桑麻二顷田。出门便坐竹兜子，斜颠，那里有，公子王孙压绣鞍。惰民婆子村庄俏，情牵，那里有，十二红楼人似仙。黄橙梅子充佳味，牙酸，那里有，云枣哀梨蜜比甜。竹篱茅舍几多高，一钻，那里有，甲第连云粉画垣。八搭草鞋精脚上，难穿，那里有，门迎珠履客三千。低头不敢偷睛看，皇天，那里有，赵女燕姬玉笋尖。广法苏马[⑦]弄机关，骗钱，那里有，千金一掷瞻如天。”右顺德乔文衣[⑧]作，名《北嘲南》，所以答大声也。《南嘲》虽少蕴藉，然不过讪笑翠馆红楼中粗鄙之甚者耳。词旨分明，原无涉于北方人士。引诗既雅，亦足解颐[⑨]。《北嘲》则肆声谩骂，尽人为仇，俨然平分南北，反置南妓于不问。不独有伤忠厚，且词意上下不能贯串，殊无足取。更有《南北解嘲》八则，不知出自何人，以南北之方言、方物比合较量，权得其平。如此之某某也，配得过彼之某某；此之这般也，配得过彼之那般。俚句聱牙[⑩]，更堪捧腹，又出《北嘲》之下，词不足存，故未附入。

【注释】

①膀胀：肿大。

②腌臜：方言词，不干净。

③《杜韦娘》：原唐歌女名，后用为曲名。

④烧刀子：当时一种烈酒。

⑤戥头：不够分量的小差额。

⑥陈大声：本名陈铎（约1488—约1521），明代散曲家。字大声，号秋碧。南直隶承宣布政使司下邳（今江苏邳县）人，居金陵。

⑦广法苏马：广东和江苏等地的法马。法马，即今砝码。清翟灏《通俗编·交际》：“交易者以铜为法，衡银轻重，谓之法马，皆属计数之意。”

⑧乔文衣：名钵，字文衣，直隶顺德府内丘县（今邢台市内丘县）人。明末贡生，入清后，历任宁波府经历、湖口县知县、剑州知州等职。

⑨解颐：开颜而笑。颐，面颊。

⑩聱牙：晦涩难懂。

二一七 南北谚

南北谚有冬至数九，一九至九九云云，亦犹月令中一月六候，以验节气寒暖也。四方之说各异。若夏至后止分初伏、中伏、末伏，并无数九之说。偶阅明人田汝成《委巷丛谈》[①]，杭人夏至后亦有数九。谚语云："一九、二九，扇子不离手；三九二十七，冰水甜如蜜；四九三十六，拭汗如出浴；五九四十五，头戴秋叶舞；六九五十四，乘凉入佛寺；七九六十三，床头寻被单；八九七十二，思量盖夹被；九九八十一，家家打炭墼[②]。"各处节候、方言之不同有如此。

【注释】

①田汝成《委巷丛谈》：田汝成（1503—1557），字叔禾，原为钱塘（今杭州）人，因与诗人蒋灼交厚，移家居余杭方山。明嘉靖五年（1526）进士。曾任南京刑部主事、礼部主事、贵州佥事、广西右参军、福建提学副使等。著有《西湖游览志余》，其中卷二十五为《委巷丛谈》。

②炭墼：用炭末和泥土捣紧所制成的块状燃料，可用来燃烧取暖。

二一八 瓷器

瓷器始于柴世宗[①]，迄今将近千年，徒传柴窑片之名，所谓雨过天青者，已不可问矣。嗣后惟官、哥、汝、定，其价甚昂，间亦有之，然而不易多得。若成窑五彩暗花而体薄者，鸡缸一对，价值百金，亦难轻购，本无多也。再之，宣窑最佳，一时称盛，而真者固少。以其嘉、万[②]之间，本朝便仿本朝，极易溷淆。至国朝御窑一出，超越前代，其款式规模，造作精巧，多出于秋官[③]主政伴阮[④]兄之监制焉。近复郎窑为贵，紫垣中丞公[⑤]开府西江时所造也。仿古暗合，与真无二。其摹成、宣黝水颜色，橘皮棕眼，款字酷肖，极难辨别。予初得描金五爪双龙酒杯一只，欣以为旧。后饶州司马许玠[⑥]以十杯见贻，与前杯同，讯知乃郎窑也。又于董妹倩[⑦]斋头见青花白地盘一面，以为真宣也。次日董妹倩复惠其八。曹织部子清[⑧]始买得脱胎极薄白碗三只，甚为赏鉴，费价百二十金。后有人送四只，云是郎窑，与真成毫发不爽，诚可谓巧夺天工矣。瓷器之在国朝，洵足凌驾成、宣，可与官、哥、汝、定媲美。更有熊窑，亦不多让。至于磁床、磁灯，又近日之新兴也。

【注释】

①柴世宗：即后周第二位皇帝柴荣，周太祖郭威养子，又称郭荣。柴荣驾崩后，庙号世宗。

②嘉、万：即嘉靖、万历。

③秋官：《周礼》六官之一，掌刑狱。后世常以秋官为掌刑法官员的通称。

④伴阮：参看“四〇 刘伴阮”条及注释内容。

⑤紫垣中丞公：郎廷极（1663—1715），字紫衡、紫垣，号北轩，清代隶汉军镶黄旗，奉天广宁（今辽宁北镇）人，康熙间以门荫授江宁府同知，历任云南顺宁知府、江西巡抚等。督造官窑瓷器，世称郎窑，官终漕运总督。有《北轩集》《胜饮编》《文庙从祀先贤先儒考》等。中丞，清朝对巡抚的别称。

⑥饶州司马许玠：即许玠，正红旗人，曾任饶州同知、岳州知府。

⑦董妹倩：见“二〇 五义犬”条注。

⑧曹织部子清：即曹寅，见“一七八前后琵琶”条注。

二一九　服饰器用

服饰器用，有一时之好尚，即戏弄小物，亦因时制宜，而穷工极巧者。明时内官[①]家以斗促织[②]为能事，其养促织之盆，稍小于斗促织之盆，一盆皆价值十数金。又喜畜猫，各编以美名，如纯白者名“一块玉”，身黑而腹白者名“乌云罩雪”，黄尾白身者名“金钩挂玉瓶”之类，甚有染色大红者。其饲猫之器皿，用上号铜质制造，今宣垆内有名猫食盆者是也，价更重于促织小盆。即养画眉翎毛笼内所用食水小磁礶，亦价值数金。近今惟尚斗鹌鹑。鹌鹑口袋有用旧锦、蟒缎、妆花、绛丝、猩毡、哆啰呢[③]，而结口之束子有汉玉、碧玉、玛瑙、砗磲[④]、琥珀、珐琅[⑤]、金银、犀象。而所用烟袋荷包，更复式样更新，光彩炫耀。迩来更尚鼻烟，其装鼻烟者，名曰鼻烟壶，有用玉、玛瑙、水晶、珊瑚、玻璃、缕金、珐琅、象牙、伽楠各种，雕镂纤奇，款式各别，千奇百怪，价不一等。物虽极小，而好事者愿倍其价购之以自炫，然转眼间所好更变，又不知何如矣。

【注释】

①内官：宦官，太监。

②促织：蟋蟀的别称。

③哆啰呢：一种较厚的宽幅毛织呢料。

④砗磲：一种生活在热带海底的蛤类动物的壳，可作装饰品。

⑤珐琅：用石英、长石、硝石和碳酸钠等加上铅和锡的氧化物烧制成的像釉子的物质。用它涂在铜质或银质器物上，经过烧制，形成不同颜色的釉质表面。

二二〇　食欲

昔陕西有以“汤[①]驴”作方物[②]，远贻馈人者，据云味最佳美。考其制法，备极惨酷。先以厚板铺地稍高，多钉坚实，而凿四眼，仿驴身、驴蹄之大小。拉驴上板，纳四蹄于眼中，不容稍为展转。乃以多沸热汤浇之，自头至尾遍体淋漓，以毛尽脱为度。竟成雪白一驴，而命已绝，肉已熟。其死甚于一刀，恸楚[③]为何如耶？继为取出开膛，剖去肠脏，分割其肉，量大小成块，悬之风处风干。犹嫌其肉太松，将肉用芦篾上下夹好，置诸通衢，任车马往来践踏，久之方行收好，不啻珍错[④]之藏。非大好筵席不轻用，本地极贵重之，故远致方物也。又，天津卫有小鸟，黑爪，故名“铁脚”，烹炒为下酒物，味鲜爽口。其鸟群飞，以网罗之，一网可得若干。其挦[⑤]毛之法则大奇：掘地作一坑，用火炽红，将鸟从网倾入，以物覆之，彼于内乱飞相触，热气交加，互相扑打，毛自尽脱。不假人力，诚火攻也。又，前朝内监性嗜鹅掌，嫌其不甚肥厚，乃以砖砌火坑，烧之近赤，置鹅于上。砖热，鹅立脚不住，自行蹀躞[⑥]，一身血脉，尽注于掌。其掌愈蹀愈厚，鹅受炙不过而死。适于口，忍于心矣！僧谦光曾云："老僧无他愿，鹅增四脚，鳖着两裙足矣。"[7]迩者，江淮僧人，嗜鳖之法甚于俗家。釜水微温，置鳖于内，将锅盖预凿数孔如所置鳖之数，盖定以重物压之，然后以薪燃灶，令水渐次而热。鳖觉水热，沿盖得孔，以头探伸而出。先以姜汁、椒末、酱油、酒醋调和匀好，乘其热极口张，以匙挑而灌之，五味尽入腑脏，遍身骨肉皆香而死，奇惨异苦。僧见其状，向之合掌曰："阿弥陀佛，再忍片时便不痛矣。"真所谓不秃不毒，不毒不秃者耶！嗟乎，口腹之奉，谁不欲之？即孔子圣人，犹云"食不厌精，脍不厌细"，亦未尝教人甘为（为）粗粝[8]腐儒餐也。近日有全羊设馔者，以羊之全身制为十六器，或十二器，而汤点[9]皆用羊。又有以全鹅二三只，制十二器，或十六器者，汤点亦皆用鹅。不杂他物，可谓穷工极巧矣。然不过烹炮[10]精美，未有戕生害命如前驴鳖之甚者。即何曾[11]日食万钱，犹云无下箸处，赵嵒[12]一饮食必费万钱，何邵[13]一日之供以费钱二万为限，亦不过备四方之珍异耳，何尝著其酷烈杀生哉？但食品丰俭，各随人之性情。晏婴[14]为相，尚食脱粟[15]。公孙弘[16]以丞相封平津侯，犹脱粟布被，世皆贤之。万钱之奉，是不为也，非不能也。乃更有少年纵恣者，欲食牛羊诸牲之肉，一呼即得，不能待其宰杀，乃生割其肉而烹炮之，吾不知其是何心也！裴晋公[17]每语人曰："鸡猪鱼蒜，逢着便吃"。予服其天然，不设色相，是真学问。国朝初年，扈侍御申忠[18]巡按陕西，访知汤驴一事，严饬禁止。一有犯者，罹[19]以重法，此风稍戢[20]。至鹅掌、铁脚、炰鳖、生割之惨，间有为之者，安得复见扈侍御其人，遍行禁绝乎？

【注释】

①汤：热水。

②方物：地方所产物品，土产。

③恸楚：悲哀痛苦。

④珍错："山珍海错"的省称，泛指珍异食品。

⑤挦（xián）：拔，扯。

⑥蹀躞：小步走路的样子。

⑦参见《五代史补》，僧谦光有才辨，饮酒食肉。尝云："但愿鹅生四掌，鳖留两裙足矣。"

⑧粗粝：（食物的）粗劣。

⑨汤点：茶水与点心。

⑩烹炮：烧煮熏炙，指烹调的手法。

⑪何曾（199—279）：原名何谏，字颖考，陈国阳夏（今河南太康）人。西晋开国元勋，曹魏太仆何夔之子。何曾一生奢侈无度，讲究饮食，有"何曾食万"的典故，著有《食疏》。

⑫赵嵒：原名赵霖，字秋巘，陈州（今河南淮阳）人。忠武军节度使赵犨次子。五代后梁太祖朱温女婿，即驸马都尉。后赵嵒因助后梁末帝即位有功，封为租庸使、守户部尚书。赵嵒也以勋戚自负，借职务之便货赂公行，大肆收受贿赂，生活穷奢极欲，办嘉羞法馔，动费万钱。

⑬何劭（？—301）：西晋陈国阳夏人，字敬祖。何曾子。少与司马炎善。炎为晋王太子，以劭为中庶子。炎称帝，转散骑常侍，迁侍中尚书。甚骄奢，一日之供以钱二万为限。卒谥康。

⑭晏婴：晏子（前578—前500），名婴，字仲，谥平。夷维（今山东省莱州市）人，春秋时期著名政治家、思想家、外交家。

⑮脱粟：仅去除皮壳而未精碾的粗米。

⑯公孙弘（前200—前121）：字季齐，菑川国薛县（今山东省滕州市）人。汉武帝时丞相，封平津侯。

⑰裴晋公：即裴度（765—839），唐代文学家、政治家。字中立。河东闻喜（今山西闻喜）人。贞元五年（789）进士。封晋国公，世称裴晋公。死后赠太傅。

⑱扈侍御申忠：即扈申忠。顺治十三年（1656），由户科副理事官升浙江道监察御史。康熙初，曾任陕西巡抚。

⑲罹：遭受。

⑳戢：停止。

二二一　诸酒

京师馈遗，必开南酒为贵重，如惠泉、芜湖、四美瓶头、绍兴、金华诸品，言方物也。然惠泉甜而绍兴酸，金华浊浓，均非佳酝。唯四美瓶头与涞酒兑半相和，则美甚矣，但其价过昂，杖头[①]每苦不足。若煮"涞""清雪”相和，名曰“兑酒”，京师所常用者，味亦不多让[2]也。虽有易水、沧州、竹叶青、梨花春等类，总不如涞水苦冽。予在淮南，每岁于粮艘回空，附寄十余坛而来，止供冬雪春花之用，不能过夏。盖南酒不畏北方之寒，而北酒则畏南方之热也。淮安有腊黄苦蒿，镇江有百花，德州有罗酒，俱可用。近来浙西粮艘北上，多带浔酒，陈者果佳。宿迁之砂仁、豆酒、薏苡，陈者亦佳。若扬州古称“十千一斗金盘露”，而扬州不闻产酒，想谓属邑高邮之五加皮、木瓜、豨莶、泰州之秋露白、宝应之乔家白耳。至于邳、徐一带，俱是稀熬，较烧酒醨[3]而薄。饮者谓淡而无味曰“稀”，无可奈何曰“熬”。相传起自希夷[4]，第恐华山处士必非如此造法也。太原之桑落酒，峻易醉人。小瓶潞酒亦曰“人参酒”，在西边亦平常无奇，至南方则醇美，所云“胭脂红滴潞州鲜”，人多艳称之，岂真物离乡贵耶！近日玻璃瓶盛红毛酒，多入中国，然其中有香料、茴椒，止宜于冬月及病寒者，若弱脆之体，未可轻饮。在各地方，土人俱能制造，如刁酒、洛酒、汾酒、羊羔酒之类，止宜本处，不著名于四方者甚多。大约因水取名，大半皆是即用黄河水，亦曰“昆仑觞”。倘能多加曲米，陈窖数年，未有不佳者。若本质太薄、太新，如东坡所云“甜如蜜汁酸如齑浆[5]”者，则（齑）无可奈何矣。

【注释】

①杖头：杖头钱的省称。指买酒钱。

②不多让：不比……差。

③醨：酒味不浓。

④希夷：道家、道士。

⑤齑浆：捣碎的姜、蒜、韭菜等的汁液。

二二二　逡巡

陕西有以坛盛酿酒干料，留小穴，旋加滚水灌入，即成酒者。不识其所名二字当作何写，询之范侍讲谈一曰：“君世家于秦，必知其解。韩湘[1]云‘解造逡巡酒’，此岂是耶？”侍讲曰：“是酒渭以北名曰‘罐子’，渭以南名曰‘坛子’，又曰‘花坛’。京师名曰‘嚐妈’，未闻有所谓‘逡巡’者。

然其名甚雅，吾当归告乡人，请以‘逡巡’易之。”究竟“嚼妈”二字，不得命名之义，终难求解。座有俗人，强作解事曰：“吾能解之。北方小儿呼其母曰‘妈妈’，呼其母之乳亦曰‘妈妈’，小儿吸乳母之乳曰‘吃嚼嚼’，亦曰‘咂妈妈’。此酒用管吸之，如小儿之嚼妈也。”举坐绝倒。“嚼”俗作“咂”，妈读平声。

【注释】

①韩湘：字北渚，为韩愈侄孙，唐穆宗长庆三年（823）进士，官至大理寺丞。有《言志》诗，其中有“解造逡巡酒，能开顷刻花”句。

二二三　酉不会客

历载：“酉不会客。”会者，宴会也。杜康[①]卒于酉日，酒为杜造，故是日不忍饮酒。

【注释】

①杜康：相传为最早发明酿酒的人。

二二四　葫芦耳坠

明宫中小葫芦耳坠，乃真葫芦结就者，取其轻也。内监于葫芦初有形时，即用金银打成两半边小葫芦形，将葫芦夹住，缚好，不许长大。俟其结老，取其端正者，以珠翠饰之，上奉嫔妃。然百不得一二焉。因其难得，所以为贵也。

二二五　书字无迹

有奸人取乌贼鱼墨汁为伪券，以脱骗[①]人者。经年墨消，但较之真墨，其色淡而无彩。昔有人以无可奈何事，必欲一谒[②]权要，又知权要之必败，恐投柬刺[③]于其家，日后查取株连。客进龟尿写字之法，遂书刺进见。及权要事败，检之，则楮[④]朽无迹矣。二事相类。

【注释】

①脱骗：欺骗。

②谒：此处为“请求”义。

③柬刺：名帖，名片。

④楮：此处为“纸”的代称。

二二六　树艺

与老圃闲语树艺[①]之法，圃曰：“凡种茄欲其子繁，俟花时摘叶，布于通路，以灰规[②]之，人践叶灰，则子必繁，名曰嫁茄。若种匏瓠，其苗一经牛践，则子便苦。又，杏树结子不繁，以处女所系之裙围之，则花盛多子，亦曰嫁杏。”闽中诸花树，种类繁多，独杏树绝少，见《闽部疏》。

【注释】

①树艺：种植，栽培。

②规：把……圈起来。

二二七　弓足

妇人弓足[①]，上古未闻。《墨庄漫录》[②]云，《书》《传》皆无所自，故诗云“玉柱插银河”，又云“两足白如霜”。止言白，不言小。而“金莲”之名，始于齐东昏侯[③]，为潘妃凿金为莲花贴地，令妃行其上，曰：“此步步生莲花”。即各诗中形容美人，亦止言其杏脸、桃腮、柳眉、樱口、雾鬓、云鬟、冰肌、雪腕，并未言及宫鞋三寸、新月半弯。惟《道山新闻》[④]云，李后主宫嫔窅娘，纤丽善舞。后主作金莲高六尺，饰以宝物，命窅娘以帛缠足，令纤小屈上作新月状，素袜舞云中，回旋有凌云之态。唐镐[⑤]诗曰“莲中花更好，云里月常新”，因窅娘作也。是妇人缠足，自五代以来方有之。元曲云“翠裙鸳绣金莲小”，后世皆效之矣。旧时妇人皆穿袜，即窅娘亦着素袜而舞，袜制与男子相同，有底，但瘦小耳。自缠足之后，女子所穿有弓鞋、绣鞋、凤头鞋，而于鞋之后跟，铲木圆小垫高，名曰“高底”。令足尖自高而下着地，愈显弓小。遂不用有底之袜，易以无底直桶，名曰“褶衣”，亦曰“凌波小袜”，以罩其上。盖妇人多以布缠足，而上口未免参差不齐，故须以褶衣覆之。然亦有平底者，至睡鞋则用软底。今称“褶衣”即“膝裤”也。予少赴友人之招，坐间有以小鞋擎杯送酒者，促予咏之，予有句云：“灯前注流霞，掌中擎新月。”虽一时狂兴，后亟为删去。

【注释】

①弓足：旧时妇女缠裹后发育不正常的脚，以其形如弓，故称。

②《墨庄漫录》：北宋张邦基著，十卷。该书多记杂事，兼及考证，尤留意于诗文词的评论及记载，较多地保存了一些重要的文学史资料。

③东昏侯：即萧宝卷，南朝齐皇帝，498 至 501 年在位。本名明贤，字智藏。曾凿金为莲花布于地上，令所宠潘贵妃行其上，曰：“此步步生莲花也。”后萧衍起兵襄阳，进围建康，他被属将杀死。后追封为东昏侯。

④《道山新闻》：又作《道山清话》，宋代文言轶事小说集。宋王暐撰。

⑤唐镐：一作齐镐，南唐时人，籍贯不详。镐曾任给事中、枢密使。

二二八　灰汤泡

雨点着水最易起泡，旋起旋灭，所谓梦幻泡影者是也。小儿作戏，亦有以灰淋水，曰“灰汤”，入松香，量灰汤之多少而入。用篾扎成小圈，安于直篾上，调松香和汤极细而稠，以圈蘸汤，向空一绕，则成元泡[①]如琉璃状，大而碗口，中而如拳、如茶盂，更有极小者，随风荡漾，顷刻方灭。若汤经日晒而浓，则一绕可成十余泡。宜从楼上台上高处多人绕放，轻飘错落，殊令人眼花缭乱也。

【注释】

①元泡：同“圆泡”。

二二九　西山寺

俗云“南桥北寺”。北方之寺多出于明时太监创建，有一寺费至数万者，穷工极巧，而在顺天之西山更盛。每春三月，太监斋僧，在平常习套[①]不过蔬食果饼而已，而太监辈甚有用腥肴，潜佐以酒，斯已奇矣。更有甚者，于远近构寻[②]娼妓多人，量道里远近，以苇席为圈棚，纳妓于中，任诸僧人淫媾，名曰“大布施”，岂非亘古奇闻耶？毋惑乎元僧有妻，呼曰“梵嫂”，曰“房老”，原非怪事。

【注释】

①习套：见“一七九续书”条注。

②构寻：谋求寻找。

二三〇　梁中人

闻之先外祖母云，吾家仓房甚多，其极边一间，封闭藏贮者一年有余。一日开仓易米，见梁上一人，〔头〕垂向下（头），赤身倒挂。审视之[①]，而半截藏于梁内。大惊，呼众入看，则彼紧闭双眼。及人稍出避，彼又开眼看人，两臂在外，两手尚在梁内。举家仓惶，里邻咸睹，以为怪无疑矣。聚观，闾巷填塞。众不敢隐，鸣诸长官。官遣巡检带弓兵携械至。先试以枪刺之，声如婴儿，血出如注。遂命以刀斫之，血肉淋漓，凝积遍地，血下数斗，首及两臂、胸、背，全无寸骨，尽血肉也。旋命将仓房拆毁，斧碎其梁。梁已内空，皆盛血块而已。家人在傍白[②]巡检曰：“昔造此房时，一匠举斧，误伤他匠，足面几断，血流不止，尽淌此梁木上。木原有瘿[③]，血注瘿内。彼时急于救人，遂不留心，及后上梁，仍用此木。日久想成此怪耶！”噫，犹幸发之尚早，倘下截尽变人形，又未知作何妖孽耳。

【注释】

①中华书局本无“之”字，上海古籍出版社本有“之”，从后者。

②白：见“一九一称谓”条注。

③瘿：树木上形成的囊状赘生物。

二三一　禽兽之异

羽而两足者曰禽，俗呼为扁毛畜生是也。毛而四足者曰兽，俗呼为圆毛畜生是也。禽卵生，兽胎生。胎生者九窍，卵生者八窍。卵而陆生者，目能开闭；卵而湿生者，眼无胞也，常不瞑也。胎生者，眼胞开闭自上而下；卵生者，眼胞开闭自下而上。惟鹦鹉两睑俱动如人目。胎生九窍与人相同。人顺生，草木倒生，禽兽横生。人则女丽而艳，禽则雄彩而文，兽则不甚相较也。《家语》[1]云：“七主虎，虎七月乃生；三主狗，狗三月而生；四主豕，故豕四月生；五主猿，故猿五月生；六为鹿，故鹿六月生。”诸禽兽无蛰，禽惟黄莺紫燕，兽惟黄鼠诸熊，蛰与虫同。阴鸟之飞也，头缩而足伸；阳鸟之飞也，头伸而足缩。马蹄圆为阳，牛蹄拆为阴。马之卧也起自前足，牛之卧也起自后足。是阴阳禽兽之各别也。然《月令》“雀入大水为蛤”，是禽化为甲虫也。“田鼠化为鴽”，是兽类化为禽也。“鹰化为鸠”，是禽化禽，强化弱也。他如牛哀化虎[2]，王妇化鼋[3]，马生人取名马异，此又禽兽阴阳人物之变，而理有不可推者矣。

【注释】

①《家语》：即《孔子家语》，又名《孔氏家语》，或简称《家语》，是一部记录孔子及孔门弟子思想言行的著作。

②牛哀化虎：上古传说，据说有个叫牛哀的人，生了奇怪的病，七天后变成了一直猛虎。

③王妇化鼋：传说古时候有个姓王的老妇，为了不拖累儿女而化身一只大鼋而去的故事。

二三二　禽之味

禽之味美于兽，俗云：“宁吃飞禽四两，不吃走兽半斤。”鹤之膝后曲，雀之足双行。

二三三　胎产双异

有羊产羔人首羊身者，众以为异。达之朝，朝臣曰：“此无足为怪，不过牧童春兴[1]耳。”予曾见鸡有四足两尾者，猪有四肘之外更生四肘，肥大异常，生时猪母几死。此亦无足怪者。不过重胎与双黄蛋之类已耳。

【注释】

①春兴：男女间的欢好情怀。

二三四　治喉闭

治喉闭，用鸭嘴、胆矾[①]研细，以酽醋[②]调灌，去胶痰[③]即愈。

【注释】

①胆矾：一种矿物类中药。

②酽醋：浓醋。

③胶痰：浓痰。

二三五　治目障翳

治目障翳，用熊胆少许，净水略调开，尽去筋膜尘土，入冰片一二片。或泪痒，则加生姜汁些少，以铜箸[①]点之，绝奇。赤眼可用。

【注释】

①铜箸：铜筷子。

二三六　治咽喉壅塞

凡咽喉初觉壅塞，一时无药，以纸绞[①]探鼻中，或嗅皂角[②]末，喷嚏数次，可散热毒。

【注释】

①纸绞：纸捻。

②皂角：即皂荚，一种落叶乔木，枝干上有刺，开淡黄色花，结荚果。荚果富胰皂质，可去污垢，也有祛痰功能。

二三七　治风狗、毒蛇咬伤

凡风狗、毒蛇咬伤者，只以人粪涂伤处，极妙。新粪尤佳。诸药不及此。

二三八 治发背

治发背[①]，用干人粪，阴阳瓦焙[②]，存性[③]，研细。用醋调敷肿处，即消。

【注释】

①发背：生于背部的毒疮。

②焙：微火烘烤。

③存性：中药的一种炮制方法。药物外部炭化，内部仍保留原有的药性，这就是存性。

二三九 治痔

病痔者，用苦蔓菜[①]，或鲜者，或干者，煮汤，以熟烂为度。和汤置器中，阁[②]一版其上，坐以薰之。候汤可下手，撩苦蔓频频澡洗，汤冷即止。日洗数次，数日即愈。蔓一作苣，北方甚多，南方亦有之。

【注释】

①苦蔓菜：即苦荬菜，又名多头莴苣，一年生草本，全草入药，具清热解毒、去腐化脓、止血生机的功效。可治疗疮、肿毒等症。味苦、辛，性微寒。

②阁：同“搁”。

二四〇 金吾

金吾[①]，其形首似女人，鱼尾，有两翼，性通灵不睡，故取作巡警将军之号。

【注释】

①金吾：古代传说中类似鳌鱼、胸生两翼的一种龙，后据其形制为手执的铜制仪仗，又引申指负责皇帝、大臣警卫或仪仗的武职官员。

二四一　养羞

群鸟养羞。羞者，食也。养羞者，藏之以备冬月之养也。

二四二　镜听咒

镜听[①]咒曰："并光类俪，终逢协吉。"[②]

【注释】

①镜听：占卜法之一。于除夕或岁首，怀镜胸前，出门听人言，以占吉凶休咎。

②并光类俪，终逢协吉：镜听占卜时的咒语。元人伊世珍《琅嬛记》载，占卜时先觅一古镜，锦囊盛之，勿令人见，双手捧镜，念七遍八字咒语——"并光类俪，终逢协吉"，念完后听镜子，就能听到人的说话声，据此人语判断吉凶。

二四三　狐气

两腋狐气名愠羝[①]。

【注释】

①愠羝（yùn dī）：亦作羝氲，公羊味。羝，公羊。氲，氤氲，弥漫。

二四四　骰子

骰子[①]亦名琼畟。音测，亦音塞，俗呼塞儿。

【注释】

①骰子：赌具。又称投子、色子。用以行酒令或做游戏。

二四五　义嘴

义[1]嘴笛，唢呐之名也。身本是笛，嘴则另具，故曰义嘴。即今假子称义子之意。弹筝用银甲，或以象牙玳瑁为之，总名义甲。

【注释】

①义：外面的，非出自自身的。

二四六　西洋制造

自西洋人入中华，其制造之奇，心思之巧，不独见所未见，亦并闻所未闻。如风琴、日规、水轮、自鸣钟、千里眼、顺风耳、显微镜、雀笼之音乐、聚散之画像等类，不一而足。其最妙通行适用者，莫如眼镜。古未闻眼昏而能治者，杜陵“老年花似雾中看”[1]，唯听之而已。自有眼镜，令昏者视之明，小者视之大，远者视之近，虽老年之人，尚可灯下蝇头[2]。且制时能按其年岁，以十二时相配合，则更奇矣。黑晶者价昂难得，白晶者亦贵。惟白玻璃之佳者，不过数星[3]。今上下、贵贱、男女无不可用，真宝物也。人人得用，竟成布帛菽粟矣。至于算法，又超出寻常之外，远近高低，大小多寡，顷刻而知，燎如指掌，更上古所未有者也。

【注释】

①杜陵“老年花似雾中看”：出自杜甫《小寒食舟中作》诗。杜甫自号少陵野老，故人称“杜少陵”，或简称“杜陵”。

②蝇头：比喻很小的字。

③数星：此处指细小的银两，形容小钱。

二四七　虎子

溺器[1]名“虎子”。亵器[2]原谓之“兽子”，古贵嫔家制以铜形，鬣尾皆具，而背为大穴，用距之以便溺。兽子为马形，取登距时如跨马之状，意便于坐，备雅观也。今溺器多用铜锡，若亵器，尽以木为之，名为马子，或本乎兽子而变通之耶。

【注释】

①溺器：小便壶。

②亵器：盛大小便的器具。

二四八　五伦图

淮南司马吴孝阶顺[1]以吕纪[2]翎毛大画见遗。细玩，果系锦衣[3]真迹，题曰《五伦图》。上画太阳一轮，中立五彩鸣凤，取《毛诗》“凤凰鸣矣，于彼高冈。梧桐生矣，于彼朝阳”之意，盖言盛世君臣相合也。森阴之下，写二鹤，取《中孚》[4]爻词“鹤鸣子和”之意。至于嘤鸣之鸟以兴友朋，戢翼[5]鸳鸯以兴大妇，在原脊令[6]以兴兄弟，亦皆见于《诗》，人所共晓。以丹青小技而拟极正大之题，故可珍而可重也。

【注释】

①吴孝阶顺：清代官员，名顺，字孝阶，曾官淮南府同知。其他不详。

②吕纪（1439—1505）：字廷振，号乐愚，鄞（今浙江宁波）人。曾官锦衣卫指挥使。明代院体花鸟画家。

③锦衣：指吕纪，曾官锦衣卫指挥使。

④《中孚》：指《易经》之《中孚》篇。

⑤戢翼：敛翅止飞。

⑥脊令：即鹡鸰，水鸟。

二四九　泥人

画像繇来[1]久矣。笔墨之妙，所谓“传神在阿堵[2]中”，未闻以泥可捏成者。惟神鬼之像，塑者最多，盖神鬼尽属虚幻，谁见其真，谁辨其伪？近有高手，能以团泥极熟，对人手捏而成，与生人之面貌、肥瘦、赤白、苍黄、须发、痣点、瘢痕、光麻无不酷肖，俨然如生，觉画工笔墨仍有未到之处。相传其法起于虎丘老僧，又云虎丘市泥美人之家，夜梦吕真人[3]教之者，讹不可考。姑苏、维扬皆有其人，寻常者每像数星[4]，身体皆活动者倍之。若宰官则因人而施，所谓君子自重也，阅数年仍可增换。此从前所未见者，见之方三十余年耳。

【注释】

①繇来：即由来，来源。

②阿堵：这个，此处指笔墨。

③吕真人：即吕洞宾。

④数星：见“二四六西洋制造”条注。

二五〇　扇

昔人所持惟纨扇最古，宫中名为“合欢扇”。班婕妤[1]歌曰：“新制齐纨素，皎洁如霜雪。裁为合欢扇，团团似明月。”后呼“白团扇”。王珉《嫂婢歌》曰：“团扇复团扇，许君自障面。”[2]诸葛武侯纶巾白羽扇，指挥三军。谢安为乡人捉蒲葵扇。唐诗云：“南风不用蒲葵扇，纱帽闲眠对水鸥。”若今人所用多金白纸扇矣。其扇本名“摺叠”，亦谓之“撒扇”，取收则摺叠，展则撒舒之义。明永乐中，朝鲜国入贡，成祖喜其卷舒之便，命工如式为之。自内传出，遂遍天下。其始不过竹骨、茧纸、薄面而已，迨后定制，每年多造重金者进御。一面命待诏书写端楷，一面命画苑绘画工致，预于五月一日进呈，以备午日颁赐嫔妃、宫女。其钉铰、眼钱[3]皆用精金，每扇价值五金。至本朝三百余年，日盛一日，其扇骨有用象牙者、玳瑁者、檀香者、沈香者、棕竹者、各种木者、罗甸[4]者、雕漆者，漆上洒金退光洋漆者，有镂空边骨内藏极小牙牌三十二者，有镂空通身填以异香者。扇头钉铰、眼钱，有镶嵌象牙、金银、玳瑁、玛瑙、蜜蜡、各种异香者；且有空圆钉铰，内藏极小骰子者，刻各种花样，备极奇巧；甚有仿拟燕尾，更有藏钉铰于内，而外无痕迹者。其便面有白纸三矾者，有五色缤纷者，有糊香涂面者，有搥金者、洒金者。命名不一：其骨多而轻细者，名曰“春扇、秋扇”；以香涂面者，曰“香扇”；可藏于靴中以事行旅者，曰“靴扇”；更有以各色漏地纱为面，可以隔扇窥人者，曰“瞧郎扇”；且有左右可开，制为三面，暗藏其中画横陈像者，曰“三面扇”；有制样各别，因地因人得名者，曰“黄扇、川扇、曹扇、潘扇、青阳扇”。而相传最久远者，无如杭州之芳风馆。其家世以售扇为业，遂致素封[⑤]，城内构一别墅，花木竹石颇极清幽。予兼摄杭州府篆时，曾过其园，题以诗曰：“非不在城市，寂然花竹间。池成凹处雨，石叠意中山。为惜三春老，来偷半日闲。凭栏待飞鸟，薄暮亦知还。”座间询及主人制扇之法，乃出一扇曰“百骨扇”，传已几世矣。数之，果有百骨。初不以骨多而原大，其色古润苍细，洵旧物也。据云：“今亦不能仿造，即强造亦不佳矣。”此予生平一见者。若古之“纨扇，羽扇、蒲葵扇”，亦间有用之者，不甚多也。

【注释】

①班婕妤（前48—2）：西汉女辞赋家，是中国文学史上以辞赋见长的女作家之一。祖籍楼烦（今山西朔县宁武附近）人，是汉成帝的妃子，善诗赋，有美德。初为少使，立为婕妤。《汉书·外戚传》中有她的传记。她的作品很多，但大部分已佚失。现存作品仅三篇《自伤赋》《捣素赋》《怨歌行》（亦称《团扇歌》）。

②王珉《嫂婢歌》曰：“团扇复团扇，许君自障面。”：参见唐朱揆《钗小志》“白团扇”条：“王珉与嫂婢通，嫂知，挞之。珉好持白团扇，婢制《白团扇歌》赠珉，云：‘团扇复团扇，许持自障面。憔悴无复理，羞与郎相见。’”

③钉铰、眼钱：钉铰，一种贯穿物件的零件，犹今之铆钉。眼钱，钉铰和物体隔离的圆盘状薄片。

④罗甸：浴室的一种，因盛产于贵州省罗甸县，故名。

⑤素封：无官爵封邑而富比封君的人。

二五一　扇坠

扇有摺叠，因而有坠。伴阮[①]兄曰：扇器以蜜结迦南为第一，其次则宋做旧玉之小者，即虎斑、金丝各色玉之新做者亦佳。若琥珀、蜜蜡之类，品[②]斯下矣。近有以合香、桂花制成，及玉枢、丹紫、金锭，其价颇廉，尽堪适用。

【注释】

①伴阮：见“四〇 刘伴阮”条注。

②品：品第，品类。

二五二　砚

《琅环记》[①]云：砚神曰“淬妃”。考砚之制，古今不一，而唐人呼曰“砚瓦”，盖谓砚形凸起如瓦，非以瓦为砚也。用久则平，又久则凹矣。剑南诗：“古砚微凹聚墨多。”[②]今人呼砚曰“砚台”，亦曰“砚瓦”。

【注释】

①《琅环记》：中国古典小说，元代伊士珍撰。全书共三卷。第一篇记载琅环福地的传说，遂以《琅环记》命名。

②剑南诗：“古砚微凹聚墨多。”：见陆游诗《书室明暖终日婆娑其间倦则扶杖至小园戏作长》：“美睡宜人胜按摩，江南十月气犹和。重帘不卷留香久，古砚微凹聚墨多。月上忽看梅影出，风高时送鴈声过。一杯太淡君休笑，牛背吾方扣角歌。”

二五三　阳支、阴支

阳支：子鼠、寅虎、辰龙、午马、申猴、戌犬，足趾皆单。阴支：丑牛、卯兔、未羊、酉鸡、亥猪，足趾皆双。惟蛇巳则无足耳。

陈履端跋

忆辛酉壬戌间，履端[1]随先君子检讨公官京师。时观察公方仿佛陆生入洛之岁[2]，仲华拜衮之年[3]，常过邸舍，与先君子论诗，称忘年交。记先君子曾语履端曰："当今诗人接踵新城[4]、商丘[5]者，必以刘中翰在园[6]为最。"谨识不敢忘。今未刻《箧衍集》中，先君子手钞《葛庄》诸诗尚在。履端自壬午冬，备员山阳校官，职卑务闲，时追随观察公学诗。回想当年京邸趋庭绪语，忽忽若前日事。观察公喜著书，一日出《在园杂志》示履端曰："《杂志》上下卷，不过就余耳之所闻，目之所见，身之所阅历，随笔志之，积久成帙。非有成见，作文字观，窃附《兔园册子》[7]，藉供水天闲话[8]已耳。"履端受而读之，不禁悚然曰："是书也，核事物之原流，贯天人之同异。称名迩，寄意远，可以发人忠孝之思，动人劝惩之志，令人随事谨饬，不敢放佚。取其绪余，亦足以资多识，助谈柄，岂如《虞初》[9]、《诺皋》[10]，仅同丛言脞史[11]、一二津逮[12]及之也哉?"尝考唐时虞世南钞经史百家之书，曰《北堂书钞》[13]；白乐天取凡书精语，各以门目类粹，名为《六帖》[14]。《后六帖》者，宋知抚州孔傅[15]所纂，以续乐天之后，傅袭封"衍圣公"。履端又尝读观察公年谱，公少工举子业，值[16]旗籍停科，以门荫需次[17]通籍[18]，历仕三十余年。虽膺簪黻[19]，而铅椠[20]随身，藩溷[21]侧理[22]，不殊儒素，以故大而军国典要，细而虫鱼琐碎，靡不留心手辑。乙未春，孔东塘[23]先生从曲阜来淮，与观察公剪烛联吟，暇读《杂志》，先生轩渠[24]拍手，为公作序。自言亦有《稗海》汇辑，卷帙浩繁，渐次成书，如孔傅所纂。今《在园杂志》堪比《六帖》，并驾《北堂》。近日渔洋集中有《分甘余话》[25]，西陂卷内有《筠廊偶笔》[26]，俱脍炙人口。《在园杂志》洵足肩随二书，称鼎足焉。则齐驱王、宋者，又不独《葛庄诗》也。乙未立秋后三日，陈履端百拜敬跋于袁浦学舍。

【注释】

①履端：见“八八《篋衍续集》”条注。

②陆生入洛之岁：陆生入洛指陆机于太康十年（289）与弟弟陆云一同来到京师洛阳，拜访当时的名士、太常张华。陆机261年生，入洛时29岁。

③仲华拜衮之年：东汉邓禹（字仲华）二十四岁拜为大司徒，位至三公。衮，古代上公所服，借指三公。后因以“拜衮之岁”指二十四岁。

④新城：见“十三私谥”条注。

⑤商丘：即宋荦（1634—1713），字牧仲，号漫堂、西陂、绵津山人，晚号西陂老人、西陂放鸭翁。归德府商丘县（今河南商丘）人。

⑥刘中翰在园：即本书作者刘廷玑，字玉衡，号在园，曾任内阁中书、浙江括州（今丽水）知府、浙江观察副使等。中翰，对内阁中书的别称。

⑦《兔园册子》：即《兔园册府》，流行于民间的村塾读本。后泛指浅近的书籍。

⑧水天闲话：喝水闲聊的话。

⑨《虞初》：即《虞初志》。明人搜集《续齐谐记》和唐人小说八篇，刻为一书，命名《虞初志》，《四库全书总目》作《陆氏虞初志》，省称《虞初》。

⑩《诺皋》：唐段成式《酉阳杂俎》有篇名《诺皋》、《支诺皋》，专记怪力乱神之事。后借指神怪小说。

⑪脞史：小史。脞，小，琐碎。

⑫津逮：亦作“津达”，谓由津渡而到达。常用以比喻做学问的门径。津，渡口。

⑬《北堂书钞》：类书，唐虞世南编纂，与欧阳询等编纂的《艺文类聚》、白居易辑、宋人孔传续辑的《白氏六帖》、徐坚等撰集的《初学记》，合称为唐代的“四大类书”。

⑭《六帖》：即《白氏六帖》，类书，白居易编纂。共三十卷，合数卷为一册，每册标有帖一至帖六等字，因共有六册，故名。

⑮孔傅：字世文，孔子四十七代孙，兖州仙源（今山东曲阜东北）人。官右朝议大夫、知州等，封仙源县开国男。著有《东家杂记》《孔子编年》《杉溪集》等。

⑯值：逢，遇到。

⑰需次：按照次序。

⑱通籍：见“序二”注。

⑲簪黻：簪子和黼黻（古代礼服上黑与青相间的花纹），代指官职。

⑳铅椠：旧时书写文字的工具。铅，铅粉笔。椠，木板片。

㉑藩溷：篱笆和厕所，

㉒侧理：侧理纸的省称，一种纸的名称，因纹理纵横斜侧得名。

㉓孔东塘：见“九十石门”条注。

㉔轩渠：欢笑的样子。

㉕《分甘余话》：清代王士祯撰，共四卷，内容包括典章制度、社会风俗、诗歌品评、前人著述、字义辨析、地方物产以及治病验方等。

㉖《筠廊偶笔》：清宋荦撰，杂记其耳目见闻之事，乡野趣事、野史考证，无不涉及。

附　录

《女仙外史》品题二十则

一、自来小说，从无言及大道。此书三教兼备，皆彻去屏蔽，直指本原，可以悟禅玄，可以达圣贤。此为至奇而归于至正者。

二、谈天说地，莫可端倪，而皆有准则，讲古输今，格物穷理，而皆有殊解，均不掇旧人牙慧[①]，此奇而至于精者。

三、若魔道，自来仅有其名，从未有能考其实，此则缕析分明，本末灿然[②]，又借以为寓言，此奇而诞者。

四、古来论鬼神者，但能言其已然，此独指其所以然。微显[③]一贯，阴阳一体，绝非虚诞，此奇而玄奥者。

五、天文，难言也。小说传奇，唯《三国演义》有夜观乾象[④]，囫囵之论，此书则历历指出，如数列眉[⑤]。

六、望气、占云，难事也。史传但言其兆，此则说到至微地位，而云气之所以为兆，皆和盘托出，此奇之至也。

七、小说言兵法者，莫精于《三国》，莫巧于《水浒》。此书则权舆[⑥]于《阴符》《素书》之中，脱化于《六韬》《三略》之外，绝不蹈陈言故辙，虽纸上谈兵，亦云奇矣。

八、阵法，圆阵若鼓，方阵如棋局，六阵如聚花，八阵若列卦。此书之七星阵，其形独如飞鸟，战则为阵 止即为营，行即为队伍，三者出于一贯，古今未有，可谓阵法之奇者。

九、武侯八阵，千古仅存其名，未有识其奥妙者。此书备言制度与纵横开阖、变化生克之道，确有奇解。

十、书内拔城三十有八，从不用火炮、石炮、云梯、冲车[⑦]之类，唯默运智谋而得，绝无矫强，更不雷同。此为大奇。

十一、取开封府，内应止侠客一名，号旗一杆；拔扬州府，内应止女将二员，号旗一面，而遂败走敌兵数万。乃势所必然之事，并非侥幸成功。神乎，神乎！奇至此乎！

十二、拔荆州，止用一旗悬于神庙之杆，并无一人助力，而能耸动亿兆之心，顷刻归附，皆情所必至，理所必得。神乎，神乎！奇乃至此乎！

十三、克济宁州，内止二女杀一监河；克庐州府，外止一人杀一都督。皆唾手而得，虽智者不及济其变。神乎，化乎！奇更至此乎！

十四、诸小说两军相交，胜者设谋，败者受之，或胜者之策巧而败者之计拙。此则如善弈者，刚遇敌手，两棋对杀，以智斗智，至收煞止差一着，胜负出于天然。

十五、诸小脱临戎用智，多在胜负未分之先。此于败后犹能用计以补之，如卫青[⑧]于是夕胜，而登州即于是夕克；朱能[⑨]以今夕劫寨胜，而即于明日被劫败。如斯者，盖不可枚举。

十六、交战用纸炮，此书独创，始于卸石寨，用以为号。自后惊败兵、溃伏卒，辄用之。而又用以破房胜大寨，披靡数万雄兵。以上三则，皆巧之至、奇之极者。

十七、此书具有经济，如设官、取士、刑书、赋役、礼仪，皆杂霸之语，与儒生侈谈王道者大异。奇人乎？奇才也。

十八、书内颇多诗篇，诸体毕备，皆可步武[⑩]三唐[⑪]，颉颃[⑫]两宋。又奇笔之余事。

十九、凡斗道术，斗法宝，莫不瑰玮光怪，虚灵变幻。出自诸书所无，奇矣！而余不以为奇也，何也？以书鬼易也。余所举者，皆书人手笔。

二十、《外史》前十四回，是为赛儿女子作传，据《纪事本末》所述数语为题，撰出大文章，虽虚亦实。至靖难[⑬]师起，与永乐登基，屠灭忠臣，皆系实事，别出新裁。迨建行阙，取中原，访故主，迎复辟，旧老遗臣，先后来归，八十回全是空中楼阁。然作书之大旨，却在于此。所以谓之《外史》，《外史》者，言诞而理真，书奇而旨正者也。

岁辛巳，余之任江西学使，八月望夜，维舟龙游，而逸田[⑭]叟从玉山来请见。杯酒道故，因问叟向者何为，叟射[15]以将作《女仙外史》。余叩其大旨。曰："尝读《明史》，至逊国靖难之际，不禁泫然流涕。故夫忠臣义士与孝子烈媛，湮灭无闻者，思所以表彰之，其奸邪叛逆者，思所以黜罚之，以自释其胸怀之哽噎。"余闻之，矍然[16]曰："良有同心。叟书竣日，当为付诸梓[17]。"壬午，叟至洪都，余为适馆授餐，俾得殚精于此书。癸未冬，余挂[18]公事，削职北返，旅于清江浦。甲申秋，叟自南来，见余曰："《外史》已成。"以稿本见示。余读一过，曰："叟之书，自贬为小说，意在贤愚共赏乎？然余意尚须男女并观。中有淫亵语，曷不改诸？"叟以为然，不日改正。所憾余既落籍[19]，不能有践前言，乃品题廿行于简端，以为此书之先声而归之。

【注释】

①牙慧：旧的观点、言论等。

②灿然：清楚地样子。

③微显：隐匿和明显。

④乾象：天象。

⑤列眉：事情清晰明白得如眉毛一样的整齐排列。比喻真切。

⑥权舆：开始。

⑦冲车：古兵车名，用以攻城。

⑧卫青（前？—前106）：字仲卿，河东平阳（今山西临汾市）人。西汉时期名将，官至大司马大将军，封长平侯。

⑨朱能（1370—1406），字士弘，怀远（今安徽怀远）人，明朝初期名将。早年任燕山中护卫副千户，随燕王征漠北，骁勇善战。累功至左军都督府左都督，封成国公，加太子太傅。谥号武烈。

⑩步武：跟着前人的脚步走。比喻模仿、效法。

⑪三唐：指称唐朝的初、盛、晚三个时期。

⑫颉颃（xié háng）：和……较量。

⑬靖难：平定变乱。

⑭逸田：即吕熊，字文兆，号逸田，江苏昆山人，《女仙外史》的作者。

⑮射：隐藏所指使人猜度。

⑯矍然：吃惊的样子。

⑰付诸梓：指书出版。

⑱挂：阻碍。此处指因公事受处分。

⑲落籍：除名。此处指不再为官。

《女仙外史》回后评

第一回《西王母瑶池开宴 天狼星月殿求姻》

刘在园曰："有几件至正至大的"数语，是提起大网，照着全局，如龙门一脉，千支万派皆肇于①此。笔法自《史记》中得来。

第十四回《二金仙九洲游戏 诸神女万里逢迎》

在园曰：诸神女，皆画鬼笔也。而其语言事实，则仍是画人。作者如僧繇、道子，追魂写照，悉臻神化。至若卷内诸诗，直可贯彻三唐，岂仅时流不敢望其项背②！

第二十二回《铁兵部焦魄能诛卫士 景文曲朽皮犹搏燕王》

在园曰：余观《水浒》，以一石秀而劫卢俊义于法场，一黑旋风而劫宋江于法场，真令观者惊心慑魄，然皆有意造此至奇至险之笔。今《外史》以一女子而劫刘超，以刘超先自劫于法场，拔刀相助，出于邂逅之顷。此无意于奇险而奇险之至者，百尺竿头，御风而去矣。而且夹在铁、景二公惨祸毒刑之后，见此一段淋漓痛绝文字，能使天下后世挥涕之余，鼓掌而舞。

第二十四回《女元帅延揽英雄 诸少年比试武艺》

在园曰：比试武艺，《三国》《水浒》皆有之，第③嫌其入于绳墨，而不能纵横脱化。《外史》则独出新裁，或显其试于不试之中，或隐其不试于试之外，洵④在二书之上。结局打虎一段，较之景阳岗情理尤确，精彩更殊，亦青出于蓝之笔。

第三十一回《骚山老姥征十八仙诗 刹魔公主讲三千鬼活》

在园曰："未知生，焉知死"，孔圣所不言者，而六道轮回之说，唯释氏详言之，疑信者各半。即信者之心，亦不能真知其所以然之故。此复有魔教轮回之说，更超于释氏之外。即曰其言属诞，而其理则似真；其事属幻，而于义则可取。盖作者笔端，具有妹苏、张⑤之舌。

第三十五回《两皂旗死生报故主 二军师内外奏卢功》

在园曰：济南已成垂拔之势，即无皂旗显灵，迟一日而拔，亦无损于用兵之奇、行文之妙也。余尝观历代演义之书，凡攻城拔国，覆军破垒，皆出于定算之中，而不能变易于定算之外，势固有所不能也。《外史》不然，偏于定算垂成之际，别又变出一局，骇人心眼。成功则同，而于始之方略，有大相殊异者。文心至此，即鬼神亦莫测其几微[⑥]矣。

第三十八回《两军师同心建国 一公子勠力分兵》

在园曰：予观诸公子中，若景星才略当为冠军，何故初任将而遽折其气耶！且吕军师既知步不可以敌骑，又不以马夹步而用之，若为使之败衄[⑦]者耶？此盖作书者亟欲收拾火力士也。虽然力士亦一勇将，其亟去之也何故？要知力士一勇之愚夫，仅足以任博浪一椎[⑧]耳。若用以为将，必至屡败，屡败而处分之，《外史》之病也。《外史》中皆忠义之士，不可以行军令。余窃知作者之旨，评论如斯。

第四十三回《卫指挥海外通书 奎道人宫中演法》

在园曰：奎真门法在十一回，卫青遁海在二十八回，而今同出于此，竟不知卫青作何向日本借兵，却在下回演出，谓之“倒叙”。若奎道人，则是顺出。譬若山之峰峦，有正必有侧；树之花萼，有向必有背；水之波涛，有顺必有逆。此乃造物自然之理，亦万物必然之势。明乎此，可以云《外史》之知矣。

第四十七回《幸浦台五庙追尊 登日观诸君联韵》

在园曰：泰山，月君所必登也，但不可特地行之。今乃联贯于幸浦台之后，何其势如转环哉？至夫登山而写云气，登观而写日景，写云海，玲珑瑰玮，陆离光怪，纯于毫端显出虚无变幻之致，即季鹰、虎头之妙手，亦未能绘书其万一者。若联句十一韵，洋洋乎大雅遗音，尤为余事。

第五十二回《访圣主信传虞帝庙 收侠客枭取燕朝使》

在园曰：二松道人累露形迹于此，直到数十回后方显名姓，另建一场勋绩，如黄河发源甚小，伏流数千里，而后见其波涛出没，大异寻常，非人力可以排荡者。

第五十六回《张羽士神谒天师府 温元师怒劈灵猴使》

在园曰：余始见月君用一马猴为使，心窃讶之。及见其建阙济南，设迎銮卿于荆、杨二郡，访求行在，敦请数次，如此至诚，而帝从江干至于济上，又如此其易。然究竟不来复位者，只为姚道衍播散流言，青州妖寇是畜类之故，方悟到第十回收服猴怪，其紧着处，却是这个用法。是故读书者能以己之心光，照见作者之神明，斯不为其所惑。

第七十回《逞神通连黛统妖兵 卖风流柳烟服伪主》

在园曰：好一幅大活春宫！好一对看活春宫女子！尤好□是看活春宫之妙法。作者之意，要使柳儿隳[⑨]道念，动春心，文笔之恶，一至于此。

第七十三回《奉正朔伪主班师 慕金仙珠娘学道》

在园曰：司韬开府青郡，仝然参军登州，并未调集补阙，何得突然随驾？此《外史》之小失也，然余意再思之，若使月君特调随驾，是预知二人同有一梦矣，反为大谬。与其大谬，毋宁小失。此事之出于无可如何者。

第八十回《吴侍讲十年抚孤子 吕师相一疏荐名臣》

在园曰：吴学诚为当日之名臣，若非关神武之显圣，断不能晋谒。吕军师荐之于朝，一人入相而天下服，此作者之意欤？非也。前此姚少师广布流言，以济南为畜类，故借神道设教，若为天所助者，可以杜[⑩]天下之猜疑，亦可以动建文帝之心而来复位云尔。

第八十六回《姚少师毒计全凭炮火 雷将军神威忽显云旗》

在园曰：大凡英发之人，易于生怒。若能受十分之辱，而无一些之忿者，方成大勇。如东坡之论留侯，以一"忍"字而灭项羽是也。然临机决敌，在于"英"，坚壁固守，在于"忍"二者不可倒用。周郎遇阿瞒以英而胜，司马懿遇武侯以忍而不败。此之鏖战，出自乌有，故作者以"英"字写佥都，以"忍"字写道衍而分胜败，皆其笔锋自相杀也。较比演义之写实事者，精彩奚啻十倍！

第九十八回《北平城飞玄女片符 榆木川受鬼母一剑》

在园曰：《女史》之妙，妙在有无相因，虚实相生。历览全部，如神乐观王升曾梦太皇祖命救太孙，而遂演出青田；半道人曾金陵唱出燕歌，而遂演出榆木；永乐时曾有道人化鹤衔栋，而遂演出太孛夫人。此无根因于有也。又如连蕊姑之虚也，而引以实在郧阳连氏；储福妻范氏拒聘是实也，而引出公孙大娘之拔刀相助。刘超仰天一呼，捆索尽断，是实也，而引出聂隐娘之劫法场；景星之谋一椎，虚也，而出之以实在之力士。此以虚为根而实为苗者。今成祖崩于榆木川，秘不发丧，皆实也，野史之言亦所有也，作者乃以鬼母一剑实之，即有苏、张之辩，奚以措词？故其行文，在乎虚虚实实，有有无无，似虚似实之间，非有非无之际，盖此老所独得。

第一百回《忠臣义士万古流芳 烈媛贞姑千秋不朽》

在园曰：谷应泰先生云：惠王居栎，仍杀子颓；襄王居郑，终诛太叔。建文之出奔 或亦有深意焉。观其恸哭仆地者五十余人，矢死从亡者二十二士，自神乐观而启行，由松陵而入滇南，乃沐氏忠心素著，兵力最雄。因兹遁迹之时，宜图控告之义，非流彘而籍共和，则东迁而依晋郑。一军出荆门，即襄、邓可摇；一军出汉南，即长江可据。狐、先河水之功，冯、邓云台之业，匪异人任也。奈何衽席[11]有涕泪之痕，行旅多橐饘[12]之奉，而兴复大计，阙焉不讲？或亦危叶畏飙，惊禽易落，亡国大夫，不足以图存也欤？虽然，从亡诸臣，国而忘家，四十余年栉风沐雨，捍主于艰，即无包胥[13]之义，复楚王于郢中，亦有子家之忠，哭昭公于野井。推此志也，虽与日月争光可也。而议者据永乐之实录，谓建文之自焚，疑一龙之未出，摈众蛇而不载。夫隐巢之事不直序于贞观，斧烛之疑亦依违于兴国，时史所书，无非曲笔，其信然矣。及余读逸田《外史》而叹谷氏之言，竟得赛儿一女子，则千载之下，忠义之不泯于人心也。（据清康熙辛卯钓璜轩刊《女仙外史》）

【注释】

①肇于：始于。

②望其项背：望见他的颈项和后背，比喻赶得上。

③第：只是。

④洵：见“三九指画”条注。

⑤苏、张：即苏秦、张仪，皆善合纵连横之术，擅长论辩。

⑥几微：隐微之处，预兆。

⑦败衄（nǜ）：战败。

⑧博浪一椎：原指，张良指挥大力士杀手埋伏在秦始皇到阳武县的必经之地——博浪沙，采用投掷大铁椎至其座车的方法暗杀秦始皇，但是秦始皇准备了许多座车，结果杀手没有击中真正的座车，仅仅是砸碎了秦始皇的副车。张良因刺杀秦始皇未遂而名扬天下。后常用来比喻人不要胡作非为，否则就会有“博浪一椎”在等着你。

⑨隳：毁坏。

⑩杜：杜绝。

⑪衽席：泛指卧席。

⑫櫜饘：衣食。

⑬包胥：即申包胥，春秋时楚国大夫。楚昭王十年（前506），吴国用伍子胥计攻破楚国，他到秦国求救，在秦庭痛哭七日夜，终于使秦国发兵救楚。